国家出版基金项目
NATIONAL PUBLICATION FOUNDATION

国家出版基金资助项目

国家“十三五”重点出版物出版规划项目

农地制度改革与流转研究丛书

丛书主编 洪名勇

农地流转与农民增收研究

洪名勇◎等著

中国财经出版传媒集团
中国财政经济出版社

图书在版编目（CIP）数据

农地流转与农民增收研究 / 洪名勇等著．—北京：中国财政经济出版社，2019.6

（农地制度改革与流转研究 / 洪名勇主编）

国家出版基金资助项目 “十三五”国家重点出版物出版规划项目

ISBN 978-7-5095-8916-8

Ⅰ．①农… Ⅱ．①洪… Ⅲ．①农业用地-土地流转-关系-农民收入-收入增长-研究-中国 Ⅳ．①F321.1 ②F323.8

中国版本图书馆 CIP 数据核字（2019）第 049844 号

责任编辑：彭　波　　责任印制：刘春年

封面设计：孙俪铭　　责任校对：黄亚青

中国财政经济出版社 出版

URL：http：//www.cfeph.cn

E-mail：cfeph@cfeph.cn

社址：北京市海淀区阜成路甲 28 号　邮政编码：100142

营销中心电话：010-88191522

天猫网店：中国财政经济出版社旗舰店

网址：https：//zgczjjcbs.tmall.com

北京财经印刷厂印刷　各地新华书店经销

成品尺寸：170mm×240mm　16 开　11.75 印张　202 000 字

2019 年 6 月第 1 版　2019 年 6 月北京第 1 次印刷

定价：68.00 元

ISBN 978-7-5095-8916-8

（图书出现印装问题，本社负责调换，电话：010-88190548）

本社质量投诉电话：010-88190744

打击盗版举报热线：010-88191661　QQ：2242791300

国家出版基金资助项目
“十三五”国家重点出版物出版规划项目
农地制度改革与流转研究丛书
全国文化名家暨“四个一批人才资助项目”
贵州大学创新团队资助项目（GDT2017001）

序

土地是财富之母、发展之基、民生之本，关系国计民生。土地问题不仅是关系我国现代化进程中的重大经济问题，而且也是一个社会问题、政治问题，关系到国家的兴衰成败。对于农业发展、农村发展和农民增收而言，土地不仅是财富的重要源泉，而且还为人们提供了生活、生产及行为活动的空间。从财富生产的视角来看，土地要素发挥作用的大小，不仅取决于土地禀赋的具体情况，而且还取决于土地要素与其他生产要素的配置效果与配置效率。而这种配置效果、配置效率的高低与土地制度安排密切相关，因为土地制度安排激励有关行为主体土地配置要素的投入，不同要素的投入将影响土地资源的产出结果与效率。正因为如此，对于农业发展、农村发展和农民增收来讲，土地制度是最为根本的制度安排。就中国土地制度对发展的影响而言，不同土地制度安排的绩效是不一样的。

新中国成立之初，由于封建土地制度的废除和农民土地产权制度的建立，农民将自己的资源及劳动力时间配置到生产活动之中，短期内使单位土地资源的产出大幅度增加，实现了中国农业快速增长。农民土地入股自愿、退社自由的制度安排，不仅给农民充分的资源配置权，而且农民还拥有用手投票权和用脚投票权，这给合作社经营主体足够的经营压力，使其在竞争中将更多的时间、精力投入到经营之中。结果，土地合作社超越了土地农民产权制度安排，推进了中国农业持续发展。在人民公社土地产权制度安排下，人民公社负责人的前途与经营无关，公社负责人完全没有经营、管理好公社的动力和压力。在人民公社土地产权制度安排下，中国农业生产停滞不前，不少地区农村面临生存危机。为了使生活于村庄之内的村民能够生存，安徽凤阳县小岗村的 18 位农民才会在知道自己面临非常严重的政治惩罚时，仍然以“托孤”的方式，冒险在土地承包责任书上按下鲜红手印，实行包产到户。正是这一“包”推进了农地产权制度创新，不仅赋予农民耕地要素、劳动时间、品种选择等进行灵活配置的权利以及对生产过程的控制权，而且还赋予农民生产剩余的财产索取权。这一制度安排激发了农民生产积极性，提高了土地资源配置的效率，解决了中国农民的吃饭问题，促进了农业生产发展和农村经济繁荣。

对于学习和研究经济学的人来讲，我们都知道，在一定条件下，土地、资本和劳动力投入都会呈现出边际报酬递增递减规律。与土地要素投入一样，如果其他条件不变，某一制度安排也有边际报酬递增递减规律。不可否认，以土地产权制度为核心的承包制在解决农民吃饭问题、减少贫困及促进农业农村发展中起了巨大作用。随着市场环境的变化和人们认知心理及观念等的变化，农地家庭承包制的边际报酬也由递增走向递减。因此，从20世纪80年代中期开始，国家选择贵州湄潭、江苏苏南、广东南海、北京顺义等地进行农地制度改革试点。在这些地区进行的农地制度改革试验取得了丰硕成果，不少成功经验得到国家认可并在全国推广。我们知道，中国制度改革走了一条渐进之路，农地制度改革也一样。针对农地制度运行中存在的具体问题，我国走了一条渐进改革之路。近年来，在农地“三权分置”政策之下，各地区结合本区域的实际情况，在推进农地流转方面做了许多工作。农地流转一方面促进农地由“资源”向“资产”、农村闲置“资金”向“资本”、农户身份由“农民”向“股民”的变化，推进农地制度安排的创新；另一方面，在农地制度改革与创新过程中出现一些新情况、新问题，需要学术界进行总结和研究。例如，农地流转空间规律性、农地“三权分置”的路径、农地流转与非就业的内在逻辑、农地流转与农民增收、农地抵押贷款、城乡土地制度分割带来的危害、农地流转过程对农民权益损害，等等。这些问题迫切需要我们进行理性反思与探讨。更何况从2013年以来中央一号文件均用相当的篇幅对农地制度改革与流转进行了阐述，习近平总书记在党的十九大报告中明确指出：“深化农村土地制度改革，完善承包地‘三权’分置制度。保持土地承包关系稳定并长久不变，第二轮土地承包到期后再延长30年”。可见，党和国家高度重视农地制度改革与创新。因此，对农地制度与流转问题进行深入、全面、系统研究是我们义不容辞的责任，正是基于这一认知，瞄准农地制度改革与流转中存在的重大现实与理论问题，我们组织有关学者、专家对此进行深入研究，形成了系列成果。这些成果以“农地制度改革与流转研究”丛书形式，由中国财政经济出版社出版发行，意义重大。本套丛书的出版不仅得到各位专家、学者的支持，而且还得到中国财政经济出版社的支持，没有他们的努力，丛书是不可能入选国家“十三五”重点出版物出版规划项目和国家出版基金资助项目的。在此，对他们的支持和努力表达最诚挚的感谢！

洪名勇

2019年12月

目　录

第一章 导 论

第一节 研究背景

“三农”问题一直是影响我国经济社会发展的关键话题，农民问题是“三农”问题的核心。随着农村经济的快速发展、城镇化进程的不断推进，我国农地流转规模在不断扩大，农地流转形式也开始多样化，规模效益不断提升，农民收入不断增长，促进了整个社会的迅速发展。我国农村地区流转土地的现象普遍存在，农地流转是农民实现规模经营，提升农业生产效率，优化就业结构的有效形式。

近年来，我国经济发展步入新阶段，很多学者对农地流转问题的关注逐步由农地经营权流转、相关制度等方面向农地流转对农民收入的影响方向转变，多年以来中央政府也高度重视农村土地与农民收入问题。2014 年在《关于引导农村土地经营权有序流转发展农业适度规模经营的意见》中明确提出，“鼓励农户依法采取转包、出租、互换、转让以及入股等方式流转其承包地。倡导有条件的地方政府积极引导农户长期流转承包地且促进其转移就业”。2011 ~2015 年连续 5 年的中央一号文件中均强调了要释放土地经营权的活力、积极推进农村土地经营权有序流转，促进适度规模经营。2016 年中央一号文件提出，要持续引导土地经营权合理有序流转，鼓励农户自愿互换承包地块促成规模化经营。2017 年中央一号文件提出，要通过经营权流转、代耕代种、土地托管等多种方式，加快土地流转型规模经营的建成，引导地方政府探索土地流转履约保证保险，保障农业规模经营健康发展，以此来促进农村繁荣以及农业增效。因此，在我国农地流转市场迅速发展的背景下，全面、系统地就农地流转对农民收入的影响进行研究具有重要意义，这样可以了解我国农村农地流转整体的情况及出现的问题，以便完善相关土地流转政策，促进土地流转形式多样化和农民收入多样化。

第二节 研究思路与研究内容

一、研究思路

在梳理了国内外相关文献之后，本书基于省级宏观数据、全国性的微观调研数据以及贵州省的抽样调研数据，应用了三阶段数据包络分析（DEA model）、倾向得分匹配法（PSM）、Logit模型、中介变量、探索性空间数据分析（ESDA）、空间杜宾模型（SDM）等计量方法，从农地流转对农民收入影响的直接效应和间接效应角度出发全面地分析了农地流转的农户增收影响机制。与此同时，本书在此基础上还运用了经验性调查分析、计量分析、田野调查和典型案例分析等方法来深入研究农地流转如何影响农民收入。最后根据研究结果分析农地流转与农民增收目前存在的制度约束与潜在问题，提出促进农地高效有序流转的途径以及完善我国农地制度的政策建议。具体研究思路详见图1-1。

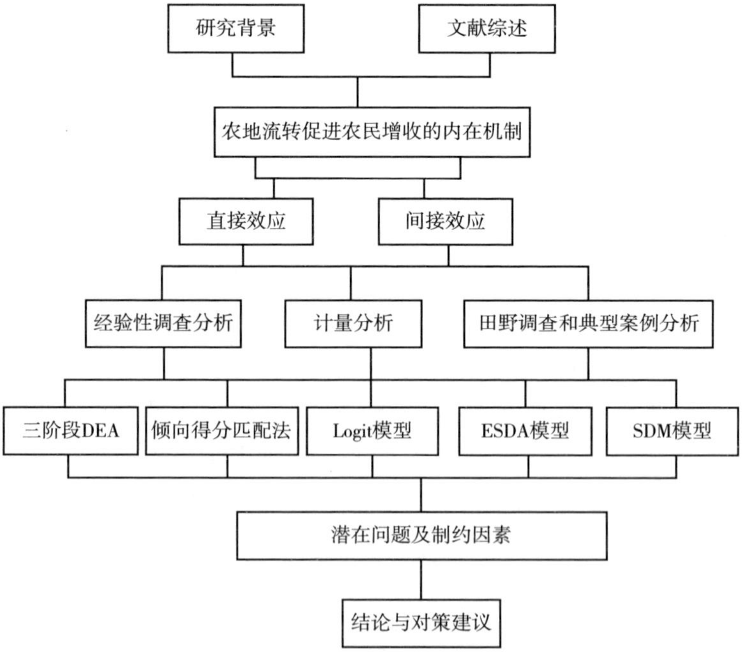

图1-1 研究思路

二、研究内容

本书拟重点在对农地流转促进农民增收的内在机制进行理论研究的基础上，深入分析农地流转促进农民增收的具体效应，构建农地流转促进农民增收的计量模型，利用农户、新型农业经营组织、村庄及乡镇调查的资料，研究农地流转促进农民增收的内在机制，发现农地流转促进农民增收中存在的潜在问题，深入分析其原因，提出建议。具体研究内容主要包括：

第一，农地流转促进农民增收的内在机制，首先梳理了农地流转与农民增收方面的相关文献，然后从农地流转、流转效应与农民增收的内在逻辑与理论两个角度出发，深入探讨农民增收的影响机制。

第二，农地流转促进农民增收的效应分析，从农地流转促进农民增收的直接效应与间接效应角度出发，直接效应主要包括租金增加农民收入与非农就业促进非农收入两点，间接效应主要包括交易成本影响农民收入，规模经营增加农业收入以及流转土地提高了土地资源的配置效率、提高土地利用效率，进而提高农民收入。

第三，农地流转促进农民增收的经验性调查分析，包括 1978 年至今的媒体报道案例分析与全国省级数据的宏观角度分析。

第四，农地流转促进农民增收的计量分析，运用三阶段数据包络分析（DEA model）、倾向得分匹配法（PSM）、Logit 模型、中介变量、探索性空间数据分析（ESDA）、空间杜宾模型（SDM）等计量方法，分别从宏观与微观角度实证分析了农地流转如何促进农民增收。

第五，基于田野调查和典型案例的农地流转农民增收效应研究，我们去贵州部分地区进行了抽样调研，选取了部分典型村庄进行了入户访谈，收集到了第一手的案例资料，以此进行的案例研究更全面地分析农地流转对农民增收的促进作用。

第六，农地流转促进农民增收存在的问题以及相应对策建议，目前存在的制度约束包括直接影响农地流转的制度约束，直接影响农民收入的农地流转制度以及损害农民权益保障的制度约束。潜在问题包括农地流转之前，确权过程中的确权模糊问题、在“颁证”环节的权利分置问题；在农地流转过程中，政府与市场配合不协调、农地流转市场不完善、中介服务职能不健全问题；在流转完成后，监管缺失、农村土地流转风险防范机制不健全问题。

第三节 研究方法

一、案例分析法

选取贵州省部分农地流转取得显著成效的乡镇进行走访实地调研，对农地流转促进农民增收的典型案例进行分类归纳，更加深入地探讨了农地流转的增收效应。

二、理论与实证相结合的研究方法

首先，梳理了农地流转与农民收入相关的文献，分析了农地流转影响农民收入的内在理论机制；其次，运用三阶段数据包络分析（DEA model）、倾向得分匹配法（PSM）、Logit 模型、中介变量、探索性空间数据分析（ESDA）、空间杜宾模型（SDM）等计量方法，分别从宏观与微观角度实证分析了农地流转如何促进农民增收。

三、归纳演绎法

通过农地流转对农户收入的经验性调查分析，典型案例分析以及计量模型的实证分析，厘清农地流转促进农民增收的机制，在此基础上分析农地流转与农民增收存在的潜在问题以及制度约束，最后提出推动农地高效有序流转的政策建议。

四、田野调查法

在进行田野调查时，主要采取结构调查与半结构调查的方法。设计结构调查问卷，深入农户填写调查问卷，通过问卷调查农地流转促进农民增收的直接效应和间接效应。采取半结构调查方法，收集农地流转促进农民增收及效应的典型案例；了解农地流转促进农民增收的内在机制，农民流转不利于农民增收的潜在问题。

第四节 核心概念界定

农地流转是农户对农地承包经营权的交易行为，主要包括5类流转形式的选择行为，具体为转让、互换、转包、出租以及股份合作，其中，转让和互换是对农地承包权的流转，转包、出租与股份合作是对农地经营权的流转。对于交易主体，主要包括农户、企业以及专业合作社。

具体地，转让是指农户家庭承包耕地流转面积中，承包农户经发包方同意将承包期内部分或全部土地承包经营权让渡给第三方，由第三方履行相应土地承包合同的权利和义务的耕地面积。转让后原土地承包关系自行终止，原承包户承包期内的土地承包经营权部分或全部失去；互换是指承包方之间为各自需要和便于耕种管理，对属于同一集体经济组织的承包地块进行交换，同时交换相应的土地承包经营权。但明确约定不互换土地承包经营权，只交换耕作的，不列入统计。转包是指农户家庭承包耕地流转面积中，承包农户将承包耕地转给本集体经济组织其他承包农户从事农业生产的耕地面积。转包后原土地承包关系不变，原承包方继续履行原土地承包合同规定的权利义务。接包方按转包时约定的条件对转包方负责。承包方将土地交他人代耕不足1年的除外。出租是指农户家庭承包耕地流转面积中，承包农户将所承包的土地全部或部分租赁给本集体经济组织以外的他人从事农业生产的耕地面积；股份合作是指农户家庭承包耕地流转面积中，承包农户将土地承包经营权量化为股权，入股从事农业合作生产的耕地面积；其他形式是指农户家庭承包耕地流转面积中，除采取转包、转让、互换、出租、股份合作形式以外的其他方式流转的耕地面积，包括委托他人代耕不足1年的①。

农民总收入指调查期内农村住户和住户成员从各种来源渠道得到的收入总和。一般来说，农民收入主要包括4个方面②：（1）经营性收入指农村住户以家庭为生产经营单位进行生产筹划和管理而获得的收入；（2）工资性收入指农村住户成员受雇于单位或个人，靠出卖劳动而获得的收入；（3）财产性收入指金融资产或有形非生产性资产的所有者向其他机构单位提供资金或将有形非生产性资产供其支配，作为回报而从中获得的收入；（4）转移性收入指农村住户和住户成员无须付出任何对应物而获得的货物、服务、资金或资产所有权等，不包括

① 流转形式相关概念来自《全国农村经营管理统计资料》。

② 农民收入相关概念来自《中国统计年鉴》。

无偿提供的用于固定资本形成的资金，一般情况下，是指农村住户在二次分配中的所有收入。

第五节 创新之处

首先，研究的视角更加新颖。本书从租金增加农民收入与非农就业促进非农收入来论述农地流转对农民收入影响的直接效应，又从交易成本影响农民收入、规模经营增加农业收入以及流转土地提高土地资源的配置效率、土地利用效率来研究农地流转对农民收入影响的间接效应，逻辑清晰地厘清了农地流转促进农民收入增加的机制。

其次，研究内容更加全面。本书从经验性调查分析的角度分析了 1978 年至今的媒体报道案例分析，也研究了基于田野调查和典型案例的农地流转农民增收效应，同时以全国性的微观调查数据——中国家庭追踪调查数据以及全国省级数据为基础运用多种计量方法来准确估计农地流转的农户增收效应，在研究内容方面更加完整。

第三，资料新。采取多种调查方法，收集大量第一手资料，利用这些资料进行研究，更能发现有关问题，为提出新对策奠定扎实基础。

第四，理论创新。在借鉴现有研究成果的基础上，构建了一个农地流转、流转效应与农民增收的分析框架，从而有利于推进农村社会学理论的发展。

第二章　农地流转促进农民增收的内在机制：一个理论分析框架

第一节　基于科学知识图谱的文献分析

科学知识图谱分析是指利用文献数据可视化分析工具对某一研究领域的发展情况进行数据发掘、网络分析、科学计量和知识图谱绘制的一系列过程（李晨曦等，2017）。可视化文献分析软件 CiteSpace 由陈超美于 2004 年开发，2005 年首次被引入到国内（陈悦和陈超美等，2015）。近年来，知识图谱分析一个学科或知识域在一定时期发展的趋势与动向的研究日益凸显。国内较早开始应用 CiteSpace 的侯剑华和胡志刚（2013）分析了 Web of Science（WOS）与 CNKI 数据库中应用 CiteSpace 的论文的学科分布和使用功能及其应用前景和趋势；王云等（2018）运用 CiteSpace 和 HistCite 文献分析方法，以中文核心期刊和 Web of Science（WOS）为研究对象，对国内外城镇化研究总体特征及研究进展进行分析。本节尝试运用 CiteSpace 进行文献计量分析，对 1992～2018 年中国学术期刊出版总库（CNKI）中核心期刊、CSSCI 及 CSCD 相关文献进行可视化分析，通过科学知识图谱对农地流转热点领域、研究前沿与发展趋势进行分析，从研究内容、研究方法与研究视角等方面揭示农地流转与农民增收关系领域的研究热点与发展动态，为探寻未来研究方向和趋势提供参考建议与新思路，以期对未来研究提供重要参考依据。

一、研究方法与数据来源

（一）研究方法

科学知识图谱作为科学计量学的新方法和新领域被广泛应用。科学知识图谱是以知识域为对象，显示科学知识的发展进程与结构关系的一种图像（陈悦和陈超美等，2015）。而 CiteSpace 知识可视化软件是目前最流行的知识图谱绘制工具之一，提供了三种可视化方式的选择，聚类视图（cluster）、时间线视图（timeline）与时区视图（timezone）。聚类视图侧重于体现聚类间的结构特征，突出关键节点及重要连接；时间线视图侧重于体现聚类之间的关系以及每个聚类中文献的历史跨度；类似地，时区视图也是从时间维度上体现知识演进，展示文献的更新和相互影响（陈悦和陈超美等，2015）。在生成图谱中 N 表示网络节点数量，E 表示连接线数量，Density 表示网络密度，Q 值表示聚类模块性指数，S 值代表聚类轮廓性指数。一般而言，Q 值区间一般在［0.1）内，若 $Q>0.3$ 意味着划分出来的社团结构是显著的；若 $S>0.5$，一般认为聚类是合理的；若 $S=0.7$，则认为聚类是高效率令人信服的（陈悦和陈超美等，2015）。图谱由蓝色到红色代表时间推进，节点大小表示分析对象出现的频率，每个节点之间的连线代表两者存在共现或者共引关系；外圈显示为紫红色表明该节点具有较大的中心度（李晨曦等，2017）。中心度（Centrality）是指其所在网络中通过该点的任意最短路径的条数，是网络中节点在整体网络中所起连接作用大小的度量。

（二）数据来源及数据处理

本节数据来源于中国学术期刊出版总库（CNKI），考虑到 CNKI 中期刊数量多，且期刊水平有一定差距，因此选择核心期刊、CSSCI 及 CSCD 为来源期刊。本书首先以“农地流转”或者“农村土地流转”为主题，共检索出 4 601 篇文献记录，以分析农地流转总体发展及趋势特征，检索时间为 2018 年 10 月 26 日。其次，以“土地流转”为主题，并含“收入”，或者并含“增收”，共检索出 624 篇文献记录；以“农地流转”为主题，并含“收入”，或者并含“增收”，共检索出 190 篇文献记录，进一步剔除重复文献，最终保留了 721 篇文献作为研究样本，以分析农地流转与收入及增收之间总体发展及趋势特征，检索时间为 2018 年 10 月 24 日。最后，为了更为精确地反映农地流转与农民增收研究现状，以“土地流转”为主题，并含“农民收入”，或者并含“农民增收”，共检索出258篇文献记录；以“农地流转”为主题，并含“农民收入”，或者并含“农民增收”，共检索出60篇文献记录，进一步剔除重复文献，最终保留了285篇文献作为研究样本，以进一步分析农地流转与农民增收之间总体发展及趋势特征，检索时间为2018年10月26日，具体数据如图2-1所示。

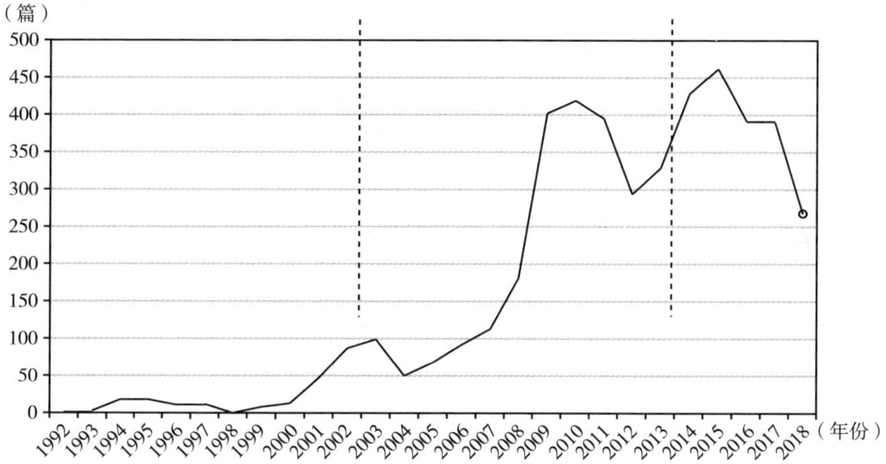

图2-1　1992~2018年农地流转相关研究发文数量

二、结果分析

（一）从时间趋势看研究特点

在农业改革和发展中，有两个大的飞跃：即家庭联产承包责任制的实行为第一次飞跃，发展适度规模经营为第二次飞跃。1984年中央一号文件提出“鼓励土地逐步向种田能手集中”成为农地流转的开始，紧接着1986年便提出发展适度规模的种植专业户，此阶段可称之为探索阶段（1978~2002年）；2003年国家农业税的取消，对农地流转产生了重大影响，并且《中华人民共和国农村土地承包法》《中华人民共和国农村土地承包经营权证管理办法》等一系列法律文件的颁布，标志着农地流转进入规范化发展阶段（2003~2013年）；2014年中共中央办公厅、国务院办公厅印发了《关于引导农村土地经营权有序流转发展农业适度规模经营的意见》明确提出，“伴随我国工业化、信息化、城镇化和农业现代化进程，农村劳动力大量转移，农业物质技术装备水平不断提高，农户承包土地的经营权流转明显加快，发展适度规模经营已成为必然趋势”，并且第一次在政策层面提出“三权分置”，进入最新研究进展阶段（2014 年以后）。在此大趋势下，学者们对农地流转的关注也逐渐增多。如图 2 -1 所示，在探索阶段，农地流转研究很少但处于递增阶段，检索 CNKI 中核心期刊、CSSCI 及 CSCD 最早一篇期刊为崔文仉等 1992 年在《农村经济》发表题为“稳定土地承包关系，建立调节流转机制——关于稳定和完善凉山州农村土地承包办法的思考和建议”。最初的农地流转研究主要集中于农村土地承包经营权流转、集体土地使用权流转、农村土地承包纠纷、土地流转合同、生产方式、农业产业化经营、粮食安全、农村土地制度改革等方面。在规范化发展阶段，农地流转研究迅速增加，这一时期，国内农地流转研究已从初期简单的流转、纠纷逐步走向以规范化、公平为主题的研究。如统筹城乡发展、农地经营权、农民土地权益、农地金融、金融创新、抵押贷款、影响因素、流转意愿、禀赋效应、交易费用、契约、劳动力流动、农地确权、适度规模经营、土地制度改革等。在研究方法上学者们使用随机前沿生产函数、似不相关回归、Logistic 模型、Heckman 模型、博弈模型等进行分析。随着“三权分置”的提出，在最新研究进展阶段，学者们对农地流转的研究更多，主要围绕三权分置、土地确权、土地信托、区域差异、乡村治理、金融支持、风险、农业转移人口、社会资本、新型农业经营体系、农业规模经营、乡村旅游、契约、农业供给侧结构性改革、土地生产率、动力机制、土地整治等。在研究方法上有 tobit 模型、分位数回归、因子分析等。

农地流转的主要目的之一就是促进农民增收，农民增收一直以来都是学术界关注的热点问题。如图 2 -2 和图 2 -3 所示，总体上，1995 ~2018 年，农地流转与农民增收关系研究的相关文献量呈增长趋势。类似地，在探索阶段，农地流转与农民增收研究很少但处于递增阶段，主要集中于农民增收、农业结构调整、社队企业等方面。在规范化发展阶段，农地流转与农民增收研究迅速增加，这一时期，国内相关研究集中于农民收入、财产性收入、劳动力转移等。在最新研究进展阶段，学者们对农地流转与农民增收的研究主要围绕收入效应、家庭农场、规模经营等展开。

（二）关键词分析

1. 农地流转关键词分析

基于 Citespace 绘制的可视化知识图谱，梳理了 1992 ~2018 年农地流转前沿

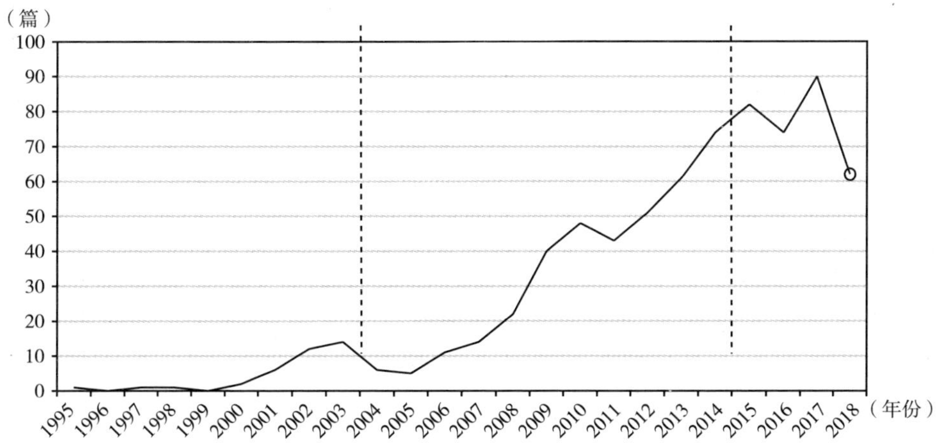

图 2-2　1995～2018 年农地流转与收入及增收相关研究发文数量

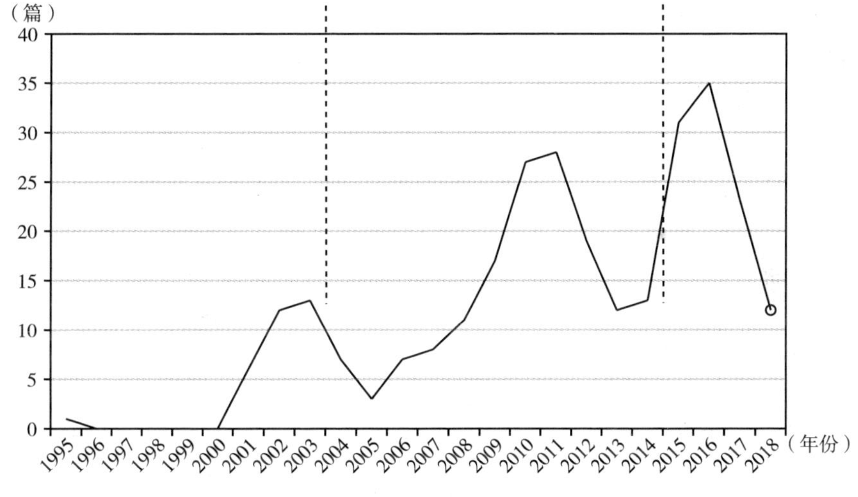

图 2-3　1995～2018 年农地流转与农民收入及农民增收相关研究发文数量

演化特征，时间切分（Time Slicing）设置时间为 1992～2018，时区分割为 1，阈值选择提取每个时区中被引或出现频次最高的 50 个关键词，如图 2-4 所示的农地流转关键词时间线视图及如图 2-5、图 2-6、图 2-7 所示的农地流转关键词聚类视图，展示了 1992～2018 年农地流转中的热点关键词的时间变化趋势，年环代表这篇文章的引文历史，年轮的颜色代表相应的引文时间，一个年轮的厚度与某个时间分区内引文数量成比例。有紫红色颜色的节点表示中心性强的重要节点，其他节点是影响领域的关键节点。其中，Q 值为 0.4885（>0.3），说明划分出来的社团结构是显著的；S 值为 0.5404（>0.5），说明聚类是合理的。该研究领域有 12 个主要聚类：（1）聚类#0（农村土地流转）；（2）聚类#1（改革）；（3）聚类#2（粮食安全）；（4）聚类#3（农地经营权）；（5）聚类#4（土地流转）；（6）聚类#5（土地经营权）；（7）聚类#6（影响因素）；（8）聚类#7（农地流转）；（9）聚类#8（适度规模经营）；（10）聚类#9（农村土地）；（11）聚类#10（生产方式）；（12）聚类#11（农地产权制度）。从图 2－4、图 2－5、图 2－6 和图 2－7 中可以看出，最大的节点为“土地流转”，但中心度（Centrality）较小为 0.05，其次为“农地流转”“农村土地流转”“农村”“土地承包经营权”“流转”“农民”“农村土地”“劳动者”“土地使用制度”“影响因素”“对策”与“规模经营”等，中心度（Centrality）分别为 0.18、0.15、0.11、0.06、0.08、0.03、0.07、0.13、0.2、0.04、0.03 与 0.09。

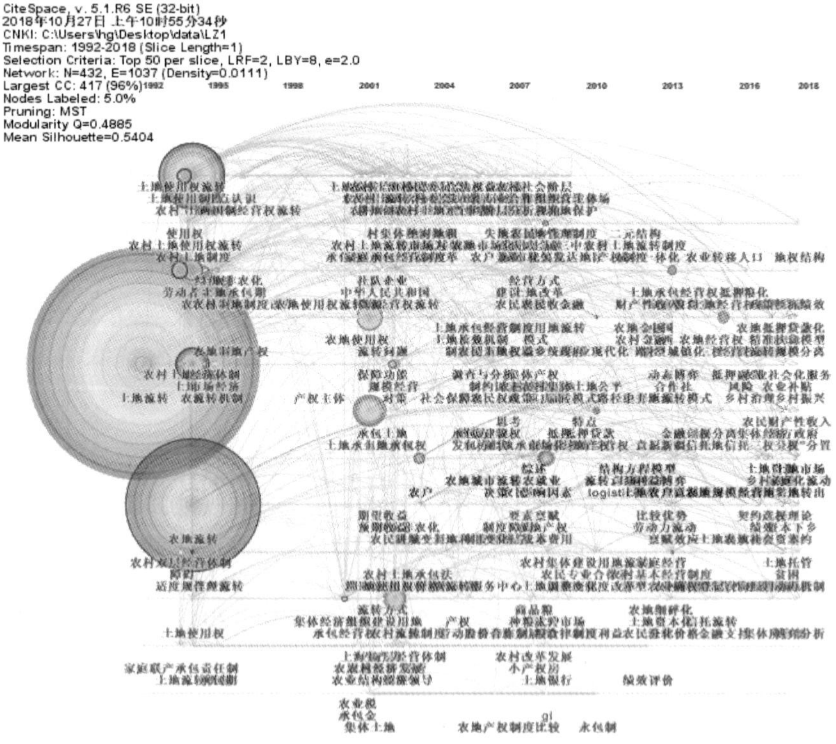

图 2－4　农地流转关键词时间线视图

2. 农地流转与农民增收关键词分析

（1）基于 Citespace 绘制的可视化知识图谱，梳理 1995～2018 年农地流转与

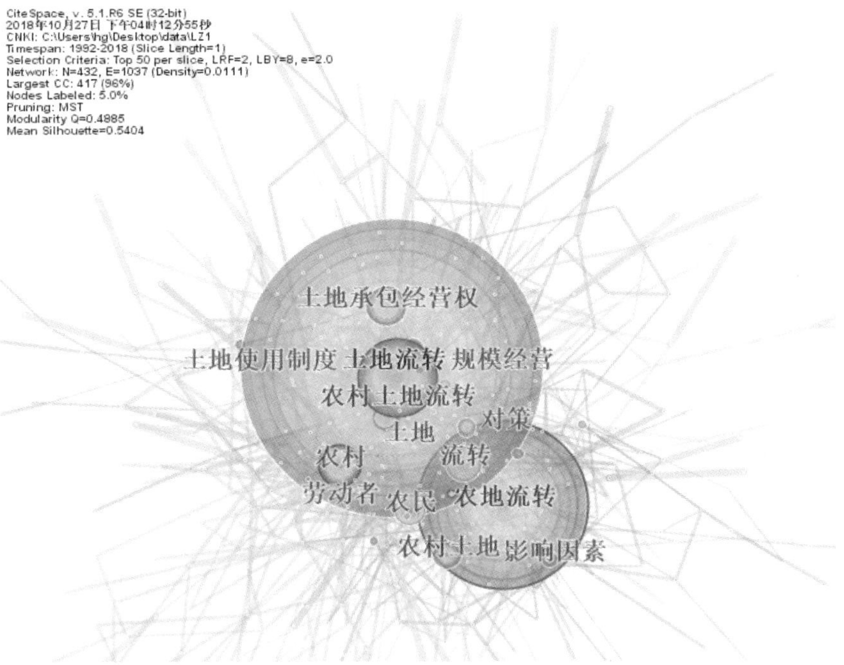

图 2－5 农地流转关键词聚类视图（阈值 100）

收入及增收的前沿演化特征，时间切分（Time Slicing）设置时间为 1995～2018，时区分割为 1，阈值选择提取每个时区中被引或出现频次最高的 10 个关键词，如图 2－8所示的农地流转与收入及增收关键词时间线视图及如图 2－9 所示的农地流转与收入及增收关键词聚类视图，展示了 1995～2018 年农地流转与收入及增收中的热点关键词的时间变化趋势，该研究领域有 7 个主要聚类，其中，Q 值为 0.5504（＞0.3），说明划分出来的社团结构是显著的；S 值为 0.5804（＞0.5），说明聚类是合理的。最大的节点为“土地流转”，中心度（Centrality）为 0.63，其次为“农地流转”“影响因素”“农民增收”等，中心度（Centrality）分别为 0.60、0.26、0.24。

①聚类#0（土地使用制度）聚焦于土地调整、资源配置效率、农地产权与法制保障等。例如，张红宇（2002）认为土地经营不稳定的预期来自土地频繁调整的经验事实，转包、转让、互换等土地使用权流转形式，平衡了人地关系，缓解了土地撂荒矛盾，提高了农地资源的配置效率；王春超（2011）认为农户收入持续增长的新路径可以从土地和劳动力资源配置的市场化参与程度上考虑，采取相应的激励政策提高农户对土地资源和劳动力资源的利用程度和市场参与程度；

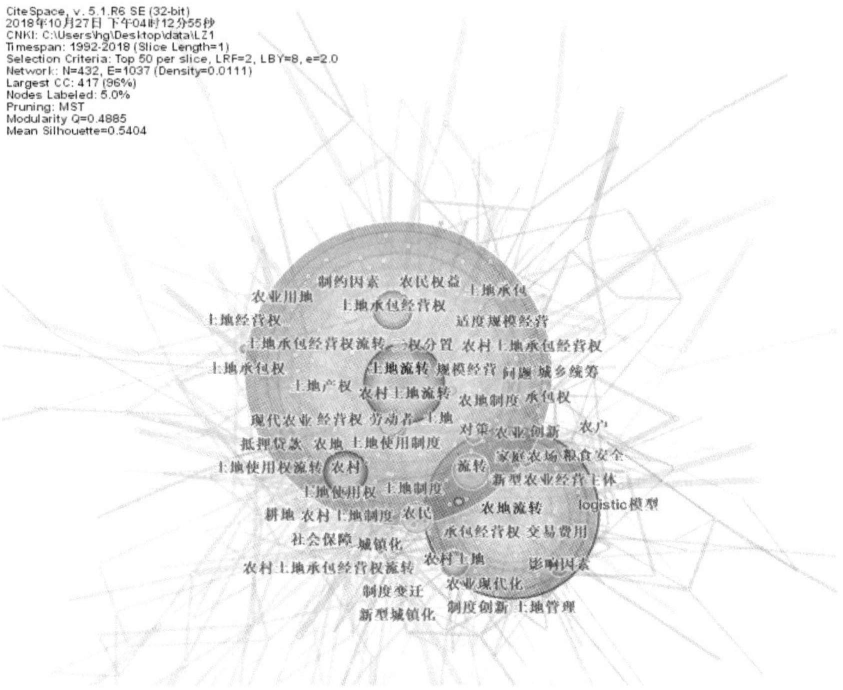

图 2-6 农地流转关键词聚类视图（阈值 25）

吕翾（2013）提出可借鉴台湾地区经验，构筑新型营农体制，适时调整完善土地法规制度，有序推进土地股份、证券、信托等新型营农体制创新。

②聚类#1（土地流转）聚焦于劳动力、农民增收、收入结构与收入差距等。例如，李中（2013）基于湖南邵阳市跟踪调查数据，运用双重差分方法对比农地流转后参与农户与未参与农户，农村土地流转后务工人均纯收入与土地出租对参与农户人均纯收入增长的贡献率达到 76%，并且具有一定的稳定性和持续性；刘远风（2016）基于全国范围 593 户农户的入户调查数据，运用倾向得分匹配方法得出土地流转的收入效应主要由土地财产实现机制、劳动分工优化机制产生，而土地资源优化机制、农业经营效率机制并没有充分发挥作用；高欣和张安录等（2016）从农户微观收入与收入差距视角，运用多元线性回归模型、基尼系数测算法等方法，得出不同类型农户应制定差异化的政策，提高流转效率，促进农户增收，缩小农户收入差距。

③聚类#2（农地流转）聚焦于农户福利、流转模式与风险偏好等。例如，游和远等（2013）从农地转出户福利视角，采用结构方程模型，认为农地转出户在获得收入提高的同时也失去了部分与收入同等重要的可行能力；张兰等

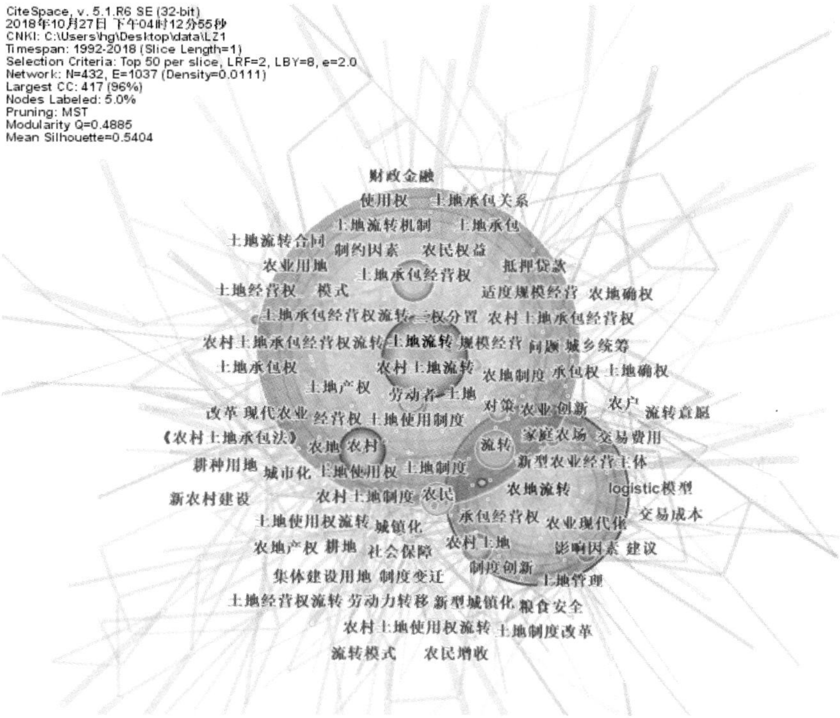

图 2－7 农地流转关键词聚类视图（阈值 18）

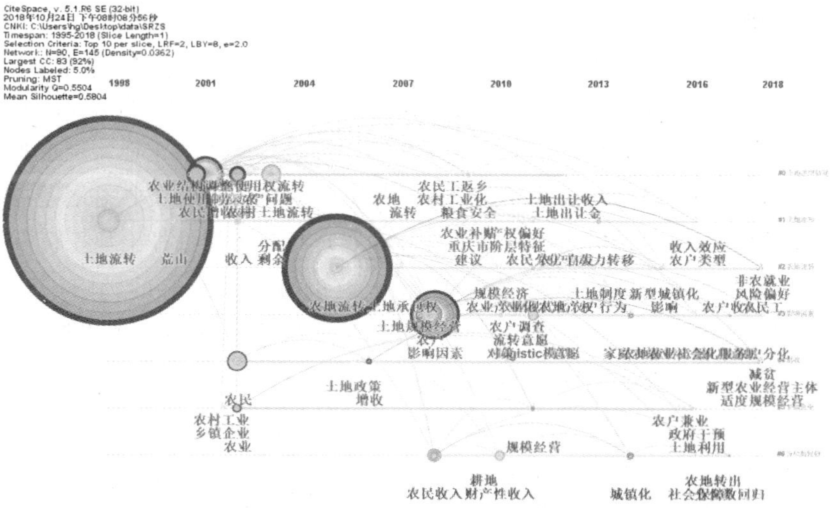

图 2－8 农地流转与收入及增收关键词时间线视图

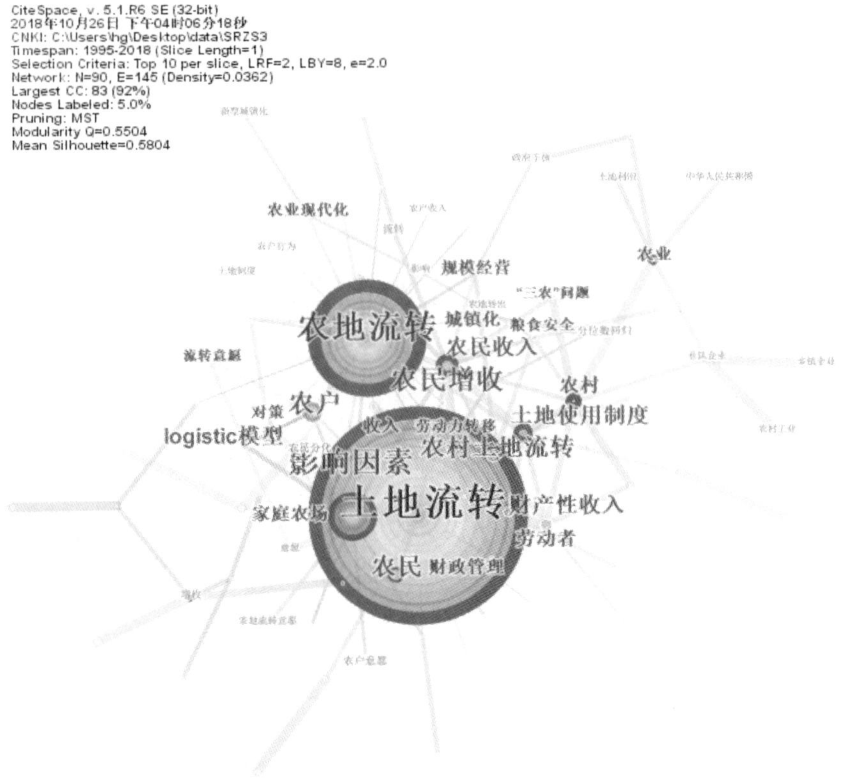

图 2－9　农地流转与收入及增收关键词聚类视图

(2017) 基于江苏省村庄和农户两个层面的调查数据，分析不同农地流转去向对转出户收入的影响，得出相比于流转给小规模农户，将农地流转给规模经营主体未能显著提高转出户收入的结论；李丹等 (2018) 通过构建农户土地流转行为的理论框架，得出劳动力受限是农户选择土地流转最直接的原因，经营收益之差是农户选择土地流转的根本原因，风险偏好程度越高的农户越有可能选择土地托管模式。

④聚类#3 (影响因素) 聚焦于对农民土地规模经营意愿的影响、对农地流转意愿的影响、养老保险对农地流转意愿的影响等。例如，张忠明和钱文荣 (2008) 运用访谈调查法、Multinomial Logistic 等方法，研究影响农民规模经营意愿的因素，研究表明影响农民土地规模经营意愿的重要因素主要包括区域经济发展水平、农业经营者、农业比较收益、就业和收入来源的多元化以及农业生产流动资本投入；李放和赵光 (2012) 表明，现阶段参加新型农村社会养老保险或商业养老保险的农民比没有参加的农民土地流转意愿更高；刘畅等 (2015) 从乡镇尺度视角，运用 Logistic 模型得出，亩均净收入、务农人口比例以及耕地细碎化

程度对农户参与农地流转意愿的影响显著。

⑤聚类#4（增收）聚焦于效率、规模经营等。例如，夏玉莲等（2016）运用 DEA 模型、Malmquist 指数以及 HR 协调度模型，得出我国农地流转对“三农”发展的效率存在明显的不协调性和地区不平衡性，农业增产效率最大，农民增收效率次之，农村发展效率最差；徐玉婷（2016）等采用多元线性回归方程，得出农地转入规模与农业收入呈正相关关系，农地转入规模对农业收入的作用在不同区域、流转方式、农户类型之间有明显差异，农户平均收入水平随着转入规模增加呈现出先增加后降低的倒“U”型趋势。

⑥聚类#5（乡镇企业）聚焦于政府干预等方面。例如，黄忠怀和邱佳敏（2016）提出土地集中流转在部分村庄的成功，往往得益于区位优势和强大的内外部资源，其经验可能并不具有普适性与推广价值，政府的干预应有限度；张建等（2016）采用内生性处理回归模型考察政府干预下土地流转对不同类型农户收入的影响，认为政府干预下土地流转对不同类型农户收入的影响效应有很大差异，政府在完善农地流转服务政策的同时，应当尊重农户土地流转意愿，使得农户土地流转符合家庭资源配置收入最大化目标。

⑦聚类#6（分位数回归）。例如，郭君平（2018）基于我国东中部 6 省 1 604 户农户的调研数据，采用分位数回归模型，从转入与转出视角实证分析了农地流转的收入效应和收入分配效应。并且此聚类聚焦于城镇化，如杨晶（2014）利用灰色关联度分析了农民增收与城镇化的互动机制，并提出了促进城镇化发展和提高农民收入的对策。

（2）基于 Citespace 绘制的可视化知识图谱，梳理 1995～2018 年农地流转与农民收入及农民增收的前沿演化特征，时间切分（time slicing）设置时间为 1995～2018 年，时区分割为 1，阈值选择提取每个时区中被引或出现频次最高的 10 个关键词，如图 2－10 所示的农地流转与农民收入及农民增收关键词时间线视图及如图 2－11 所示的农地流转与农民收入及农民增收关键词聚类视图，展示了 1995～2018 年农地流转与农民收入及农民增收中的热点关键词的时间变化趋势，该研究领域有 5 个主要聚类，其中，Q 值为 0.5197（>0.3），说明划分出来的社团结构是显著的；S 值为 0.5946（>0.5），说明聚类是合理的。最大的节点为“土地流转”，中心度（Centrality）为 0.60，其次为“农民增收”“农地流转”“农民”“农民收入”等，中心度（Centrality）分别为 0.43、0.06、0.48、0.08。

①聚类#0（制度变迁）聚焦于制度变迁背景下促进农民增收的方式。余小

英和王成璋（2014）认为我国农地流转制度变迁是有利于提高农民土地流转收入的，农地流转制度的变迁主要围绕提高农民土地流转收入来进行，但土地流转收入在农民收入中比重太低而影响了制度作用的发挥，今后农地流转制度变迁应该围绕改变土地流转收益分配机制、完善土地流转中介服务体系和加速农民工市民化三个方向进行。夏玉莲和曾福生（2014）采用时期加权的两阶段广义最小二乘法，分析了1958~1977年、1978~2002年、2003~2010年三个阶段中国农地制度变迁对农业产出和农民收入的影响，得出农地制度变迁本身及其对农业劳动力投入、资本投入的内生配置作用共同影响农业产出和农民收入。

②聚类#1（农地流转）聚焦于收入效应（刘远风，2016）、适度规模经营（鲁莎莎和刘彦随，2011）、收入差距（高欣，2016）、农地保障（唐焱等，2015）等。

③聚类#2（农村工业）是探索阶段（1978~2002）学者关注的重点。如浙江省农业厅2001年提出农地流转有利于农村劳动力向第二、第三产业转移，建议由村集体出面对外统一招商、公开招标，以吸引广大工商企业和经营大户投资效益农业，最终促进农业向集约化、专业化、高效化方向发展，提高土地利用率的同时增加转出方的收入。

④聚类#3（家庭农场）。随着2013年中央一号文件首次提出“家庭农场”的概念，通过家庭农场进行规模化经营逐渐成为学者关注的重点。如朱启臻和胡

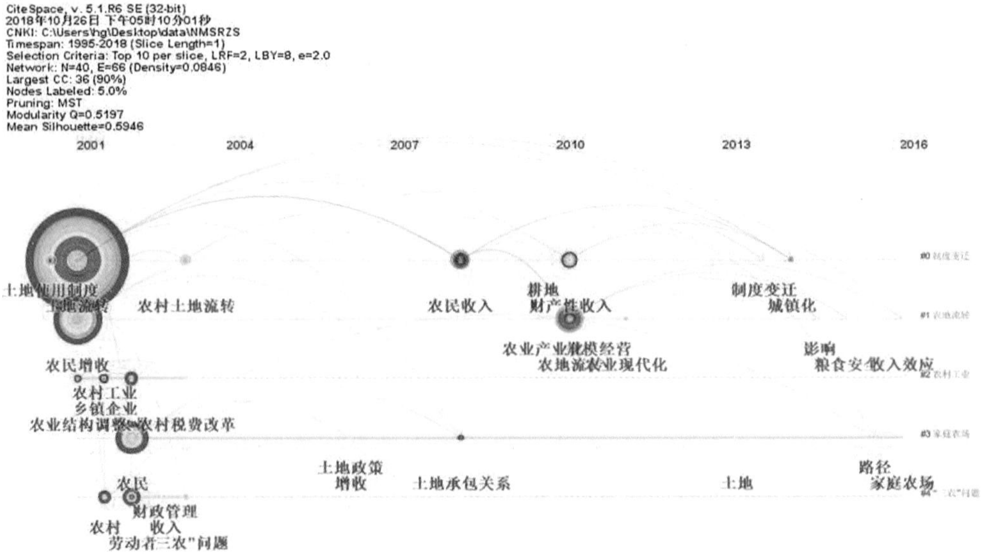

图2-10　农地流转与农民收入及农民增收关键词时间线视图

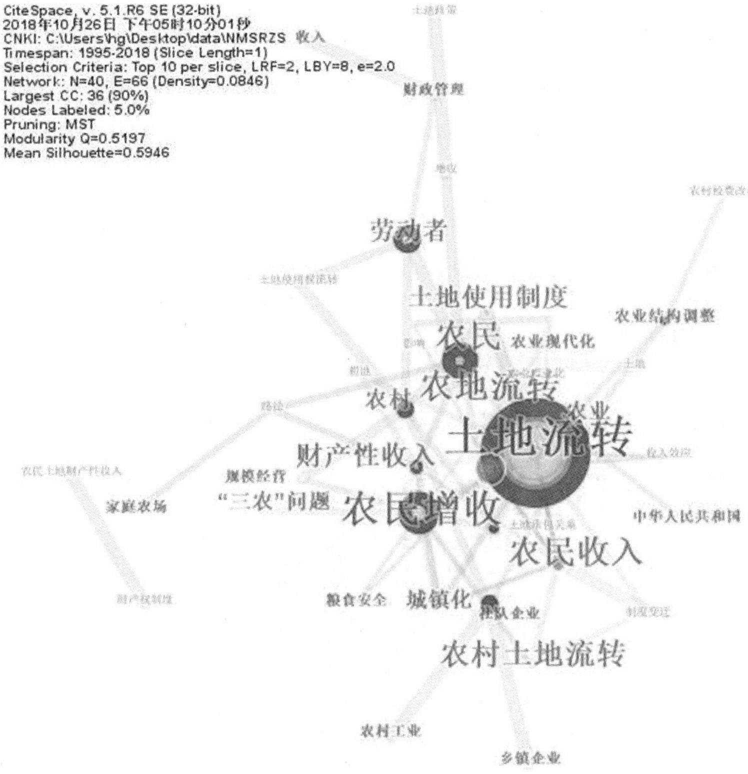

图 2－11　农地流转与农民收入及农民增收关键词聚类视图

方萌（2016）提出新型职业农民的最理想载体是家庭农场①，但专业化家庭农场经营内容单一，存在明显的就业季节差异或者就业不充分，因此发展种养结合、三产融合的综合性家庭农场最有利于新型职业农民生成。

⑤聚类#4（“三农”问题）始终是学者关注的重点问题之一。如邵夏珍（2014）认为湄潭县自 1987 年以来进行的“增人不增地、减人不减地”的制度存续的重要因素之一是农户收入构成的变化。

3. 土地流转与非农就业关键词分析

本部分的数据来自于中国学术期刊出版总库（CNKI）中的核心期刊、CSSCI 及 CSCD 为来源期刊。选择时间年份为 1992～2018 年，以“土地流转”为主题，并含“非农就业”，或者并含“劳动力转移”共搜索出 204 篇文献记录；以“农

① 朱启臻和胡方萌（2016）将家庭农场定义为以家庭成员为劳动力、以农业收入为主要来源的农业经营单位。

地流转”为主题，并含“非农就业”，或者并含“劳动力转移”，共搜索出 81 篇文献记录，进一步剔除重复文章，最终保留了 247 篇文献作为研究样本，进一步分析农地流转与非农就业及劳动力转移之间、土地流转与非农就业及劳动力转移的总体发展及趋势特征，检索时间为 2018 年 10 月 26 日。

如图 2－12 所示，展现了自从 1992 年以来，农地流转与非农就业及劳动力转移，以及土地流转与非农就业及劳动力转移关键词聚类分析图，展现了 1992 年以来农地流转和土地流转与非农就业及劳动力转移中的热点关键词的时间变化趋势，该领域有 4 个主要聚类。

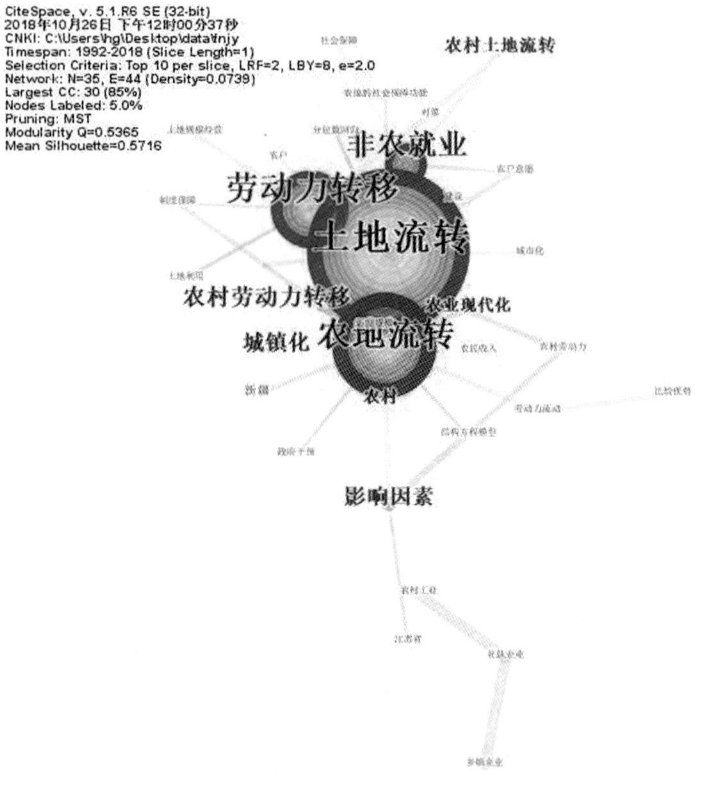

图 2－12　农地流转和土地流转与非农就业及劳动力转移关键词聚类视图

根据软件分析结果，聚类#0 与聚类#1 均是农地流转，因为聚类#0 中关键词排序第 2 为土地流转，所以此处聚类#0 的分析为土地流转。聚类#0（土地流转）聚焦于适度规模经营、适度规模、土地规模经营等，陈拾娇（2016）以农户调查与小型访谈形式开展实地调查，分析了农村土地承包经营权流转对农业适度规模经营发展的作用机制。侯荣娜（2015）提出了完备土地流转的市场制度、扶持农业新型经营主体等措施可以促进东北区域的农业适度规模经营。梁山（2013）探讨了多种影响土地规模经营的因素，在经济因素中提出了由于未建立规范的土地流转制度，容易产生土地纠纷、对农民的利益造成损伤，抑制农民参加土地流转，不利于土地规模经营。

聚类#1（农地流转）聚焦于农户收入、农民迁移、劳动力剩余，张建（2016）通过江苏省苏北地区灌云县和金湖县的农户调研，用内生性处理回归模型分析出，在政府干预下转入户收入增加了，而转出土地的农户收入未显著增加。秦雯（2011）认为广东省城市郊区中农地流转与农民迁移有如下联系：农民迁移是农地流转的必然前提；农地流转不直接促进农民迁移。文雄（2011）认为，人均耕地面积的降低、农业劳动力过剩等原因推动了劳动力转向城市，这种转移促进了农地流转。

聚类#2（非农就业）聚焦于非农就业对于土地流转的影响。赵光（2012）通过江苏省沭阳县的调查数据，用结构方程模型（SEM）分析出，如果有完备的社会保障制度和非农就业环境能代替土地的社会保障与就业价值功能，则会促进农民土地转出。又通过 Probit 和 Tobit 计量结果分析出，具有非农就业经验、家庭非农劳动力越多越有助于转出土地。李明艳（2010）把非农就业对于农业生产的影响分为兼业效应、配置效应、投资效应，最后分析出非农就业显著促进了土地流转。陈会广（2014）基于 2010 年江苏省部分区域农户层面调查数据，分析出妇女职业分化即务农为主还是从事非农产业为主，对家庭是否流转土地有促进作用。

聚类#3（农村劳动力转移）聚焦于农村劳动力转移对于农地流转的影响。宁爱凤（2010）分析出了农村劳动力转移促进农地流转。高玉峰（2010）认为农民转移就业空间小制约了农地流转，并且提出了关于积极推进农村富余劳动力转移的具体对策，来促进农村进行土地流转。秦文佳（2010）认为农村劳动力文化素质偏低，并且转移就业的能力较差，要想在企业和城市打工获得比务农更多的收入很难，因此不愿意流转土地。

第二节　文献梳理

一、土地流转理论研究

对土地流转理论研究的争论首先集中在我国的土地制度上。学术界普遍认为目前我国的家庭联产承包责任制已然难以满足社会经济的发展需要。我国学者对如何改革土地制度进行了理论探讨，基本上有三种方案：一是土地国有制，周天勇等（2003）赞同这一观点，基本观点是国有承包和国有租佃；二是土地私有制，蔡继明等（2007）认为，土地私有化才能使农村问题得到解决；三是在现状基础上改进，其中胡瑞卿（2002）提出“租地农场”、石霞（2003）等提出“土地股份制”等。无论这三种方案差异如何，张凡等（2012）认为有一点是很清晰的：即在农村土地流转中，应该厘清集体与农户作为不同层次的农地产权主体各自的权利边界以确保农户的权益，实现土地流转模式与土地收益分配的优化。

国外也有一些学者关于土地流转有不同的观点，Joshua（2004）等以斯洛伐克为例对中东欧国家农地流转过程中的交易费用进行了研究，表明农地私有化改革导致了大量的土地细碎化，广泛分配的高度细碎化和低效价值土地产权带来大量的农地交易费用，这些阻碍了农地流转交易的进行。Kung（2002）以中国非农劳动力市场与农地租赁市场为研究对象，发现农户对农地租赁的需求取决于农户工资性收入的多少和劳动力转移情况。此外，还有国外学者研究了经济环境与农户自身禀赋对农地交易的影响。Terry（2003）研究认为农地市场之所以受到阻碍是因为存在许多持有小地块的农户由于害怕市场经济所带来的风险，为了保障将来的生计安全而不愿意卖出自己的农地。Bogaerts（2002）等对中欧地区国家农地流转进行研究发现这些国家的制度因素增加了农地流转交易费用，不利于农地流转的推进。

农地流转同样带来了农村社会结构的变化。争论之一是对“农地保障功能”的再认识，温铁军（2006）认为，自从包产到户后，由于国家不再承担农村公共产品的开支，导致了农地除了产出作物之外，还能为农民提供一定程度的社会保障。而且随着农村实际人口的增长，人均耕地越来越少，使得土地功能越来越转变为生存保障功能。针对这一实际情况，有学者对其潜在逻辑进行了批判，如姚洋（2002）早就指出“土地保障”替代农民社会保障本身就是政府推卸责任的行为。对此柳建平（2012）认为：农地沦为农民社会保障的事实阻碍了农地制度的变革，因而解决这一问题的根本途径是加快农村社会保障制度的建设步伐。有关农地制度理论探讨都在一定程度上阐述了中国农地制度的不足之处，并对将来可能的解决方案提出了自己的见解。

二、农民收入的影响因素研究

对于影响农户收入的因素方面，大量学者都已经做了比较深入的研究。冯振东等在对陕西吴起县 1 105 户农民的收入调研发现，人力资本和教育对家庭收入的影响是重要的。他认为政府应该提供一个多元化的平台，并且应当想办法扩大收入的来源，将产业机构进行合理的调整，着力发展非农业以外的产业。冯振东等（2010）、韩菡等（2011）利用浙江、安徽两省的农户调查数据分析得出非农就业机会和家庭财富水平对农户转入面积分别具有显著的正向和负向影响的结论。董全瑞等（2006）认为农民收入的增加，有时取决于政策和制度上的激励。李实等（1999）通过对农村劳动力流动的收入增长研究认为，农村内部的收入增长有时会因为农村劳动力的流动而发生积极的变化。姚洋（1999）发现，中国农村土地租赁市场不活跃与劳动力市场的限制性密切相关，其结论暗含“非农就业机会增加将会促进农地流转”。李宪印等（2009）通过 VAR 估计和格兰杰检验发现农户人力资本投资有利于劳动力流动，不但会提高农户的非农收入，还有助于提高家庭整体劳动力的生产率。卢启程等（2007）通过多元统计方法对云南省 4 000 多农户的收入主要影响因素的研究分析表明 6 岁以上人口受教育年限对农户收入有正面影响，说明受教育程度是农民收入的主要影响因素。万广华等（2005）通过选择广东、湖北、云南 3 个省作为不同地理——经济状况的代表，对当地农户的收入进行了分析。由于地理位置变量无法直接进入模型，他们选取了地区虚拟变量及一些间接的变量，如资本、土地、教育等变量。研究结果显示，地理位置与距离市场远近、地域文化、基础设施等一些非流动资源密切相关，是决定收入的一个重要因素。根据关于农民收入的理论分析，农民的收入依赖于制度供给、劳动力转移、资本配置三者之间的有机配合。其中劳动力转移和资本配置与当地的经济发展状况有很大关系。目前我国农村存在投资不足等问题，张林秀等（2005）归因于农村经济发展水平较低。大部分研究者认为因为中国农村依然存在剩余的劳动力，劳动力的转移将会提升农民的收入，这就会涉及当地的非农就业机会及非农产业的发展水平。蔡昉等（2005）采用实证研究方法证明了非农收入和非农就业机会对农民收入有重要作用。还有学者从农业生产技术方面考虑，李大胜等（2007）从 5 个方面分析了农业技术对农村居民收入的影响机制，认为在前期，农业技术进步一般开始先从整体上拉大农民收入的差距，然而，伴随着时间的推移，将会出现后紧缩的过程。杨继生等（2011）认为政府政策的影响必须通过当地受区域经济影响的区域内部环境才能体现出来，从而影响农民的经营性收入、工资性收入和财产性收入。影响农户收入的政策环境范围很广，首先，就农村的制度供给问题，姚洪心等（2009）认为，政府机关应当支持各种有利于农民利益的团体组织；张晓山（2007）认为成立农民合作社是发展现代化农业和增加农民收入的最佳途径。林伯强（2005）认为要进行农村政策变革，即提高资源配置效率。其次，对于我国农村存在投资不足问题，贾康等（2006）则归因于政府投资不足和利用非政府力量不足。他们通过各省（自治区）的农村面板数据，选取了资本积累、财政支持、就业结构、投资结构、区域差异因素、政策环境等变量，系统分析了农村政策变迁对农村居民收入的具体效应，认为政策环境因素对农村居民收入的推动作用具有持续性，效应时滞大概为3年；而劳动力向非农就业转移是农村居民收入增长的主要动力。因此，政府必须加强发展农业合作组织，加快区域城镇经济发展水平等。

三、农地流转对农民收入的影响效应

钱忠好等（2016）通过对江苏、广西、湖北和黑龙江的调研数据进行实证分析得出，农地流转提高了农民的家庭总收入，相对而言，农地流转更有助于转出农地的农户收入增长。有学者根据中国最贫困的3省的家庭调查数据研究发现，农地流转市场机制的建立可以更好地提高土地生产效率，促进农民增收（Deininger等，2005）。冒佩华等（2015）基于CERC中国农村居民问卷的5年农户家庭微观调研数据，运用平均处理效应ATE以及实验组的平均处理效应ATT方法，发现农地流转能大幅提高农户家庭收入。农地流转可以更好地配置土地资源，有利于促进农地的规模经营，可以有效提升农户家庭收入水平（江淑斌等，2013）。另外，农地流转有利于农村剩余劳动力摆脱土地的束缚，实现非农就业，增加农户家庭的非农家庭收入（许恒周等，2011）。Reardon（1997）通过对非洲的非农劳动力市场的实证研究，认为农民在从事农业以外的产业可以让家庭收入呈多样化的增加。刘鸿渊（2010）对以政府主导下的农地流转模式对农户的收入影响进行了研究，他认为在我国目前农地市场不规范的条件下，政府若介入农村土地流转可以节约交易成本，但其行为最终能增加农民的收入需要存在以下前提假设：土地流转后，原有的农村劳动力一部分进入农业公司继续从事农业生产，在获得土地经营收入的基础上，额外获得工资性收入；另外部分可以进城进行非农生产，获取工资性收入。这存在一个很大问题是，农民的土地经营性收入存在上限约束，而农民家庭想要提高收入，工资性收入是唯一的来源。由于农户的异质性，将有很大的可能性让一部分农民陷入困境，进而导致许多社会、经济等问题接踵而至。许恒周、郭玉燕（2011）以南京市为调研对象，对土地流转和农民的非农收入水平的关系进行了分析，研究结果表明，农民非农收入与土地流转二者间存在着长期均衡但短期波动且双向因果的关系，早期土地流转对农民的非农收入的影响较弱，而后期农地流转对农民的收入影响会增强。陈会广等（2010）对苏、鲁、辽、津四省（市）进行了实地调查，他们从农民职业分化、收入分化的角度研究了不同的农民对土地承包经营权流转的需求差异。研究结果显示，由于劳动力转移，农业收入占农户家庭总收入的比例不断减少，农民的收入分化，收入水平的差异决定着农民对农地制度的态度。收入水平越高，农民越倾向于流转、转让或放弃土地的承包经营权，而收入低的农户基本不愿流转、转让或放弃。广大农民所拥有的生产要素主要是劳动和土地，大量研究已经证明劳动力流动和非农就业促进了农民收入的提高（钟甫宁等，2007）。田传浩等（2004）对苏、浙、鲁地区的调查显示，农户对土地使用权稳定性的预期显著影响其土地流转行为，对稳定性的预期越高，农户租入土地的可能性越大，租入土地面积也越大。功能良好的土地租赁市场有助于以相对较低的交易成本流转土地以使其获得充分利用，有助于提高农民的财产性收入（王象永等，2015）。李庆海（2011）等实证研究指出，不管是租入土地，或者是租出土地，农户纯收入都会提高。

在农地流转对农民收入的影响方面，农地流转促进农民增收，减少贫困，这已被部分国外文献所验证（Jin，2009；Jin，2013）。有学者的研究显示，农户家庭参与土地流转后可以显著增加农民收入（李中，2013）。Feng（2008）通过对中国的实证分析发现，农地流转市场与非农就业机会之间存在着很强的相关性，并对农业生产效率产生重要影响，进而影响农民收入。韩啸（2015）以湖北、山西为例研究表明农地流转对转入户的收入具有显著的正向效应，但对转出户的收入影响并不显著。土地流转不仅具有边际产出拉平效应和交易收益效应（姚洋，2000；Besley，1995），而且具有冲击缓和作用（Feder et al.，1998）。Zhang（2008）基于浙江省调查数据分析发现，土地租赁市场降低了农村收入不平等，能够提高即将陷入收入分配底层的农民的收入，对于非农就业造成的收入差距也能得到缓解。

但一些学者的实证研究结论却存在分歧。自20世纪80年代中期以后，农民的收入增速减缓以至于90年代出现停滞现象，随着技术的不断进步，有学者认为土地经营规模变小，细碎化严重等问题是家庭联产承包责任制实行的分产到户所导致的危害，这严重阻碍了农业生产效率的提升，使农民的收入无法增长（Wan et al.，2001）。有学者通过对全国30个省市面板数据的实证研究发现农户人均纯收入与人均土地经营规模长期呈现出“U”形关系（杨渝红等，2009）。朱建军等（2015）利用中国健康与养老追踪调查数据通过计量分析方法，得出农地流转促进了农户家庭收入的增加，但也加剧了村民之间的收入不平等程度。薛凤蕊（2011）等也发现，土地流转后参与农户与未参与农户相比，人均纯收入、务工收入和出租土地收入显著增加，人均种植业纯收入显著下降。但崔会（2013）的研究并未发现农地流转的增收效果。王春超（2011）则从农民收入增长的两大渠道（即工资性收入和家庭经营收入）方面出发，对土地流转和农户收入的关系进行了分析，研究结果显示：土地市场的发展在相当大程度上能促进农民收入的提高，且土地产权市场的发展和资产信贷市场的发展能积极促进农户家庭收入提高，但同时如果控制不好也会存在一些负面影响，即会影响收入的持续增长，为农民收入增长带来更多的不确定性。姜松（2012）等运用“一圈两翼”截面数据研究表明，土地流转对农业适度规模具有显著正向效应，而对农民增收具有显著负向效应。然而林乐芬（2010）等认为，小农们在土地买卖得不到任何的利益，这样会造成贫富差距变得更大，农业投资有时候并不会因农地流转而发生改变（许庆等，2005），农地流转虽然降低了农地细碎化程度，但并不一定能增加农民收入（李功奎等，2006；彭代彦等，2009）。农地租赁市场不仅会增加土地资源配置的不平等，也会增加农户收入的不平等（田传浩，2005）。农户土地经营规模增加对农民收入的影响并不明显（Khan，2003）。因此，土地流转的收入效应是以一定的经济环境和制度环境的共同创新为条件的，必须认真思考和冷静对待土地流转中发生的障碍和问题，使土地流转进入一个合理有序、积极发展的轨道。

第三节　农地流转、流转效应与农民增收：理论框架

在以往研究的基础上，将农地流转、流转效应与农民增收结合起来，基于农户行为理论、地租理论与新迁移经济学理论等，试图构建一个理论分析框架。农地流转的实质是土地、劳动力等生产要素的重新配置，从家庭层面也是家庭劳动力资源在农业与非农业上的重新配置。而农民收入的变化则是农户生产行为或决策调整所带来的结果。对于转出户来说，通过转出土地获得租金收入，可能是实物地租或是货币地租等。此外，一方面，转出户往往会通过从事非农就业提高非农收入；另一方面，转入户通过转入土地，从要素投入（包括长期投入和短期投入）的角度来说，尤其是劳动投入（家庭从事农业的劳动力供给）发生变化，增加耕地面积的同时，单位面积投入成本减少。基于产权理论、规模经营理论

等，产权、制度与信息等影响了农地流转过程中的交易成本，进而影响农民收入；此外，通过农地流转实现土地规模经营，提高农业生产率，进而增加农业收入；从资源配置角度，农地自由流转使土地资源从生产率低的农户手中流向生产率高的农户，在边际报酬递减规律的影响下，产生边际产出拉平效应，提高了土地资源的配置效率（姚洋，2000）。

本书的分析框架如图 2－13 所示。

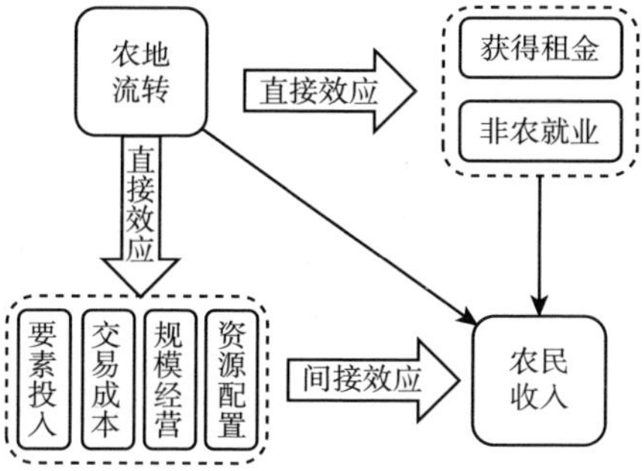

图 2－13　分析框架

第三章　农地流转促进农民增收的效应：框架与计量模型

第一节　农地流转促进农民增收的直接效应

1993 年《中共中央关于建立社会主义市场经济体制若干问题的决定》提出，“在坚持土地集体所有的前提下，延长耕地承包期……允许土地使用权依法有偿转让。少数经济比较发达的地方，本着群众自愿原则，可以采取转包、入股等多种形式发展适度规模经营，提高农业劳动生产率和土地生产率”；1998 年《中共中央关于农业和农村工作若干重大问题的决定》提出，“少数确实具备条件的地方，可以在提高农业集约化程度和群众自愿的基础上，发展多种形式的土地适度规模经营”；2008 年《关于切实加强农业基础建设进一步促进农业发展　农民增收的若干意见》提出，“按照依法自愿有偿原则，健全土地承包经营权流转市场”；2014 年中央一号文件进一步明确了“稳定农户承包权、放活土地经营权，允许承包土地的经营权向金融机构抵押融资”。相关政策表明，国家鼓励农地流转自始至终是以农户自愿为前提的。从理论上来说，农户作为“理性人”，在自愿前提下所进行的农地流转，是从农业生产效率低或土地利用率低的农户家庭手中流向农业生产效率高或土地利用率高的农户家庭，即“拉平效应”（姚洋，2000），因此，不管是租入抑或是租出土地，都会增加农户效用，增加农民收入。对于转入户而言，之所以转入土地是因为通过规模经营，优化资源配置等可以获得更高的利润；而转出户之所以转出土地是因为找到了工资率更高或效用更大的就业机会（朱建军和胡继连，2015）。从直接效应来看，农地流转促进农民增收主要表现为两个方面：第一，农地流转使转入户增加耕地面积，减少单位面积成本，提高农产品产量，进而增加农业收入；而转出户获得地租，包括实物地租、货币地租等；第二，农地流转释放了一部分农业劳动力，加快农村剩余劳动力转移，促进农业劳动力参与非农就业，进而增加非农收入。

一、农地流转、地租理论与农民增收

在商品经济条件下，土地产权可以当作一种商品来理解（洪名勇，1998），而地租是土地产权分化与商品化的产物。马克思将地租定义为："地租的占有是土地所有权借以实现的经济形式，而地租又是以土地所有权，以某些个人对某些地块的所有权为前提""一切地租都是剩余价值，是剩余劳动的产物""地租的量完全不是由地租的获得者决定的，而是由他没有参与、和他无关的社会劳动的发展决定的"（马克思，1973）。按地租产生原因与形成条件的不同，马克思将地租分为级差地租、绝对地租和垄断地租三类。级差地租的实质是投入相同的资本而生产率不同所产生的超额利润。马克思认为土地产品的生产价格一般以最低等级土地产品的生产价格为依据，因此，较高等级土地生产率较高进而产生级差地租Ⅰ；若在同一地块投入更多资本以提高土地生产率，追加相同投资、土地生产率提高进而产生级差地租Ⅱ。绝对地租来源于最坏的耕地也须支付地租。垄断地租不是来自生产领域，而是来自流通领域，它是由垄断价格带来的超额利润转化而成的地租（曲福田，2011）。从马克思地租理论看来，中国当前的农地流转无非是转出方获得地租，转入方利用土地增加收益的过程；中国正在开展全国层面的新一轮农地确权，旨在保障农户拥有更加稳定、更长远的农地承包权，农地承包权的权能也更加丰富，实际上这种承包权已经接近准所有权（钱龙，2017）。

二、农地流转、劳动力流动与农民增收

在发展经济学与农业经济学等领域，劳动力流动、非农就业是否提升农户效益始终是一个焦点话题。美国经济学家刘易斯于 1954 年发表了《劳动无限供给下的经济发展》，文中提出了二元经济模型。传统的农业部门存在大量的剩余劳动力，农业劳动力是无限供给的，现代工业部门会逐渐吸收农业剩余劳动力。因此，劳动力从传统农业部门转移到现代工业部门是二元经济发展的一种模式。在此基础上，美国耶鲁大学拉尼斯和费景汉于 1961 年发表了《经济发展理论》，改进了刘易斯的二元经济模型，贡献在于强调了刘易斯所忽视的农业在促进经济发

展方面的重要性，认为由于农业生产率的提高而出现剩余产品，是农业劳动力向工业流动的先决条件。

事实上，随着工业化与城镇化的不断发展，农地流转与劳动力流动是互相影响的双向因果关系，理论上讲，农地流转与劳动力流动会提高流转双方的福利。在农地经营比较效益低的“推力”作用以及非农就业收入较高的“拉力”作用下，农地流转成为必然。农地流转、劳动力外出务工的实质是土地、劳动力等生产要素的重新配置。近年来，农民对土地的依赖性显著降低。农户纯收入中来自经营性收入的比重由2003年的58.78%下降到2016年的38.35%。王兴稳和钟甫宁（2008）提出只有农户大幅度减少并实现永久性向城市移民，才能逐步改变农用地的不可替代性、就业保障功能与难以分割等性质。同时，随着农地社会保障功能日益弱化，农地流转在一定程度上提高了土地资源的内在价值，不仅促进农村劳动力转移与农民非农就业，而且优化了农村居民家庭收入结构（丁忠民等，2017）。一方面，转出户降低了对农业的劳动投入，通过出租等方式获得一定的租金（或者粮食抵租金等）；另一方面，转出土地促进了农村劳动力非农就业，优化了就业结构，增加了农民非农收入。总之，农户会通过比较放弃农业经营而从事非农就业的机会成本进行理性选择。从新移民经济学视域，非农就业不仅是个人层面的理性选择，也是家庭层面的理性决策。基于家庭视角，非农就业实际上是家庭劳动力在农业与非农业上的重新配置，一方面降低了收入波动的风险，另一方面实现了家庭收益最大化（钱龙和洪名勇，2016）。然而，通过农地流转释放一部分劳动力从事非农就业，外出务工带来的隐性成本以及农地流转过程中的不稳定因素是否会导致农民增收困难也值得探究。

第二节　农地流转促进农民增收的间接效应

农地流转促进农民增收的间接效应主要表现为：第一，产权、制度与信息等影响了农地流转过程中的交易成本，进而影响农民收入；第二，通过农地流转实现土地规模经营，提高农业生产率，进而增加农业收入；第三，农地自由流转使土地资源从生产率低的农户流向生产率高的农户，在边际报酬递减规律的影响下，产生边际产出拉平效应，提高了土地资源的配置效率（姚洋，2000），并且通过土地、劳动力等生产要素的重新配置，提高土地利用效率，增加农民收入。

一、农地流转、交易成本与农民增收

罗纳德·哈里·科斯（Ronald H. Coase）指出，产权制度和法律制度安排不同会产生不同的激励作用，进而导致不同的资源配置效率，产权制度是决定经济效率的内生变量，而产权流转或市场机制作用存在交易费用。科斯第一定理指出若交易成本为零，无论初始产权如何界定，通过市场交易可以达到资源的最优配置；科斯第二定理指出当存在交易成本时，产权配置会影响资源配置效率（约瑟夫·费尔德和李政军，2002）。不存在交易费用的世界就像物理世界中没有摩擦力（钱忠好，2002），农地流转对农民增收的间接效应主要表现为交易成本的变化。农地流转中的交易成本主要包括信息成本、谈判订立契约的成本、监督执行契约的成本与保障契约双方利益的成本（洪名勇，2013）。

一直以来产权、制度与信息是制约农地流转的主要障碍。2011 年农业部发布《关于开展农村土地承包经营权登记试点工作的意见》，首次要求在土地实测的基础上对农户承包地进行确权登记颁证，标志着农地确权的开始。而在此之前，农地产权残缺与不稳定始终是中国制度安排的一个显著特征，产权和制度因素是制约中国农地流转市场发展的主要因素（叶剑平，2006）。主要表现为以下几方面：第一，农户的承包地使用权空间与物权属性未在法律层面得到清晰界定，而土地经常因为家庭人口变动、迁移和土地征收而发生增减调整，残缺且不稳定的土地产权产生较高的交易成本，并由购买者和出售者共同承担，进而阻碍农地流转（程令国等，2016；钱忠好，2002；许恒周和郭玉燕，2011）；第二，当农地流转过程出现纠纷时，由于地权的不稳定以及农民相对弱势的地位，导致农民利益受损（Jacoby et al.，2002），产权的不稳定使得农户即使有从事非农就业的愿望，也不敢彻底转出农地，这是产生农户兼业化的原因之一；第三，信息不灵（寻找交易对象困难）、交易费用高（谈判费用等）是导致有农地流转欲望但最终没有流转的主要原因（钱文荣，2003）；第四，从资本投入角度，大部分学者认为不稳定的土地产权不利于改善农地土壤的长期肥力（俞海等，2003），并且农地流转影响地权稳定性进而影响了土地长期投入。如郜亮亮和黄季焜（2011）对比了从亲属转入与从非亲属转入两种转入类型，认为从亲属转入的农地的使用年限要比从非亲属转入的使用年限长将近一倍，从亲属转入的农地使用权更稳定，长期投资的积极性也更高。事实上，农业劳动力是否流动取决于从事非农就业所带来的成本与收益的比较，当收益大于成本时，农户选择非农就业，反之，则从事农业经营。随着2003年农业税的取消以及与农户承包地挂钩的各项补贴的增加，农地的财产性功能更明显，此时产权的不稳定会阻碍农地流转的发生。当前农地存在权属不清、面积不准的情况，甚至少部分土地的权属关系还存在争议，这些都需要通过土地确权工作让农民吃上定心丸（曾福生，2015）。

科斯第三定理指出当存在交易成本时，通过明确分配已界定权利可能会产生更优结果（约瑟夫·费尔德和李政军，2002）。基于以上分析可知土地确权是土地流转的前提，2013年中央一号文件明确提出："用五年时间基本完成农村土地承包经营权登记颁证工作"。土地确权降低了交易成本，具体表现为：第一，提高产权稳定性，增强产权安全性（Macours et al.，2010；Deininger et al.，2011），明晰产权边界（Yami and Snyder，2016），土地确权既防止了产权模糊导致的外部性以及租值耗散等问题造成农业投资收益损失，也降低了地权重新界定与保护的成本（林文声等，2017），并且土地确权通过保障非农就业劳动力的土地权益，降低了他们的转移成本，从而激励他们参与农地流转从事非农就业（许庆等，2017）；第二，消除制度与交易的不确定性（Feder and Nishio，1998），保障交易的自由化（张娟和张笑寒，2005），抵制村集体干预与农地调整（林文声等，2017）；第三，降低交易双方信息不对称（付江涛等，2016），减少了农地流转事前（如信息搜寻成本）、事中（如谈判、协调和签约成本）与事后（合约实施与维护成本）等交易成本（林文声等，2017）；此外，从交易价格视域，林文声等（2017）提出土地确权使农户对农地的情感价值提升从而给予农地更高的价值评价，强化禀赋效应①，提高农地交易价格。相反的，Ali等（2011）提出农地确权能够稳定农户对未来的收入预期，从而加大对土地的长期投入，以达到增产增收的效果，因此，农地确权增加农业劳动力转向非农就业的机会成本，阻碍了农业劳动力向非农产业转移。

二、农地流转、规模经营与农民增收

不管是政界还是学界抑或是媒体界，都深刻认识到中国的农业问题很多，其

① 林文声等（2017）对"禀赋效应"的定义为：同一物品的意愿卖价高于意愿买价，或者意愿卖价高于市场平均估价。

主要根源是农业经营规模过小。农业经营规模[①]衡量指标一般采用投入指标（农地规模）与产出指标（销售额规模）（何秀荣，2016）。然而，土地报酬递减规律的存在说明规模并非越大越好，因此要做到适度。由于农地规模效益的多样性与复杂性，以及经济主体本身的经济地位所决定的对规模效益的不同偏好，决定了农业适度规模经营衡量标准的多元性（曲福田，2011）。农地流转和农业适度规模经营是发展现代农业的必由之路，一直以来中国政府希望通过发展多种形式的适度规模经营达到保障国家粮食安全和提高农民收入的双重目标。然而事实是农业比较效益低，因此提高粮食产量与促进农民增收的双重目标未必一致（彭克强，2009）。张红宇（1994）认为，对于农户而言，规模经营的目的仅仅是为了增加收入，而提高土地生产率、增加农作物产量只是增加收入的一种手段；对于政府决策者而言，既要增加农民收入，又要使得土地资源得到充分利用，土地生产率不断提高，保证土地资源没有闲置或浪费。在何秀荣（2016）看来，当前衡量适度经营规模主要包括技术视角的适度规模与经济视角的适度规模，前者是求取最佳技术效率，后者是求取最大经济收益或最佳经济效率。由于不同利益相关者如农民、政府等关注的目标不一致，因此对适度规模的判断有时是有分歧的，并且由于各地的社会经济水平、农业生产条件和水平的不同，使得不同地区的适度农业经营规模可能不一样，总之，适度规模是一个随着经济发展而变的动态概念。

农地流转可以改善农地细碎化问题、刺激农业投资、提高农业生产力，进而增加农民收入主要是经营性收入。1987 年中央 5 号文件第一次明确提出要采取不同形式实行适度规模经营。在扩大农业经营规模的途径上，政策上一直主张多种形式，主要包括转包、转让、互换、出租、股份合作形式等形式；从农地流转主体来看，主要包括农户之间流转、流转入专业合作社以及流转入企业三种。赵鲲和刘磊（2016）从产权、发展、实践的角度提出，不同规模经营形式是承包农户与新型经营主体之间的权利分享关系的产权体现，也是规模经营发展的阶段性和渐进性的体现，并且不同规模经营形式各有不同的适应环境。洪名勇和龚丽娟（2016）提出要培育新的农地需求主体，促进农地有

① 许庆（2011）对来自《新帕尔格雷夫经济学大辞典》中的“规模经济”与来自《西方经济学大辞典》的“规模报酬”的概念的联系与区别进行了详细的解释：规模经济是指考虑在既定的技术条件下，生产一单位单一的或复合产品的成本，如果在某一区间生产的平均成本递减，就可以说这里有规模经济。规模报酬是指在既定的技术水平下，当所有投入物的数量发生同比例变化时产量的变化率，或各种生产要素按相同比例变化时，所能得到的产量变化。

效流转和农地规模经营。刘灵辉（2015）认为家庭农场既保留了农户经营的优势，又克服小农户经营的弊端，是未来中国农业微观经营组织的重要形式。薛亮和杨永坤（2015）也认为家庭农场作为粮食生产规模化经营的主要形式，将在构建新型农业经营体系中占有重要位置。田孟和贺雪峰（2015）提出土地流转有助于反土地细碎化，农户私下互换土地，虽没有改变农户原种植面积，但却可减少农民拥有的地块；土地出租或租金入股等形式，可提高劳动生产率。从劳动成本角度，张红宇（2005）也认为由于目前农民经营土地规模狭小，较少的土地承载较多的农业劳动力，相对于非农产业，农业的劳动生产率过低，经营规模的扩大有利于更有效地利用家庭劳动力，进而提高劳动生产率。

从资本投入角度，农地资本投入包括长期投入与短期投入，而长期投入指农田水利设施等固定资产投入、有机肥投入等；短期投入指劳动投入、流动资本投入（包括化肥、农药机械等）。对于短期投入与土地规模的关系，Wu（2005）等基于地块整合视角的研究表明，农地细碎化并未显著地影响农业产出，但降低农地细碎化程度可减少劳动力平均投入水平；Tan 等（2008）研究发现：每增加一亩地种植面积，就能使每单位生产成本降低 1.4%。此外，Zhang 等（1997）研究表明由于土地细碎化的存在，需拿出一部分土地划分边界用以明晰各自的地块，浪费了我国农地有效面积的 5% ~ 10%；相似的，Haji（2007）和 Tan 等（2008）认为地块的边界和田埂造成土地浪费，并且较小规模也阻碍了农业机械的采用与农田基础设施建设，在加大成本投入的同时也影响了生产效率，降低了粮食综合生产能力；Manjunatha 等（2013）建立 Cobb—Douglas 生产函数运用最大似然估计法的结果表明，土地细碎化会增加农业生产的额外成本，比如农地损失、投入浪费、路途上的时间增加、劳动力工作时间的损失、灌溉设备的覆盖率增加等，因此拥有细碎化土地农户的生产效率显著低于只拥有一块土地农户的生产效率；王倩和余劲（2017）基于中国安徽、河南、山东三个粮食主产省 622 户农户 1 284 个地块的调研数据，运用多层模型回归，从农户和村庄两个层面进行了分析，认为农地规模影响农户种粮投入，主要表现为转入地占比（经营土地包括转入地与承包地）越大，地权稳定性越低，进而越容易降低农户的投入积极性，与承包地相比，农户在转入地上的投入减少；随着转入面积的增加使得农户土地经营的机会成本提高，农户增加种粮投入的积极性提高，因此，成片规模化经营将成为我国粮食生产的必然趋势。

三、农地流转、资源配置效率与农民增收

农地流转的实质是土地等资源的重新配置，也可以说是人地关系的重新配置。意大利经济学家和社会学家维弗雷多·帕累托（Vilfredo Pareto）提出的“帕累托效率”和“帕累托改善”的概念，是新古典经济学研究经济效率问题的核心和基础。帕累托提出理想中存在一个“帕累托效率最优”的状态，此为最佳状态，不存在其他生产上可行的配置，使其达到更好的状态，此状态与现实状态相比较，若有差异，则现实状态就是没有效率的，需要改善。从时间与空间两方面考虑，可将土地资源配置分为不同时期间配置（代际公平）与不同地区间配置（空间配置）。农地流转属于土地资源的农业内部配置，“土地只有在不断流动中才能增值，土地一旦形成了合理流动，便可以实现土地资源利用高效化、利用关系协调化（曲福田，2011）”。在农业现代化的大背景下，农村人地关系正在发生根本性的变化，主要将其分为三种情况：第一，继 1993 年在原定承包期到期再延长三十年不变之后，党的十九大报告提出第二轮土地承包到期后再延长三十年。其中不可忽视的一个问题是家庭人口结构发生了重大变化，从历史演变的过程看，人地比例过高是造成和加剧土地细碎化的基本原因，无论土地的初始分配状况如何，子女继承会造成土地分割（王兴稳和钟甫宁，2008）。第二，在城镇化进程中，一部分劳动力转移尤其是二三十岁的年轻人，对于这部分人虽占有承包地，但他们已不愿意也不太可能回到农村。第三，对于传统农区的一部分农民，对土地依赖性较强，他们不愿意放弃土地，但农业比较效益低。此外，人口老龄化问题导致耕地“撂荒”现象严重，并且随着城镇化发展，非农建设占用耕地也不可避免。面对如此严峻的形势，如何更为有效地配置土地资源，促进农民增产增收对于实现农业现代化，统筹城乡发展有积极有效的理论指导意义。

第三节 农地流转促进农民增收：计量模型

关于农地流转促进农民增收的研究方法主要包括规范与实证相结合、定性与定量相结合、宏观与微观相结合等方法。通过规范分析提出假设，实证分析验证假设。实证分析的一般方法包括统计分析法，计量经济模型与案例分析法等。此外，以往研究也多使用文献分析法与历史辩证法。其中有关农地流转与农民收入

的主要数据来源包括《中国农村统计年鉴》《中国统计年鉴》等获取的宏观数据与中国家庭追踪调查（China Family Panel Studies）、中国健康与养老追踪调查（China Health and Retirement Longitudinal Study）、中国家庭收入调查（China Household Income Projects）等微观数据库以及通过前期问卷设计进行问卷调查或者访谈调查等获取的数据。

以往研究使用计量经济模型与方法①研究农地流转与农民增收，最常用的是多元线性回归、半对数、双对数模型与柯布—道格拉斯生产函数等线性模型以及Probit、Logit与Tobit等非线性模型。另外，测算效率的方法主要有基于随机前沿生产函数模型（Stochastic Frontier Model，SFA）的参数方法与数据包络分析（Data Envelopment Analysis，DEA）的非参数方法以及从政策视角下的双重差分法（Difference—in—Differences，DID）。然而，考虑到影响农民增收的影响因素来自农户、村庄等多个层次，若当成同一层次进行处理，估计误差将会增大，因此学者们提出使用多层模型回归分析；考虑到样本自选择问题，基于反事实分析框架下的收入模拟比较常用的方法有Heckman模型与倾向得分匹配（Propensity Score Matching，PSM）两种。在某种意义上，可以说Tobit模型、Probit模型与Logit模型实质上是Heckman模型的一个特例；考虑到最小二乘法（OLS）对异常值敏感性较大，因此学者们提出了对异常值敏感度较小的分位数回归模型（Quantile Regression，QR）进行参数估计；Tobler（1970）认为，任何事物在空间上都是关联的，距离越近，关联程度越强；距离越远，关联程度越弱，同样农地流转的这种空间依赖性已不容忽视，因此需要空间模型进行分析；此外，通过农地流转提高农民收入是农户、政府的主要目的之一（张红宇，1994），但农地流转与农民收入是否协调发展同样值得探究。

1. 超越对数模型。模型从投入产出和生产成本两个角度进行分析（许庆等，2011）。从生产成本角度，利用 R^2 和F值从线性、双对数、半对数等模型选出最合适的模型，同理，从投入产出角度也需结合现实情况以及检验结果选择适合的模型，以超越对数模型（Translog）为例，如式（3－1）所示：

$$\ln Y = \alpha_0 + \sum_{i=1}^{n} \beta_i \ln X_i + \frac{1}{2} \cdot \sum_{i=1}^{n} \sum_{j=1}^{n} \alpha_{ij} \ln X_i \ln X_j + \sum_{k=1}^{m} \delta_k Z_k \qquad (3-1)$$

其中，Y代表农民收入，X分别代表土地、资本、劳动力投入，Z为控制变量。

① 这里介绍的方法主要简述其思想，更深入的研究须学习高级计量相关知识；感谢陈强老师《高级计量经济学及Stata应用》对本书提供参考。

2. 多层模型回归分析。影响农民收入的影响因素来自农户、村庄等多个层次，若当成同一层次进行处理，估计误差将会增大，因此王倩和余劲（2017）提出使用多层模型回归分析。其主要思路为将被解释变量的总方差分解到不同层次，根据不同层次的方差在总方差的比例确定其影响程度，从农户与村庄两个层次的表达式如式（3－2）和式（3－3）：

层1（农户层）：

$$y_{ij} = \alpha_i + \sum_{n=1}^{n} \alpha_{nij} X_{nij} + \varepsilon_{ij} \tag{3-2}$$

层2（村庄层）：

$$\alpha_i = \beta + \sum_{m=1}^{m} \beta_{mi} Z_{mi} + \mu_i \tag{3-3}$$

其中，y_{ij}表示i村庄j农户的单位面积投入，α_i代表i村庄单位面积投入均值，β代表总体均值，ε_{ij}与μ_i分别代表农户层与村庄层的随机效应，X_{nij}代表农户层的解释变量，Z_{mi}代表村庄层的解释变量。

Probit、Logit与Tobit模型（陈强，2013）。以Probit模型与Logit模型的二值选择模型为例，主要用于分析农地流转行为的选择，如流转即为1，不流转即为0，考虑y的两点分布概率如式（3－4）：

$$\begin{cases} P(y=1 \mid x) = F(x,\beta) \\ P(y=0 \mid x) = 1 - F(x,\beta) \end{cases} \tag{3-4}$$

若F（x，β）为标准正态的累积分布函数，则模型被称为Probit模型（见式3－5）：

$$P(y=1 \mid x) = F(x,\beta) = \Phi(x'\beta) = \int_{-\infty}^{x'\beta} \phi(t)\,dt \tag{3-5}$$

若F（x，β）为逻辑分布的累积分布函数，则模型被称为Logit模型（见式3－6）：

$$P(y=1 \mid x) = F(x,\beta) = \Lambda(x'\beta) = \frac{\exp(x'\beta)}{1+\exp(x'\beta)} \tag{3-6}$$

Tobit模型属于受限被解释变量的一种情形，若使用最小二乘法（OLS），参数估计值是有偏且不一致，因此Tobin（1958）提出使用MLE进行估计，被称为Tobit模型。在以往研究中，曾雅婷等（2018）采用Tobit模型检验影响粮食生产技术效率的主要因素。

3. 倾向得分匹配方法（Propensity Score Matching，PSM）。倾向得分匹配方法是一种非参数估计方法，根据 Rubin（1974）提出的反事实框架，假定农民收入是否参与农地流转以及协变量即控制变量的函数（见式 3－7）：

$$y_i = \alpha D_i + X_i \beta + \varepsilon_i \tag{3-7}$$

其中，y_i 表示农民收入，X_i 表示一系列协变量（控制变量），ε_i 为残差项，D_i 表示是否参加农地流转，若是，$D_1=1$；若否，$D_2=2$。值得注意的是，给定 X_i，y_i 须独立于 D_i，在多数情况下，只需要 y_i 须独立于 D_i。

倾向得分匹配方法的基本思路是：将参与农地流转的样本视为实验组，将未参与农地流转的视为对照组，在对照组里找到一个或多个个体，使得其与实验组的个体 i 中的 X_i 尽可能匹配。可通过"倾向得分"来度量距离，即给定 X_i 的情况下，个体 i 进入实验组的条件概率。估计倾向得分时，可使用参数估计（Probit 或 Logit），学者最常用的是 Logit 估计倾向得分。在进行倾向得分匹配时，有"k 近邻匹配"（若 k＝1，则为一对一匹配）"核匹配""局部线性回归匹配""样条匹配"等（陈强，2013）。

4. 随机前沿模型（Stochastic Frontier Model，SFA）。在经济学中，对生产函数f(x)或成本函数 f(x,y)的定义是在给定投入 x 情况下的最大产出或给定产出情况下的最小成本。然而在现实中厂商可能达不到最大产出或最小成本的前沿，并且考虑到受到随即冲击的影响，为此，引出随机前沿模型（见式 3－8）：

$$y_i = f(x_i, \beta)\xi_i e^{v_i} \tag{3-8}$$

其中，β 为待估参数；ξ_i 为厂商 i 的效率水平，满足 $0<\xi_i\leq 1$；e^{v_i}为随机冲击。

假设 $f(x_i, \beta) = e^{\beta_0} x_{1i}^{\beta_1} \cdots x_{Ki}^{\beta_K}$（Cobb－Douglas 生产函数，且共有 K 个投入品），对方程两边取对数可得式（3－9）：

$$\ln y_i = \beta_0 + \sum_{k=1}^{K} \beta_k \ln x_{ki} + \ln \xi_i + v_i \tag{3-9}$$

类似地，张毅等（2018）利用随机前沿成本模型，得出式 3－10：

$$\ln c_i = \beta_0 + \beta_y \ln y_i + \sum_{k=1}^{K} \beta_k \ln P_{ki} + \ln \xi_i + v_i \tag{3-10}$$

其中，c_i 为厂商 i 的成本，y_i 为产出，P_{ki}为要素 K 的价格，e^{v_i}为随机冲击。

5. 数据包络分析模型（Data Envelopment Analysis，DEA）。数据包络模型是

要素投入与产出之间的相对效率评价最常用的系统分析方法，分为投入导向和产出导向的，根据具体的分析目的，可以选择不同的导向（洪名勇等，2017）。一般而言，投入导向的 BCC（规模报酬可变）模型可表示为式（3－11）：

$$\min\left[\theta-\varepsilon\left(\sum_{i=1}^{m}s_i^- + \sum_{r=1}^{s}s_r^+\right)\right]$$

$$\text{subject to}\begin{cases}\sum_{j=1}^{n}\lambda_j x_j + s_i^- = \theta x_0 \\ \sum_{j=1}^{n}\lambda_j x_j - s_i^+ = y_0 \\ \sum_{j=1}^{n}\lambda_j = 1 \\ \theta,\lambda,s_i^-,s_i^+ \geqslant 0\end{cases} \tag{3-11}$$

其中，θ 为决策单元效率值，ε 为非阿基米德无穷小量，s_i^-，s_i^+ 为松弛变量，$\sum_{j=1}^{n}x_j = x_0$，$\sum_{j=1}^{n}y_j = y_0$。当 $\theta = 1$ 且 $s_i^- = s_i^+ = 0$ 时，表明该决策单元为 DEA 有效，纯技术效率与规模效率也均有效；当 $\theta = 1$ 且 $s_i^- = s_i^+ > 0$ 时，表明该决策单元为弱 DEA 有效，该决策单元接近资源配置的相对最优状态；当 $\theta < 1$ 时，表明该决策单元非 DEA 有效，该决策单元可将所有投入资源缩减 θ 倍，产出仍能保持不变。BCC 模型计算出来的效率值为综合技术效率（TE），可以进一步分解为规模效率（SE）和纯技术效率（PTE）。

6. 双重差分法（Difference－in－Differences，DID）。双重差分法多用于衡量某政策实施前后的变化研究，公式如下式（3－12）：

$$y_{it} = \alpha + \alpha_1 P_i \cdot D_t + \alpha_2 P_i + \alpha_3 D_t + X\beta + u_i + \varepsilon_{it} \quad (i = 1,\cdots,n;t = 1,2) \tag{3-12}$$

其中，y_{it}为样本 i 在 t 时期的农民收入，P_i 为实验组虚拟变量，若个体 i 属于实验组，即参与农地流转，则 $P_i = 1$，若个体 i 属于控制组，即未参与农地流转，则 $P_i = 0$；D_i 为实验期虚拟变量，若在实验前，则 $D_i = 1$，若在实验后，则 $D_i = 0$；X 为一系列控制变量，u_i 为不可观测的个体特征。值得注意的是，互动项 $P_i \cdot D_i$ 的系数 α_1 就是双重差分估计量。

7. 分位数回归模型（Quantile Regression，QR）。分位数回归与均值回归（OLS）相比，对极端值的敏感性较弱，较为稳健，并且还可以提供关于条件分

第四章　农地流转促进农民增收：一个经验性调查分析

第一节　从相关政策看农地流转演进的阶段特征

土地作为农业生产中最基本的生产要素，能否实现其数量和质量的协调发展是农业现代化能否实现的根本所在。长期以来，小规模经营和土地细碎化问题是我国农业发展的主要“瓶颈”（罗必良和李尚蒲，2010）。自 1984 年中央一号文件提出“鼓励土地逐步向种田能手集中”以来，中国政府多年来致力于促进农地流转，鼓励农地适度规模经营。尤其是近几年越来越重视农地流转方式与主体的多样化，例如，2013 年中央一号文件首次提出“家庭农场”的概念；2017 年中央一号文件提出“落实农村土地集体所有权、农户承包权、土地经营权‘三权分置’办法”。党的十九大报告提出“完善承包地‘三权分置’制度……构建现代农业产业体系、生产体系、经营体系……发展多种形式适度规模经营……”。2018 年中央一号文件提出“落实农村土地承包关系稳定并长久不变政策……全面完成土地承包经营权确权登记颁证工作……完善农村承包地‘三权分置’制度……培育发展家庭农场、合作社、龙头企业、社会化服务组织和农业产业化联合体，发展多种形式适度规模经营”。我国鼓励农地流转的政策信号十分明确，促进农地流转、发展农业适度规模经营已成为必然趋势。

一、探索阶段：1978～2002 年

我国自实行家庭联产承包责任制以来，调动了农民的生产积极性，但在土地生产力大大提高的同时，土地细碎化问题也随之产生。1984 年中央一号文件提出“鼓励土地逐步向种田能手集中”成为农地流转的开始，紧接着 1986 年提出发展

适度规模的种植专业户，此阶段相关政策演进如表 4－1 所示。在中国社会主义农业改革和发展中，有两个大的飞跃：即家庭联产承包责任制的实行为农业第一次飞跃，发展适度规模经营为第二次飞跃。

表 4－1　1978～2002 年中国农地流转与适度规模经营相关政策

时间	主要依据	主要内容
1984	中共中央关于一九八四年农村工作的通知	鼓励土地逐步向种田能手集中。
1986	关于一九八六年农村工作的部署	随着农民向非农产业转移，鼓励耕地向种田能手集中，发展适度规模的种植专业户。
1987	把农村改革引向深入	在京、津、沪郊区、苏南地区和珠江三角洲，可分别选择一两个县，有计划地兴办具有适度规模的家庭农场或合作农场。
1993	中共中央、国务院关于当前农业和农村经济发展的若干政策措施	在原定承包期到期之后，再延长三十年不变。提倡实行“增人不增地、减人不减地”。允许土地的使用权依法有偿转让。
1993	中共中央关于建立社会主义市场经济体制若干问题的决定	在坚持土地集体所有的前提下，延长耕地承包期；允许土地使用权依法有偿转让；少数经济比较发达的地方，本着群众自愿原则，可以采取转包、入股等多种形式发展适度规模经营，提高农业劳动生产率和土地生产率。
1994	关于稳定和完善土地承包关系的意见	建立土地承包经营权流转机制。
1995	国务院批转农业部关于稳定和完善土地承包关系意见的通知	在充分尊重农民意愿的基础上，可以采取多种形式，适时加以引导，发展农业适度规模经营。
1997	中共中央办公厅、国务院办公厅关于进一步稳定和完善农村土地承包关系的通知	少数经济发达地区，农民自愿将部分“责任田”的使用权有偿转让或交给集体实行适度规模经营，这属于土地使用权正常流转的范围，应当允许。
1998	中共中央关于农业和农村工作若干重大问题的决定	少数确实具备条件的地方，可以在提高农业集约化程度和群众自愿的基础上，发展多种形式的土地适度规模经营。
2001	中共中央关于做好农户承包地使用权流转工作的通知	农户承包土地使用权流转的主体是农户。
2002	中华人民共和国农村土地承包法	土地承包经营权采取转包、出租、互换、转让或者其他方式流转。

二、规范发展阶段：2003～2013 年

2003 年农业税的取消，对农地流转产生了重大影响，并且《中华人民共和

国农村土地承包法》《中华人民共和国农村土地承包经营权证管理办法》等一系列法律文件的颁布，标志着农地流转进入规范化发展阶段，此阶段相关政策演进如表 4 - 2 所示。

表 4 - 2　2003 ~ 2013 年中国农地流转与适度规模经营相关政策

时间	主要依据	主要内容
2003	中华人民共和国农村土地承包经营权证管理办法	农村土地承包经营权证是承包方享有土地承包经营权的法律凭证。
2005	农村土地承包经营权流转管理办法	规范农村土地承包经营权流转行为，维护流转双方当事人合法权益，促进农业和农村经济发展。
2007	中华人民共和国物权法	农村集体经济组织实行家庭承包经营为基础、统分结合的双层经营体制。
2008	中共中央关于推进农村改革发展若干重大问题的决定	按照依法自愿有偿原则，允许农民以转包、出租、互换、转让、股份合作等形式流转土地承包经营权，发展多种形式的适度规模经营。
2009	农村土地承包经营权登记试点工作方案	稳步开展土地承包经营权登记试点。做好农村土地承包经营权确权登记颁证工作。
2013	中共中央国务院关于加快发展现代农业进一步增强农村发展活力的若干意见	用 5 年时间基本完成农村土地承包经营权确权登记颁证工作；首次提出“家庭农场”的概念。
2013	中共中央关于全面深化改革若干重大问题的决定	稳定农村土地承包关系并保持长久不变，在坚持和完善最严格的耕地保护制度前提下，赋予农民对承包地占有、使用、收益、流转及承包经营权抵押、担保权能，允许农民以承包经营权入股发展农业产业化经营。

三、最新研究进展：2014 年以后

2014 年中共中央办公厅、国务院办公厅印发了《关于引导农村土地经营权有序流转发展农业适度规模经营的意见》明确提出，“伴随我国工业化、信息化、城镇化和农业现代化进程，农村劳动力大量转移，农业物质技术装备水平不断提高，农户承包土地的经营权流转明显加快，发展适度规模经营已成为必然趋势”，并且第一次在政策层面提出“三权分置”，此阶段相关政策演进如表 4 - 3 所示。

表 4-3　　2014 年以后中国农地流转与适度规模经营相关政策

时间	主要依据	主要内容
2014	中共中央、国务院关于全面深化农村改革加快推进农业现代化的若干意见	在落实农村土地集体所有权的基础上，稳定农户承包权、放活土地经营权，允许承包土地的经营权向金融机构抵押融资。
2014	中央深改组第五次会议	促使承包权和经营权分离，形成所有权、承包权、经营权三权分置、经营权流转的格局。
2014	关于引导农村土地经营权有序流转　发展农业适度规模经营的意见	放活经营权，坚持所有权，稳定承包权。
2015	关于加大改革创新力度　加快农业现代化建设的若干意见	坚持和完善农村基本经营制度，坚持农民家庭经营主体地位，引导土地经营权规范有序流转，创新土地流转和规模经营方式，积极发展多种形式适度规模经营，提高农民组织化程度。
2015	关于落实发展新理念　加快农业现代化　实现全面小康目标的若干意见	研究制定稳定和完善农村基本经营制度的指导意见。
2016	关于完善农村土地所有权承包权经营权分置办法的意见	坚持农村土地集体所有权的根本地位、严格保护农户承包权、加快放活土地经营权、逐步完善“三权”关系。
2016	关于稳步推进农村集体产权制度改革的意见	落实农民的土地承包权、宅基地使用权、集体收益分配权。维护进城落户农民土地承包权、宅基地使用权、集体收益分配权。
2017	关于深入推进农业供给侧结构性改革、加快培育农业农村发展新动能的若干意见	落实农村土地集体所有权、农户承包权、土地经营权“三权”分置办法。
2017	决胜全面建成小康社会　夺取新时代中国特色社会主义伟大胜利	完善承包地“三权”分置制度；发展多种形式适度规模经营；第二轮土地承包到期后再延长三十年。
2017	中华人民共和国农村土地承包法修正案（草案）	要在坚持农村土地集体所有的前提下，促使承包权和经营权分离，形成所有权、承包权、经营权三权分置，经营权流转的格局。
2018	中共中央、国务院关于实施乡村振兴战略的意见	落实农村土地承包关系稳定并长久不变政策；全面完成土地承包经营权确权登记颁证工作；完善农村承包地“三权分置”制度；培育发展家庭农场、合作社、龙头企业、社会化服务组织和农业产业化联合体，发展多种形式适度规模经营。

第二节 从媒体报道看农地流转现状

在当今信息日益丰富的社会，公众对媒体的依赖程度越来越高，媒体的公众影响力越来越大，政府制定政策时不得不关注媒体议程的变化（洪名勇等，2017）。而《人民日报》作为国家级党报，是国家意志以及政策发展方向的体现，影响力和权威性远远大于一般媒体。从1984年中央一号文件提出“鼓励土地逐步向种田能手集中”成为农地流转的开始。尤其是近几年越来越重视农地流转方式与主体的多样化，我国鼓励农地流转的政策信号十分明确，通过农地流转发展农业适度规模经营的脚步不断加快，而《人民日报》对农地流转成效、典型案例、相关法律等的报道量也在增加。

一、农地流转媒体报道的时间持续性

在《人民日报》官网“人民日报图文数据库（1946~2018）”中检索（检索选项：标题+正文）“土地流转”共检索出2 101条数据；检索（检索选项：标题+正文）“农地流转”共检索出37条数据[①]。1988年《人民日报》第一次在标题为《湄潭试验区土地制度建设有突破》提到“……试验区明确宣布，允许农民间土地使用权的有偿转让，使土地流转公开化、合法化。全县已转让土地使用权800多农户，转让的耕地面积约占总面积的1%……”。《人民日报》对农地流转报道量的时间趋势图如图4-1所示，在探索阶段（1984~2002年）《人民日报》对农地流转的报道相对较少，而规范发展阶段（2003~2013年）《人民日报》对农地流转的报道量急剧增加，最新研究进展阶段（2014年以后）《人民日报》对农地流转的报道量基本维持在200篇以上，2014年达到316篇，即使截至2018年9月30日，2018年报道量也达到164篇。将2018年《人民日报》对农地流转相关案例进行总结，可以看出，东部地区、东北地区、中部地区和西部地区的案例均表明农地流转对于促进农民增产增收起到了良好的效果，具体如表4-4、表4-5、表4-6、表4-7所示。

---

① 检索2018年9月30日及以前《人民日报》报道量。

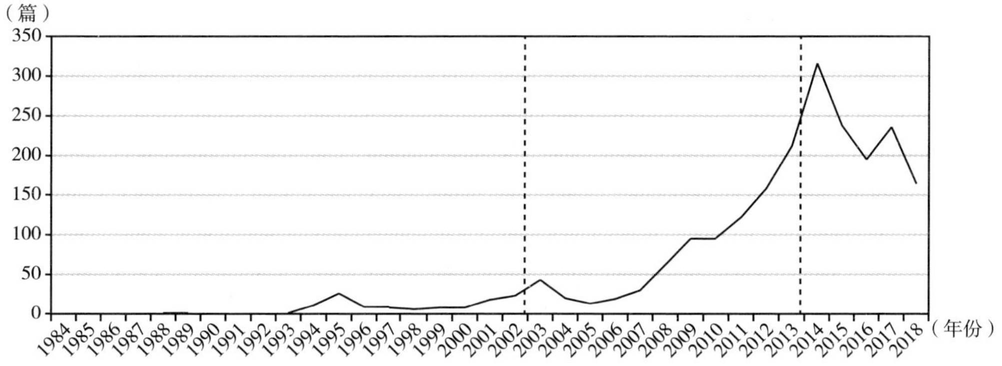

图4－1　《人民日报》对农地流转的报道量

表4－4　2018年《人民日报》对东部地区农地流转的报道

标题	地点	增收方式
农旅融合助农增收	河北省廊坊市远村	农业生产与观光旅游、民俗文化传承等相结合，推动建设三产融合、产加销游一体、产业链条完整的现代农业体系，实现传统农业向现代农业转型。
美丽乡村升级 带动创业致富	浙江省平阳县南雁镇周岙村	发展海洋养殖经济和海岛旅游经济、获得租金、提供就业机会。
稻田里细算增收账	山东省鱼台县	获得租金，如韩鸿雁以每亩1 200元的价格流转土地，加入玉谷谷业种植合作社。目前全县已建成11个镇街农村综合产权流转交易市场，2017年以来，新增流转土地1.1万亩、农民专业合作社50家、家庭农场26家。
“旅长村支书”的新追求	福建省尤溪县梅仙镇半山村	半山村村民以每人交股金200元的形式“入股”合作社，陆续把耕地、宅基地、林地进行整合，村两委只提出意见，资金管理、运作经营由合作社负责。半山村的生态旅游开发、土地流转利用等项目全部由合作社经营管理，实现效益最大化。
平山产业扶贫促发展	河北省石家庄市平山县	全县旅游产业覆盖贫困户1 748户4 097人，通过就业务工、旅游经营、土地流转等方式，人均年增收1 058元。
奔美好生活 润文明新风	山东省滕州市西岗镇东王庄村	村社共建把土地种活了；科学分配多方共赢；党建引领路子更宽。
玫瑰飘香致富路	河北省邢台县	河北省邢台县积极培育壮大现代农业园区，采取土地流转和“公司＋基地＋农户”等多种管理模式，引导农民因地制宜发展食用玫瑰、海棠等特色花卉和中药材种植。
“六个一批”助农增收	北京市密云区	密云区采用扶持产业帮扶一批、促进就业帮扶一批、山区搬迁帮扶一批、生态建设帮扶一批、社会保障兜底一批、社会力量帮扶一批六种帮扶方式，帮助低收入户“脱低”奔小康。

续表

标题	地点	增收方式
阳山回答 一只桃能做多大（人民眼·乡村振兴）	江苏省无锡市惠山区阳山镇	水蜜桃规模经营。
两地土豆如何一起“长大”	北京市延庆区和河北省张家口市	北京利民丰收脱毒马铃薯合作社陆续在沽源县平定堡镇卡路村、小河子乡大东沟村等地租赁土地作为种苗基地，支付土地流转租金，提供就业机会。
望都：翻过一座山，再越一道岭（全国摘帽县调查系列）	河北省望都县	目前，望都13家现代农业园流转贫困农户土地共13 200亩，带动贫困户3 500余户，户均每年增收4 000元。2017年，县里13家龙头企业带动2016年脱贫户和2017年贫困户共3 480户，每户入股4 670元，入股三年，每年10%保底分红，实现贫困人口全覆盖，确保持续稳定的收益。
施肥不下地 产业增效益（农田水利建设巡礼）	江苏省连云港市赣榆区	通过龙头企业示范带动零散户流转土地，农民既有了土地流转后的稳定收入，又有了就近打工的工资性收入，项目区内农民人均增收5 000多元。大樱桃、蓝莓等特色种植已成为丘陵山区农民增收致富的主导产业，亩均可实现纯收入1.5万元以上。

表4－5　　2018年《人民日报》对东北地区农地流转的报道

标题	地点	增收方式
互换并地的彰武探索	辽宁省彰武县	互换并地。
同一块地 增几倍效益	辽宁省沈北新区	土地流转要对农民形成带动效应，进行规模经营。

表4－6　　2018年《人民日报》对中部地区农地流转的报道

标题	地点	增收方式
昔日黄土岗 今天绿银行	河南省光山县	农地流转用工中优先考虑贫困户、土地入股分红、生态观光游等方式。
好日子 红火火（秋收一线）	安徽省合肥市长丰县朱巷镇	县、镇政府帮扶支持，引导转型，2018年种植1 300亩的辣椒，每亩地产4 000至5 000斤，每亩纯收入至少1万元以上。
种好“金菜地”培育“乡村游”（一号文件在基层）	安徽省和县	和县产蔬菜，素有“北寿光，南和县”一说。2017年，全县蔬菜种植面积44万亩，年产各类安全优质蔬菜112万吨，龙头企业达40余家；发展乡村旅游。
河南巩义：因地制宜抓特色	河南省巩义市	光伏＋扶贫＋旅游。
壮大村集体 振兴有底气	安徽省潜山县黄铺村	租金、提供就业机会、入股分红。

续表

标题	地点	增收方式
敢叫旱地变良田（聚焦产业振兴）	山西省阳曲县	改变种植方式，种植新品种，引进技术，发展有机产业，发展“基地+合作社+农户”等模式。
湘丰村里说丰年	湖南省长沙县金井镇湘丰村	2016年底，湘丰村利用全县农村综合性改革试点的契机，成立土地专业合作社，引导农户以土地经营权量化为货币的方式入股合作社，合作社再以土地经营权入股企业，形成村企共建模式。土地资源变资产、资金变股金、村民变股东。截至2017年末，全村已流转土地2 315亩，实现土地流转的农户在村里企业务工的年收入共计816.9万元；村级集体经济收入也由年初的8.5万元增加到年末的38.5万元。
人气旺，乡村更有希望！中国道路中国梦·新职业新梦想	河南省夏邑县	“家庭农场+土地流转+贫困户务工+脱贫技能培”模式，目前已流转26个贫困户的土地104亩。每亩按当年1 200斤小麦的市场价付给贫困户租金，还与贫困户签订劳动用工协议，农忙时吸纳50余人参与农业生产。
融合种粮 培育粮食生产新动能（农村经济观察）	山西省永济市	2017年，永济市100亩以上的种粮大户118户，500亩以上的22户，1 000亩以上的9户，1万亩以上的1户，50亩以上的粮食类家庭农场、农业专业合作组织100家；“依托田地+跳出产业”，借“混合型经营”推进现代农业。
农民挣大头 企业有赚头	江西省樟树市吴城乡塘下村	公司负责育苗、种植、管理、销售，合作社负责土地流转、劳务用工及相关协调服务，农户将土地入股给合作社，平时可以优先在基地务工，待基地产生收益后，公司、合作社、农户三方再按4∶1∶5的比例分红。
种黄花 惠了小家惠大家（民生调查·扶贫故事）	山西省大同县	全县村社一体合作社33个，覆盖10个乡镇，种植黄花2.1万亩，采摘期每亩毛收入5 000元，每村每年平均增收318万余元，极大提升农村党支部的凝聚力、战斗力、影响力。
给力的合并 希望的田野	安徽省怀远县	互换并地节本增收，一亩地多长出300斤粮。
龙头带动 增收不愁	江西省寻乌县丹溪乡岑峰村	“公司+合作社+贫困户”模式。

表4-7　2018年《人民日报》对西部地区农地流转的报道

标题	地点	增收方式
塞上江南，有了“紫色新名片”	宁夏吴忠市红寺堡区	政府引导并推广“酒庄+基地+农户”的模式。
新产业让农民更加有奔头	内蒙古托克托县	树尔营村成立美源农业合作社；合作社带动，树尔营村形成稻田养蟹、养鱼为一体的种养区1 200亩；皮条沟村2017年成立了集种植、销售为一体的宏丰林果专业合作社。

续表

标题	地点	增收方式
脱贫攻坚，扎实走好每一步（倾听）	陕西省宝鸡市金台区紫原村	村里最大的田园综合体“紫草塬”已流转土地 670 亩，种植黄桃、梨等经济作物，累计为 223 户村民发放土地流转金 47 万元，每天可吸纳 60 个灵活务工岗位，预计人均年收入增加约 1 万元。
翠屏：乡村绿了 日子好了	四川省宜宾市翠屏区牟坪镇龙兴村	土地流转给产业园，村民可以在产业园打工，也可以做旅游生意。村集体还整合各项资金 100 万元入股园区，分红成为村集体和贫困户的收入来源。2017 年，村里 30 多户贫困户每家分红 2 000 多元，村集体也有了 12.5 万元收入。
凯旋村，点“石”成金	贵州省赤水市凯旋村	凯旋村引进两家石斛种植企业，组织村民流转土地，共栽种石斛 3 000 余亩。每亩地每年租金 500 元，农户直接拿 400 元，剩下 100 元作为股金参与长期分红。
金钗石斛 助力脱贫	贵州省赤水市	赤水市推进农业与乡村旅游等产业融合，利用土地流转和“合作社 + 支部 + 农户”模式，鼓励农民种植金钗石斛 8.7 万余亩，实现产值 3.23 亿元，助力脱贫攻坚和乡村振兴。
靠传统作物走出致富新路（青春派）	广西桂林市灌阳县新街镇永富村	对贫困户实行“入一分股，收两分红”的政策，2017 年通过加入合作社发展红薯粉的相关产业，入股贫困户户均增收 3 000 余元；除了发展红薯粉产业，通过土地流转的形式聚集了 1 000 亩土地，成立了家庭农场，实现了规模化机械化种植，让农户的土地最大化利用起来。
兰州农村改革探索扶贫新路	甘肃省兰州市	资源变资产、资金变股金、农民变股东；兰州市依托“土地银行”兜底，全市土地流转累计达到 82.4 万亩，流转率达到 33.27%，其中百亩以上规模流转面积达到 51.7 万亩，占土地流转总面积的 66.3%。
坚果树长出“脱贫果”（扶贫新观察）	云南省临沧市	“公司 + 农户”；农村土地制度三权分置改革，让贫困户获得制度的红利。从 2005 年开始，云澳达公司在南伞镇先后流转了近 7 000 亩土地，进行澳洲坚果的规范化种植和推广，贫困群众有了土地流转收入。一同在南伞镇流转土地进行澳洲坚果种植的结圆公司，采用“龙头企业 + 合作社 + 基地 + 农户”的模式，吸纳土地出租农户加入合作社，目前已做到高效节水灌溉微喷全覆盖。
脱贫路上有了带头人	内蒙古乌兰浩特市葛根庙镇哈达那拉嘎查	通过土地流转创建了“开心农场”，把“农业 + 旅游”“扶贫 + 旅游”深度融合，探索出乡村旅游发展新方式，贫困户通过土地流转、打工就业、入股分红等实现了增收。

续表

标题	地点	增收方式
“三宜”一体兴乡村	陕西省岚皋县	“公司+基地+合作社+农户”等模式；南宫山镇桂花村九组全组将荒坡土地流转给了烛山魔芋食品公司建种植园区，林地、荒地按30元每年每亩，耕地按150元每年每亩给农户兑付租金，农户入园打工再按照100元每人每天领工资。
护清水 富百姓	陕西省汉中市宁强县高寨子街道办事处肖家坝村	土地流转租金，提供就业机会。
产业兴旺 农民腰包鼓起来	重庆市渝北区乌牛村，山东菏泽南曹村与湖北宜昌南岔湾村	资源变资产，2500多亩地加入合作社；村民变股东，发展林草牧产业，太阳能农光互补扶贫项目落地生根；田园变景区，“大农业”结合“大旅游”。
产业，成为脱贫“第一车间”（脱贫攻坚新气象）	陕西省汉阴县	“龙头企业+金融机构+合作社+农户（贫困户）”四位一体模式，通过组建产业联盟，鼓励龙头企业、农民合作社为农户（贫困户）提供保护价收购、贷款担保、资助参加农业保险等方式，发展适度规模经营，引导和鼓励农户带土地、带资金、带劳动力与龙头企业、村级集体经济组织建立合作关系，农民通过拿“租金”、领“股金”、赚“薪金”，实现增收多元化。

二、农地流转媒体报道的典型案例

1. 湖南桃源，让农地资源活起来（2016年）

方式：桃源县积极培育经营主体，采用以奖代投方式，对流转土地100亩、200亩、300亩以上的种粮大户，分别给予3 000元、5 000元、8 000元的奖励；将土地整理、农田小水利建设、低产田改造等项目资金，优先投向家庭农场、农民合作社等；整合农业、农机、畜牧、农教、人社等各个部门的培训资源，对家庭农场主等新型农业经营主体开展生产技能、经营管理和产品营销等方面的培训。效果：截至2016年12月，桃源县有家庭农场439家，农民合作社455家，种粮大户864户。在新型农业经营主体的带动下，桃源县共流转土地56万多亩，流转率达48%。2016年全县农业生产总值突破133亿元，比2015年增加近16亿元。湖南桃源县古洞春合作社凭借发现野生大叶茶的技术优势，流转了周边120多户村民的土地，种植5 500多亩大叶茶，使贫瘠的山地焕发了生机，2016年合作社村民从土地流转中，人均可获利4 300多元。郑家驿乡寺坪村专门引进银木塘农业种植专业合作社，以每亩260元的价格，集中连片流转了该村2 063亩水田，2017年增产粮食85万多公斤，净收益达100多万元。同时，村民参与合作社田间管理，人均年收入过万元。

2. 活权，活地，活“三农”（改革调研行）（2016年）

在黑龙江省方正县八名村，陈先发在土地确权后，将自家12亩土地入股合作社，合同签到了2027年；重庆市巫溪县花台乡，12户农民成立了龙泉溢种植专业合作社，流转200多亩土地，发展了5亩草莓，60亩果桑，40亩脆李，还配套了采摘、餐饮、住宿等一条龙服务，不仅这12户村民走上了致富路，也吸引其他村民参与；山东省滨州市滨城区三河湖镇大营胡村，胡付华加入当地龙头企业中裕食品有限公司（模式：“龙头企业+合作社+基地+农户”），以高出市场价10%的价格，卖掉了自家的小麦；吉林省延边州龙井市东盛涌镇，龙山专业农场主王立臣，贷款中政府支付60%的利息，2014年至今，流转规模从60公顷增长到110公顷，2015年农场实现产值340万元，实现净利润110万元；北京市大兴区魏善庄镇半壁店村，张士红以每亩地每年租金2 500元出租，一年获得租金纯收入2.5万元；安徽省六安市金安区，孤堰兴农农业专业合作社从事粮食仓储、烘干、加工等，使得土地入股，产业增值促增收，农户朱庆余通过土地入股，他每年每亩地的纯利润比之前多了600多元；江西省南昌市安义县鼎湖镇，凌继河拓展“土地托管”业务范围，为周边农户提供农资购买、农机使用以及粮食回购等服务，使得成本降低，按照这种模式，平均一亩能增收100多元。

3. 农旅融合助农增收（2018年）

河北省廊坊市远村现代农业园区是廊坊市培育的首批省级现代农业园区。廊坊环绕京津，拥有发展都市型现代农业的先天优势。过去廊坊的农业发展主要是瞄准京津市场生鲜农产品需求，每年有500多万吨瓜菜供应到京津市场，占全市蔬菜总产量的70%。现在将农业生产与观光旅游、民俗文化传承等相结合，推动建设一二三产融合、产加销游一体、产业链条完整的现代农业体系，实现传统农业向现代农业转型。永清县土楼胜利村村主任刘秀岭说，通过土地流转，不断扩大产业规模，目前确定了蔬菜、光伏发电、生态旅游观光等七大主导产业，带领周边8个村街共同致富。2017年廊坊市休闲农业营业收入24亿元，现代农业园区总产值233.34亿元，带动农民13.25万人，园区农民年人均收入高于当地平均水平50%，助农增收作用明显。

4. 种好“金菜地”培育“乡村游”（一号文件在基层）（2018年）

安徽省和县产蔬菜，素有“北寿光，南和县”一说。2017年，全县蔬菜种植面积44万亩，年产各类安全优质蔬菜112万吨，龙头企业达40余家。在传统农业种植的基础上，适当进行结构调整。2017年8月，新建村引入5个大户，对村内48户贫困户共计140亩土地实行流转，开展“金菜地”脱贫工程。2017年，新建村48户贫困户实现土地流转，户年均土地流转收入约1 800元；12户贫困户到“金菜地”打工，每家一年收入近万元，村集体收入近5万元。预计2018年“金菜地”预计销售利润40万元左右，届时村集体收入将更高。发展乡村旅游，是和县乡村振兴的另一条出路。

5. 河南巩义：因地制宜抓特色（2018年）

河南省巩义市大峪沟镇探索“光伏+扶贫+旅游”路子，打造光伏小镇。镇里与十一科技公司签约，利用2 600多亩荒山荒坡，建设年发电量4 400万千瓦时的光伏项目。仅土地流转，每年可为将军岭村集体带来35万元收益，带动村民创收50万元，提供近百个就业岗位，实现贫困户“屋顶上的银行”全覆盖，一年时间脱贫120户323人。

6. 新产业让农民更加有奔头（2018年）

内蒙古托克托县树尔营村成立美源农业合作社，推进经营体系改革，把全村土地集中起来。经过整理，2 000亩盐碱地变成一平如镜的稻田。李广应加入合作社，每年除土地流转费用外，还能有一份工资性收入。李广应算了一笔账：过去种玉米，一亩地纯收入也就400多元。2017年盐碱地改成稻田，平均亩产有机稻600多斤，按六成的出米率算，可产大米360多斤，毛收入就是3 600多元。扣去成本，一亩地纯收入有2 000多元；专家下田指导，让土地再增值。村里探索稻田养蟹，螃蟹种养实现了无化肥、无农药，产品生态有机，按亩产河蟹42斤算，每亩纯收入增加2 400元；合作社带动，树尔营村形成稻田养蟹、养鱼为一体的种养区1 200亩，年产有机稻米60万斤，年产无公害蟹6万斤，每亩产值达到5 000元。村民张根新说：“以前沿黄小水泊只是用来灌溉，如今合作社全部流转过来，水面养鸭，水下养鱼。树尔营村不仅成了鱼米之乡，也成了富裕之乡”；让小生产对接大市场，托克托县鼓励发展村集体经济，通过以奖代补支持产业。皮条沟村2017年成立了集种植、销售为一体的宏丰林果专业合作社，100余名村民参股，每年按固定比例分红，还吸纳了82户贫困户就业。

7. 敢叫旱地变良田（聚焦产业振兴）（2018年）

山西省阳曲县深入推进农业供给侧结构性改革，要从“拼面积、比产量”向“拼绿色、比质量”转变，扬长避短，突出特色，加快农业结构战略性调整，让特色产品绿起来，优势产业强起来，农民腰包鼓起来。种植方式：从种到收都得按标准来，行距 30 厘米，株距 20 厘米，每穴 5 ~ 10 株，这样才能保水、保墒、高产；品种：谷子耐旱、耐贫瘠，同样是抗旱品种，示范田优中选优，北社村从 5 个品种中选出更优质、高产、抗逆性强的良种。统一播种、统一管理，解决了老品种杂、乱、多及退化难题，整个春播期缩短了十几天，并且旱作技术延伸到其他作物，东黄水镇马驼村，几年时间发展起 1 100 亩旱地蔬菜；技术：农技员进村，新技术落地。各村定期开设“周末课堂”，为农民讲技术、解难题。一片示范田就是没有围墙的学校，在这里科技不再是墙上的宣传画，而是大田里看得见的实惠。一个个鲜活的事例，激发出农民的内生动力；有机产业：阳曲县对种植有机谷子的，每亩补贴 100 元。对通过“三品一标”认证的，每个品牌奖励 5 万元。对取得国家级荣誉的新型经营主体，给予 5 万元奖励。新型主体带动，标准化生产落地生根；阳曲县围绕有机旱作农业，打造现代农业产业体系、生产体系、经营体系，培育种养大户 207 个，发展农民专业合作社 834 个，农业龙头企业 27 家。新型主体带动，全县发展“一村一品”专业村 61 个，流转土地 10.2 万亩，发展“三品一标”面积 1.8 万亩，有机旱作农业渐成农民致富的支柱产业。凌井店乡河村通过“基地 + 合作社 + 农户”发展日光温室，一亩收益超过 2 万元，示范区年增收近 1 000 万元。

8. 互换并地的彰武探索（2018 年）

2017 年中央一号文件提出“积极引导农民在自愿基础上，通过村组内互换并地等方式，实现按户连片耕种”。在彰武县，互换并地已全面推开。作为全国农村集体产权制度改革试点县之一，彰武县自 2017 年初起，在完成农村土地承包经营权确权登记的基础上，探索“三不变一变”的互换并地路径：不变的是土地所有权、农户承包地面积、30 年承包期；变的是多块地并一块，零散并整块。截至 2018 年 7 月，彰武县互换并地已整镇完成 4 个乡镇，整村完成 56 个行政村，整组完成 889 个村民组。彰武县累计完成并地面积 97 万亩，44.2 万块地被合并成 12.4 万块，涉及 5.4 万户、19.6 万人。福兴地镇徐家村党支部前书记冯景财估算，每公顷可以增收 3 000 元、节省成本 1 000 余元。2017 年 11 月 22 日，彰武县出台政策指导方案：互换并地必须严格按照中央政策精神和农村土地承包法、村民委员会组织法等法律，每个乡镇选择 1 到 2 个村试点，明确了六项原则：农户自愿、因地制宜、促进生产、依法依规、手续齐全、公平公开公正，确定了基本流程。县委和县政府 4 位领导各自分包 1 个片区、6 个乡镇，24 位副县级以上领导干部每人分包 1 个乡镇，县农发局牵头，各乡镇、村、组及相关部门各司其职。全县有 4 个督导组，每组由 4 名农村工作经验丰富的党员干部组成。工作过程中有“五包”：包业务指导，包矛盾调处，包工作进度，包整体质量，包社会稳定。2018 年春季，彰武县互换并地成果持续显现。全县新增各类大中型农机具 1 400 余台套，新增各类农民专业合作组织 320 个。6 000 余个农村劳动力从土地上解放出来，增加了工资性收入。互换并地也调动了农民建设农田基础设施的积极性。全县农户自打抗旱井 1 200 余眼、修复废弃水井 1 800 眼，恢复造林地块 128 块、农田林网 58 条。

9. 奔美好生活，润文明新风（2018 年）

第一，村社共建把土地种活了。2013 年，借助滕州市委组织部与供销社联合推动村社共建的机遇，西岗镇支持供销社、村集体和农民，联合成立土地股份合作社。农民以土地入股，供销社以资源入股，村集体以基础设施入股，实现全程机械种植，优质农资也有了统一供应渠道，种植成本下降 32%，粮食售价提高 9%，土地有了大产出。第二，科学分配多方共赢。合作社确定了农民耕地占股 40%，村集体通过规模种植增加的耕地和农业设施占股 30%，供销社现金和技术占股 30%。购买农业政策保险，保证每亩每年保底金 900 元；每年计提 20% 利润，购买农业商业保险，保证灾年不亏本；村干部和种植能手作为职业经理人，村集体和供销社分别拿出 10% 股权收益作为分红。2017 年，村民每亩耕地获得“保底金 + 分红”1 056 元，村集体“土地收益 + 分红”12 万元。第三，党建引领路子更宽。西岗镇借助集体经济发展的契机，引导群众创建美丽乡村。

10. 产业兴旺 农民腰包鼓起来（2018 年）

重庆渝北区乌牛村，资源变资产，2 500 多亩地加入合作社，每年净利润的 50% 按亩分红给农户，预期收入增加了，村民参与的积极性也提高了。借助惠农政策支持，整合村里的各类资源，视作村集体投资配股 10%，每年提取净利润的 10% 作为村集体收入。山东菏泽南曹村，村民变股东，发展林草牧产业，太阳能农光互补扶贫项目落地生根。项目运行期年平均发电量约 3 546 万千瓦时，每年发电收入 3 600 万元，可为村里带来“四大脱贫利好”：土地流转收入，村民每年每亩能拿到 1 100 元的租金；农业收入，400 亩食用菌每亩每年纯收入不低于 2 万元，蔬菜种植、矮化果树等每年每亩纯收入 2 000 元以上；项目分红，今后 30 年每年可税收返还 360 万元，惠及本镇贫困户 1 256 户，人均分红 1 800 元；就业机会，项目建成后可解决 600 余人就业，实现富余劳动力人人有岗位，有劳动能力的困难群众均可通过就业实现脱贫。此外，村集体还将获得每年不低于 360 万元的收入，可用于产业发展和困难救助。湖北宜昌南岔湾村，田园变景区，“大农业”结合“大旅游”，将一、二、三产业融合，引导村民发展特色农业和第三产业，鼓励村民发展农家乐与民宿等。

第三节 从省级层面看农地流转与农民收入现状

一、中国农地流转现状

（一）农地流转增长迅速，趋同趋势明显

2003 年农业税的取消，并且随着一系列法律文件的颁布，农地流转进入规范化发展阶段，农地流转率增长迅速。2003 年家庭承包经营的耕地面积 11.86 亿亩，家庭承包耕地流转总面积 0.56 亿亩，农地流转率为 4.72%；2016 年家庭承包经营的耕地面积 13.64 亿亩，家庭承包耕地流转总面积增长到 4.79 亿亩，农地流转率增长为 35.12%，具体如图 4-2 所示。从农地流转的时间趋势来看，用农地流转率 2003～2016 年的年均增长率对初始年度（2003 年）的农地流转率作一元回归（图 4-3），结果表明两者呈显著的负相关关系（系数为 -0.6655，在 1% 水平下显著），调整后的 R^2 为 0.4754，lowess 非参数拟合曲线呈现末端分叉特征，即农地流转率的初始水平越低其增长速度就越快，存在显著的趋同趋势，表现出“后发优势”的增长特征。

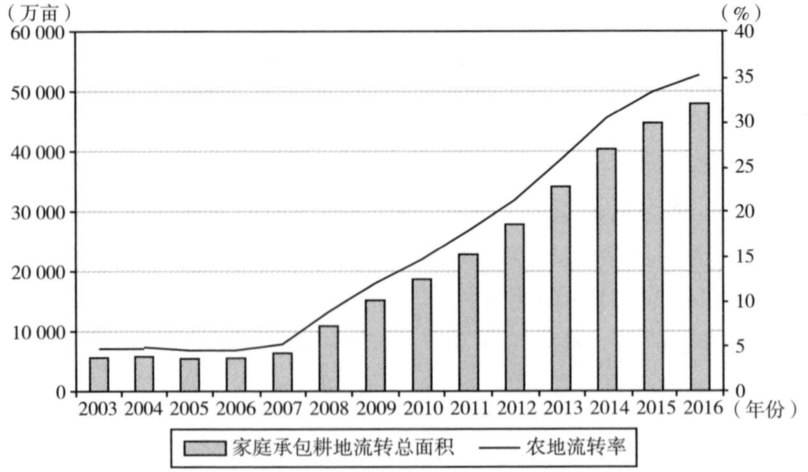

图 4-2 2003～2016 年农地流转时间趋势

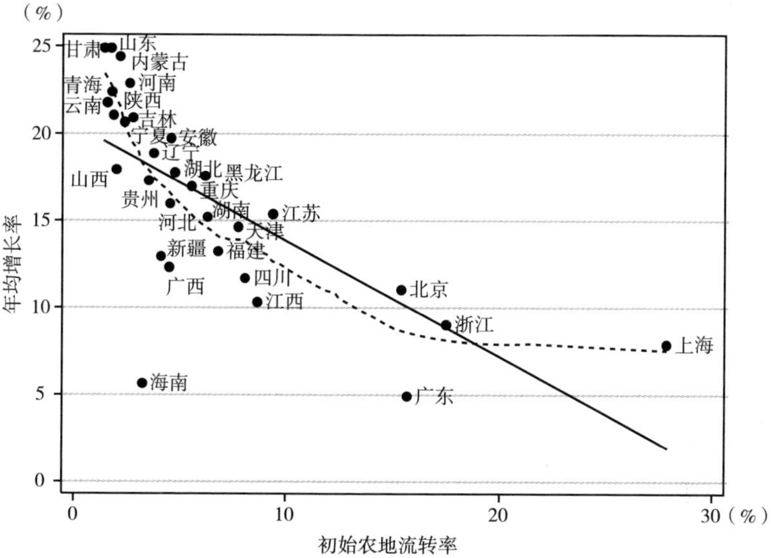

图 4-3　2003～2016 年农地流转初始值与增长率

（二）农地流转方式与交易主体的多样性

2002 年《中华人民共和国农村土地承包法》规定“通过家庭承包取得的土地承包经营权可以依法采取转包、出租、互换、转让或者其他方式流转”。从时间趋势来看，转包、出租为主要形式。其中，转包所占比重最高，其趋势趋于平稳但稍有下降，由 2003 年的 52.86% 下降为 2016 年的 47.14%；出租方式呈显著上升趋势，由 2003 年的 14.31% 上升为 2016 年的 35.09%；转让方式逐渐趋于无，由 2003 年的 11.84% 下降为 2016 年的 2.69%；互换与股份合作方式趋于平稳，稳定在 5% 左右，具体如图 4-4 所示。图 4-5 按照农地流转率高低进行空间排序，显示我国农地流转方式的省级空间分布情况，可以看出，转包、出租为主要形式。2016 年，我国农地流转的交易方式主要为转包和出租，以这两种形式流转的农地面积分别占流转农地总面积的 47.14% 和 35.09%，转让、互换和股份合作分别占 2.69%、5.36% 和 5.10%，其中，出租行为与转包行为的空间分布趋势明显相反，转包率高的地方出租率较低。按照农地流转率高低将 30 个省（市、自治区）分为 70%～100%（包括 70%）、40%～70%（包括 40%）和 0～40%（包括 0）三个梯队。处于第一梯队的只有上海，转包率为 23.72%，出租率为 75.72%；处于第二梯队的 7 个省级空间，其中，北京较为特殊，出租率为 17.71%，以除转包、转让、互换、出租与股份合作之外的其他形式为主；处于第三梯队的有 22 个省区。

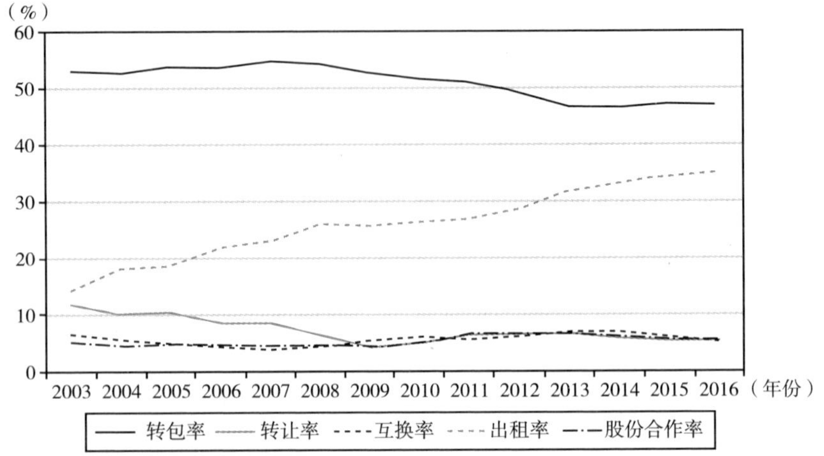

图 4-4 2003~2016 年农地流转方式时间趋势

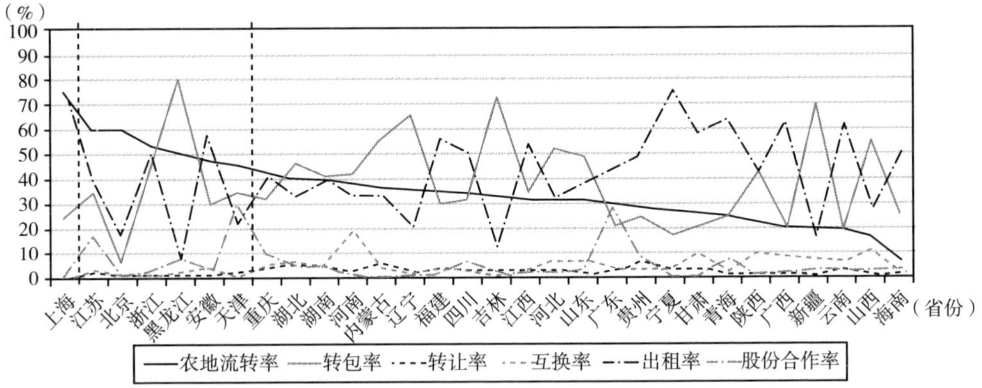

图 4-5 2016 年农地流转方式省级空间分布情况

从时间趋势来看，农地流转交易主体中，转入农户的比重始终最高，由 2009 年的 71.60% 下降为 2016 年的 58.38%；虽然流转入专业合作社的比例较流转入农户比例还比较小但呈增加趋势，由 2009 年的 8.87% 上升为 2016 年的 21.58%；流转入企业的占比基本稳定在 9% 左右，具体如图 4-6 所示。图 4-7按照农地流转率高低进行空间排序，显示我国农地流转主体的省级空间分布情况，整体来看，2016 年我国农地流转主要的交易主体为农户，占比达到 58.38%，第二大交易主体为专业合作社，占比为 21.58%，企业所占比重分别是 9.68%。仍然按照农地流转率高低将 30 个省（市、自治区）分为

70%～100%（包括70%）、40%～70%（包括40%）和0～40%（包括0）三个梯队。处于第一梯队的上海，流转入农户占比为48.64%，流转入专业合作社占比为28.63%；处于第二梯队的7个省级空间，其中，黑龙江流转入农户占比高达71.56%；处于第三梯队的有22个省区，其中，新疆、内蒙古、辽宁与山西流转入农户占比均在70%以上，分别为76.44%、72.82%、70.63%与70.77%。

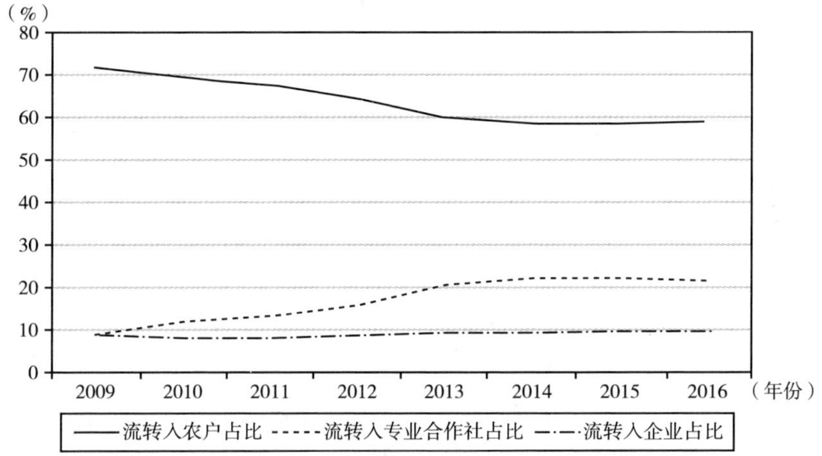

图4－6　2009～2016年农地流转交易主体时间趋势

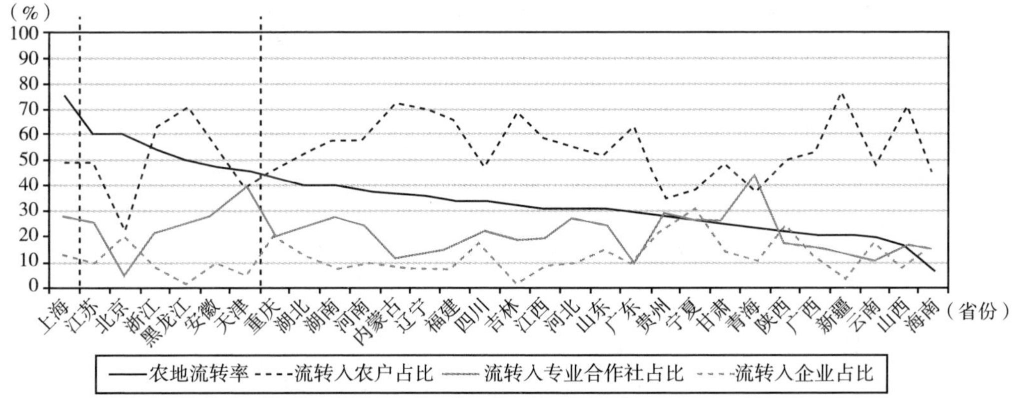

图4－7　2016年农地流转交易主体省级空间分布情况

（三）农地流转以小规模经营为主

从时间趋势来看，我国自实行家庭联产承包责任制以来，土地细碎化严重，始终以小规模（<10亩）经营为主。2009年经营耕地10亩以下的农户数为19 023万户，占比为84.02%；2016年经营耕地10亩以下的农户数为22 968万户，占比为85.51%（图4-8）。经营耕地10~30亩的农户基本维持在2 800万户左右；经营耕地30~50亩的农户从2009年的582万户增长为2016年701万户；经营耕地50~100亩的农户从2009年的190万户波动增长到2016年252万户；经营耕地100~200亩及200亩以上的农户数始终未超过100万户（图4-9）。从图4-10也可以明显看出，我国2016年各省区均以小规模经营

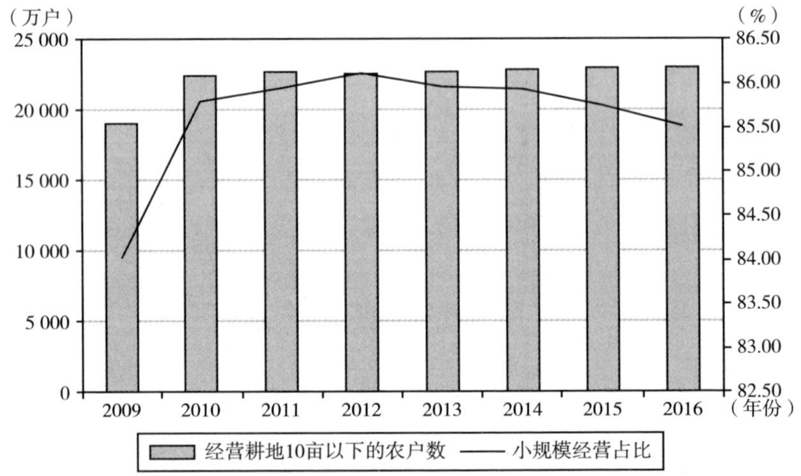

图4-8　2009~2016年小规模经营（<10亩）时间趋势

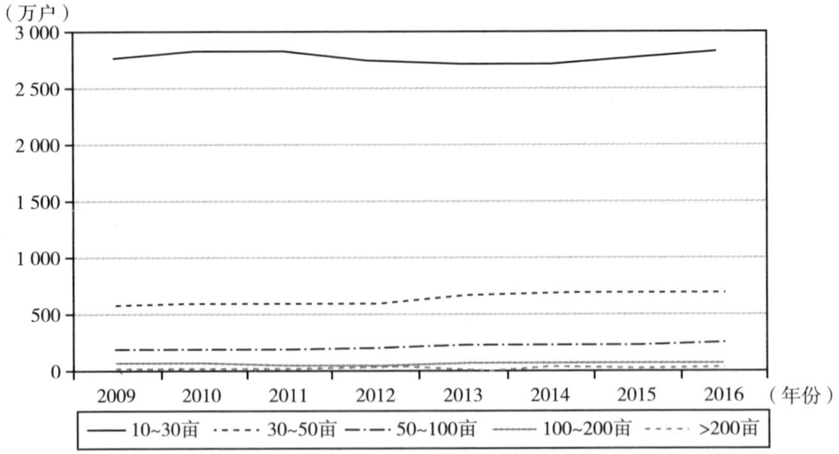

图4-9　2009~2016年农地经营规模（除小规模外）时间趋势

（<10 亩）为主。按照汇总农户数高低进行空间排序，显示我国农地流转规模的省级空间分布情况，并且将 30 个省（市、自治区）分为 2 000 万户（包括 2 000 万户）、1 000 ~ 2 000 万户（包括 1 000 万户）和 1 000 万户以内三个梯队。其中，处于第一梯队的有山东、河南和四川 3 个省区，小规模经营（<10 亩）占比分别为 91.29%、86.65% 与 94.28%；处于第二梯队的有 9 个省区，小规模经营（<10 亩）占比最高为浙江 98.58%，最低为安徽 78.95%；处于第三梯队的有 18 个省区，小规模经营（<10 亩）占比最高为上海 98.83%，最低为黑龙江 27.17%。

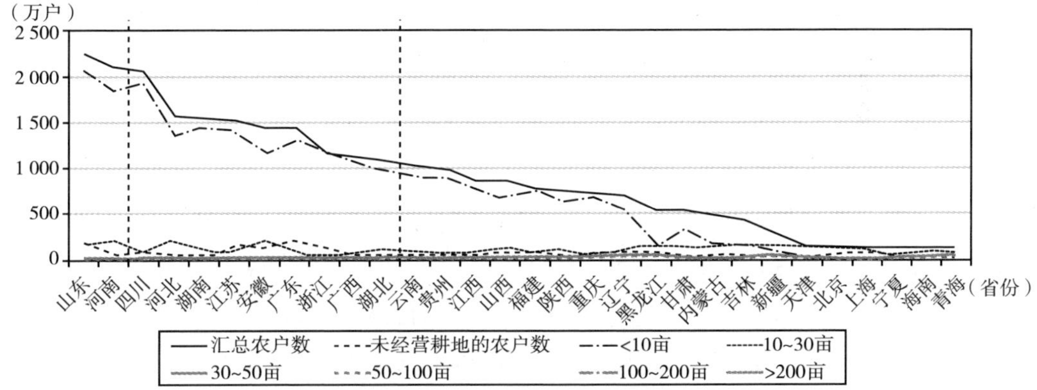

图 4-10　2016 年农地经营规模省级空间分布情况

图 4-11 为除小规模经营（<10 亩）之外的省级空间分布，按照未经营耕地的农户数高低进行空间排序，显示我国农地流转规模经营（除小规模外）的省级空间分布情况，并且将 30 个省（市、自治区）分为 200 万户（包括 200 万户）、100 万 ~ 200 万户（包括 100 万户）和 100 万户以内三个梯队。其中，处于第一梯队的只有山东，未经营耕地的农户数占比为 8.01%；处于第二梯队的有 4 个省区，分别为河南、四川、河北与湖南，未经营耕地的农户数占比分别为 1.93%、3.98%、1.62% 与 3.24%；其余 25 个省区为第三梯度，其中未经营耕地的农户数占比最高为上海，已达到 73.87%，其次为北京 58.04%。此外，较大规模经营（>50 亩）的农户数占比最高为黑龙江 19.45%，其次为内蒙古 11.25%，其余省区占比均在 10% 以内，最低为福建仅为 0.14%。

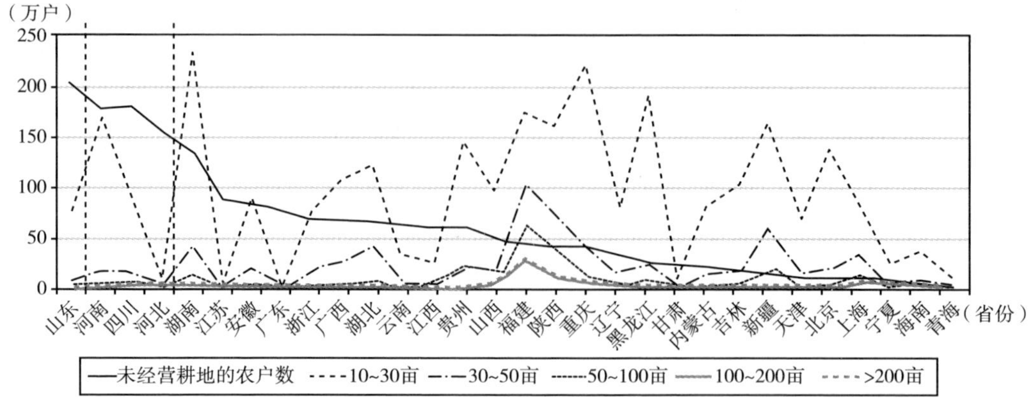

图 4－11 2016 年农地经营规模（除小规模外）省级空间分布情况

（四）农户兼业程度的地区性

随着城镇化、农业现代化的推进，我国的现实已经发生了重大变化，人地关系出现了明显的松动。从时间趋势来看，汇总劳动力数由 2003 年 46 951 万人增长到 2016 年 57 480 万人；从事家庭经营劳动力数由 2003 年 32 860 万人减少为 2016 年 31 369 万人，占比由 2003 年 70% 减少为 2016 年 55%；外出务工劳动力由 2003 年 11 450 万人增长为 2016 年 23 823 万人，占比由 2003 年 24% 增长为 2016 年 42%（图 4－12）。外出务工劳动力中以常年外出务工劳动力为主，常年外出务工劳动力数由 2003 年 6 739 万人增长到 2016 年 19 418 万人，占比由 2003 年 14% 增长为 2016 年 34%（图 4－13）。而常年外出务工劳动力中又以省外务工的劳动力为主，由 2004 年 4 475 万人增长到 2016 年 7 223 万人，占比由 2004 年 9% 增长为 2016 年 13%；县外省内由 2004 年 2 993 万人增长到 2016 年 5 710 万人，占比由 2004 年 6% 增长为 2016 年 10%；乡外县内由 2004 年 2 658 万人增长到 2016 年 6 485 万人，占比由 2004 年 6% 增长为 2016 年 11%（图 4－14）。整体来看，2016 年全国兼业及非农业农户占比已达 35.38%，仍以纯农户为主，稳定在 17 000 ~ 175 000 万户，占比由 2009 年 67.0% 下降 64.6%；农业兼业户在 4 470 ~4 806 万户，占比稳定在 17% ~18% 之间；非农业兼业户与非农户占比均稳定在 8% 左右（图 4－15）。从空间分布来看（图 4－16），2016 年上海兼业及非农户占比最高，已达到 87.98%，其次为北京 86.87%，最低为吉林 11.94%。同样按照汇总农户数高低进行空间排序，显示我国农地流转规模的省级空间分布情况，并且将 30 个省（市、自治区）分为2 000万户（包括2 000万户）、1 000万~2 000万户（包括1 000万户）和1 000万户以内三个梯队。其中，处于第一梯队的有山东、河南和四川3个省区，兼业及非农户占比分别为32.05%、33.15%与36.57%；处于第二梯队的有9个省区，其中浙江兼业及非农户占比最高为70.08%，最低为云南19.83%；处于第三梯队的有18个省区，其中上海、北京兼业及非农户占比最高，最低为吉林11.94%。

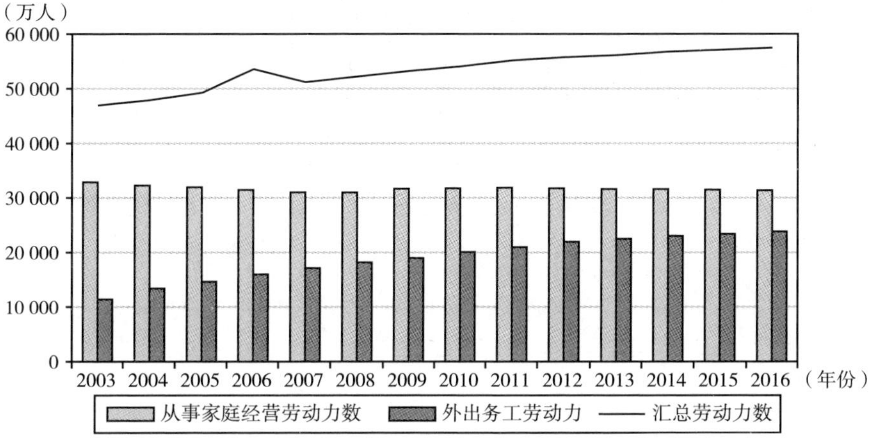

图4-12　2003~2016年农村劳动力及构成时间趋势

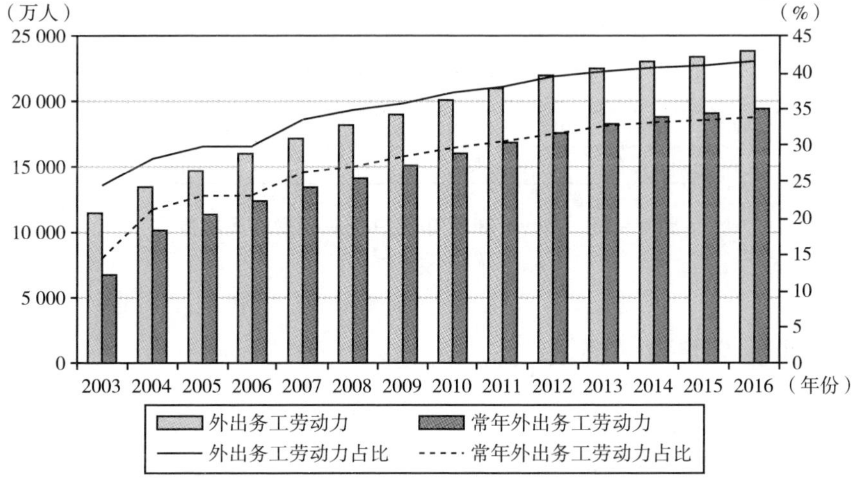

图4-13　2003~2016年农村外出务工劳动力及常年外出务工劳动力时间趋势

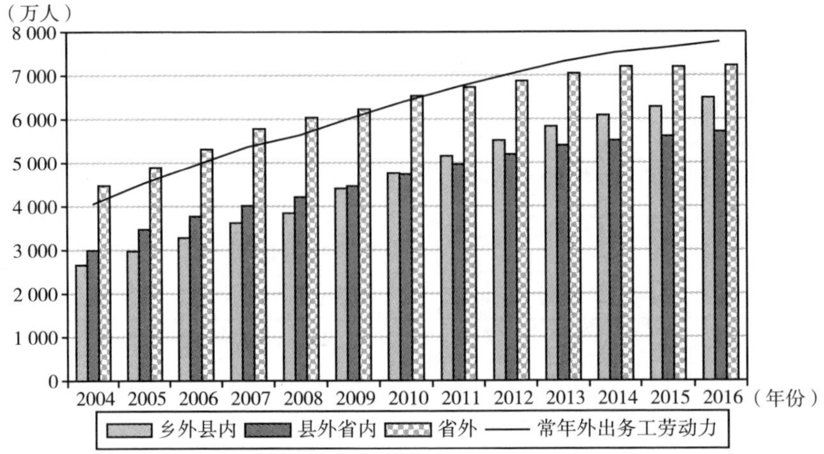

图 4－14　2003～2016 年农村常年外出务工劳动力及其构成时间趋势

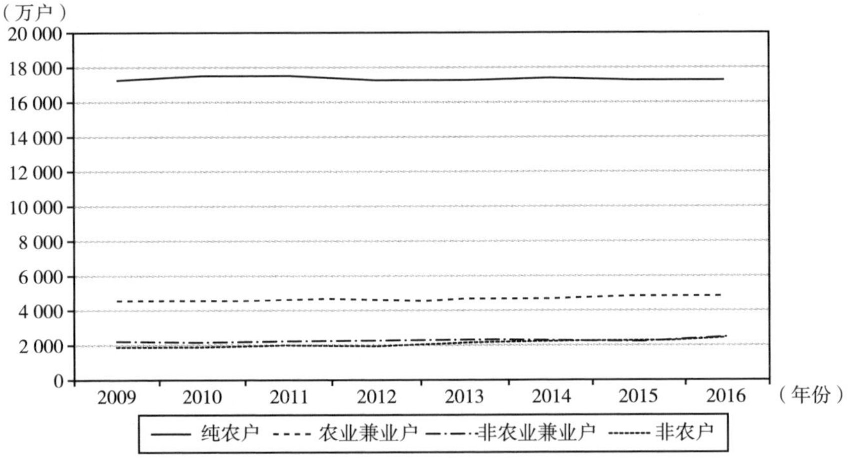

图 4－15　2009～2016 年农户兼业程度时间趋势

二、中国农民收入现状

（一）农民收入趋同趋势明显

从农民收入的时间趋势来看，用农民收入 2003～2016 年的年均增长率对初始年度（2003 年）的农民收入作一元回归（见图 4－17），结果表明两者呈

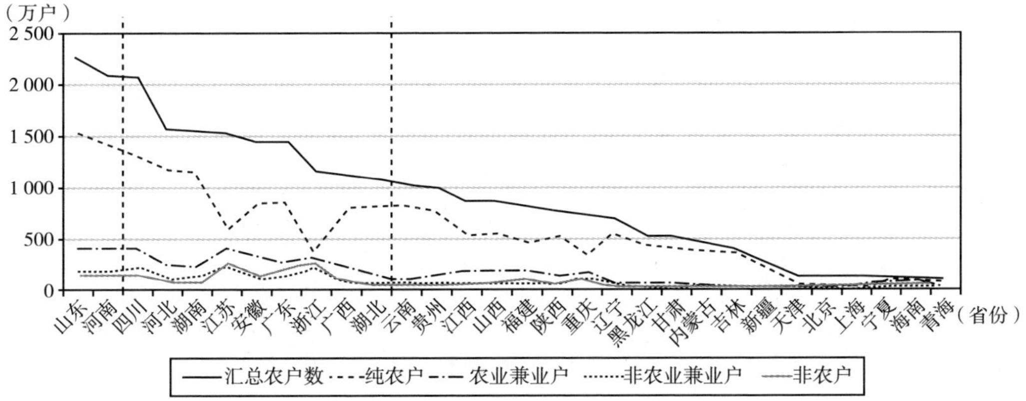

图 4-16　2016 年农户兼业程度省级空间分布情况

显著的负相关关系（系数为 -0.0006，在 1% 水平下显著），调整后的 R^2 为 0.5686，lowess 非参数拟合曲线呈现末端分叉特征，即农民收入的初始水平越低其增长速度就越快，存在显著的趋同趋势，同样表现出“后发优势”的增长特征。

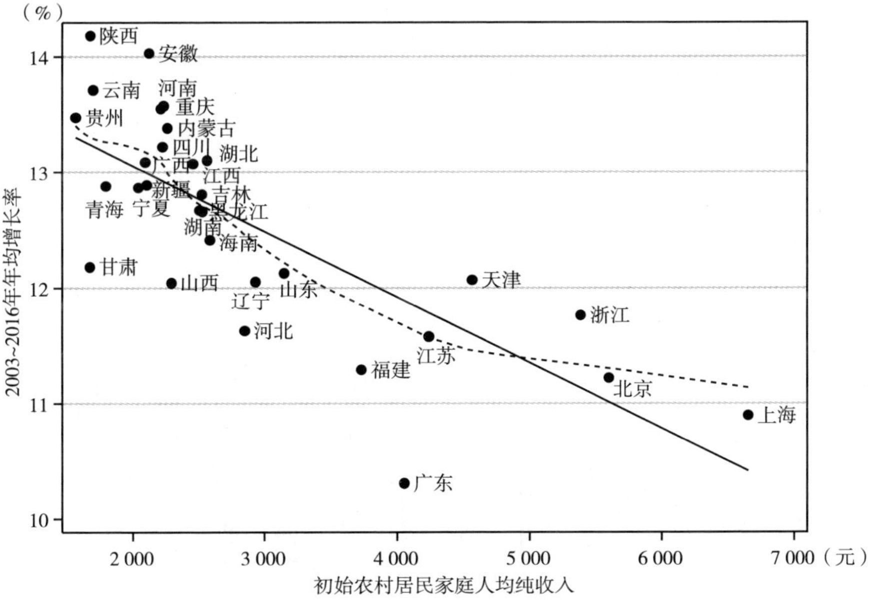

图 4-17　农民收入初始值与增长率的回归结果

（二）农民收入结构

从时间趋势来看，全国农民人均收入从2003年2 622.2元/人增长到2016年12 363.4元/人。从区域差异来看，东部地区农民人均收入始终处于领先水平，由2005年4 720.3元/人上升为15 498.3元/人；东北地区次之，由2005年3 379.0元/人上升为12 274.6元/人；而中部地区和西部地区农民人均收入均低于全国平均水平，分别由2005年2 956.6元/人、2 378.9元/人上升为2016年9 918.4元/人、11 794.3元/人（见图4－18）。从农民收入的结构来看，以工资性收入与经营性收入为主，其中工资性收入增长最快，由2003年918.4元/人增长到2016年5 021.8元/人，经营性收入由2003年1 541.3元/人增长到2016年4 741.3元/人，转移净收入由2003年96.8元/人增长到2016年2 328.2元/人，财产净收入所占比重微乎其微，由2003年65.8元/人仅增长到2016年272.1元/人（见图4－19）。2016年农民收入主要来源于非农工资性收入与经营性收入，并且工资性收入与经营性收入的空间分布趋势明显相反，工资性收入高的地方经营性收入较低。按照农村居民可支配收入的高低，将30个省（市、自治区）分为3个梯队，第一梯队的可支配收入为20 000～30 000元/人（包含20 000元/人），第二和第三梯队的可支配收入分别为10 000～20 000元/人（包含10 000元/人）和0～10 000元/人（包含0）。图4－20显示了按照可支配收入高低排序后的农民收入省级空间分布情况。第一梯队中有4个省（市、自治区），其中，上海、浙江、北京与天津工资性收入占比分别为74.25%、62.12%、74.58%与

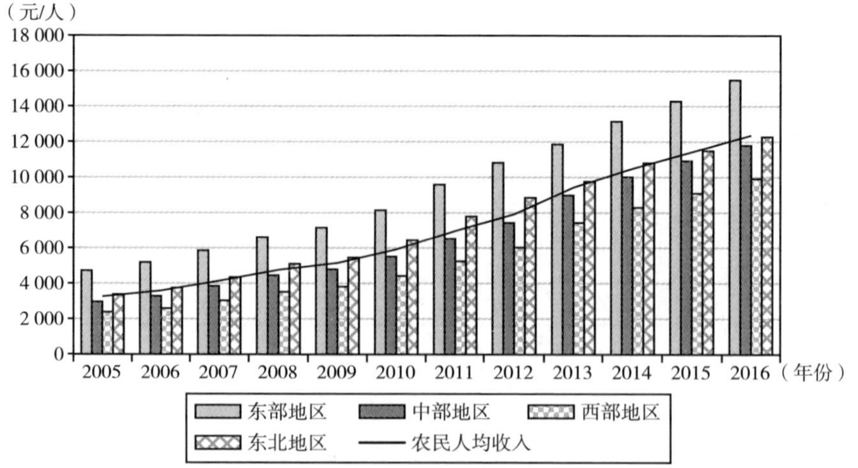

图4－18　2005～2016年全国及不同地区农民人均收入时间趋势

60.01%，经营性收入占比分别为5.44%、24.59%、9.24%与26.45%；第二梯队中有20个省（市、自治区），工资性收入占比最高为河北52.55%，最低为吉林19.49%，经营净收入占比最高为吉林62.35%，最低为广东26.76%；第三梯队中有7个省（市、自治区），工资性收入占比最高为陕西41.68%，最低为吉林24.25%，其次为云南28.31%，经营性收入占比最高为西藏57.60%，其次为云南55.92%，最低为陕西32.54%。

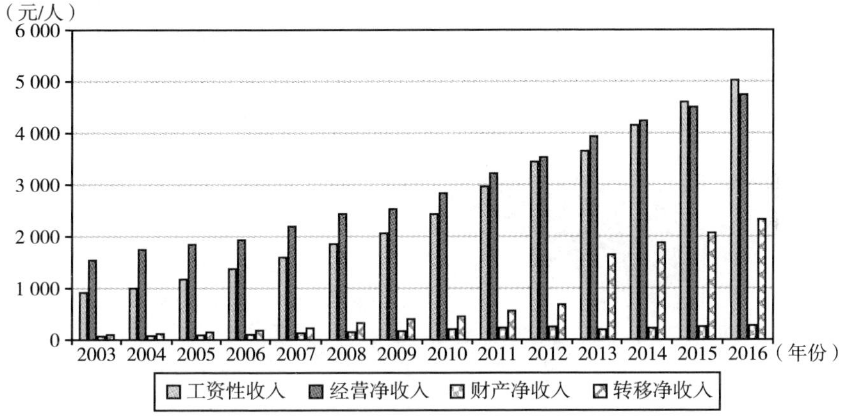

图4-19　2003~2016年不同农民收入结构时间趋势

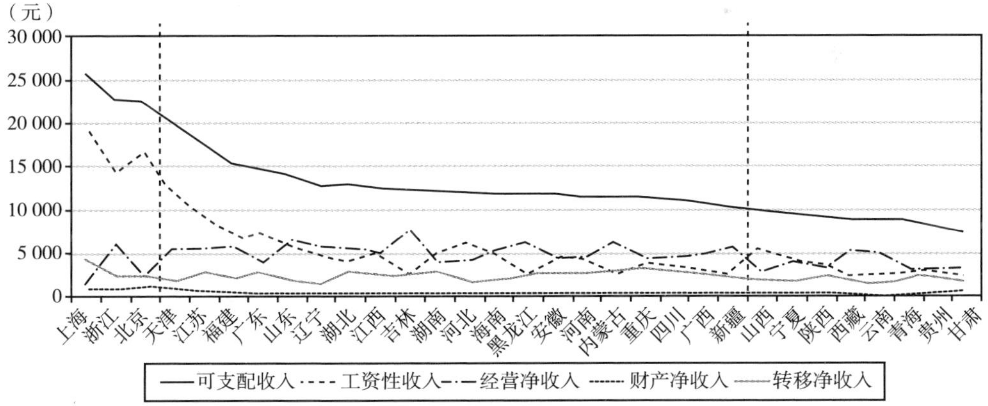

图4-20　2016年农民收入省级空间分布情况

三、农地流转与农民收入的相关关系

通过散点图及计算相关统计参数，可探讨农地流转与农民收入之间的关系。

一元线性回归拟合结果通过了显著性检验，且拟合效果较好，调整后的 R^2 值为 0.7455（见图 4－21），lowess 非参数拟合曲线与一元回归直线较一致；由此可见，两指标不管是在整体层面还是局部层面都存在一定的相关性，农地流转与农民收入存在稳健线性相关。

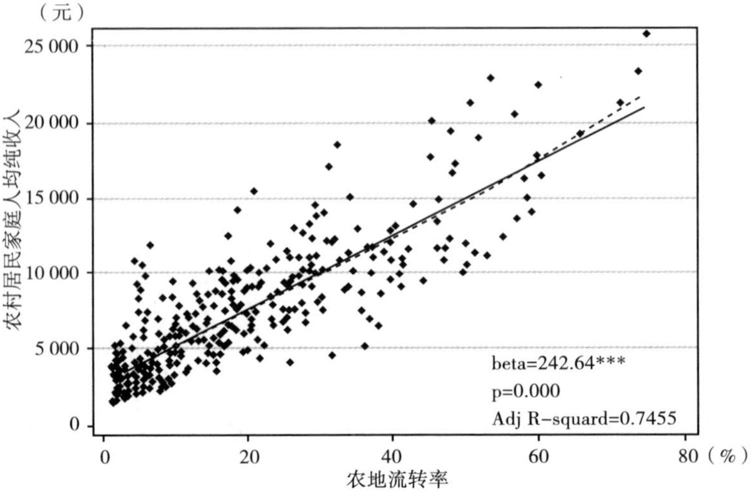

图 4－21　农地流转与农民收入散点图及线性拟合

第五章　农地流转促进农民增收及效应：一个计量分析

第一节　基于时空耦合与空间计量的实证分析

中国自实行家庭联产承包责任制以来，调动了农民的生产积极性，在土地生产力大大提高，农民收入逐年增加的同时，土地细碎化、农业兼业化等问题也随之产生。1984 年中央一号文件提出“鼓励土地逐步向种田能手集中”成为农地流转的开始。尤其是近几年越来越重视农地流转方式与主体的多样化，党的十九大报告指出：“完善承包地‘三权分置’制度……构建现代农业产业体系、生产体系、经营体系……发展多种形式适度规模经营……”。2018 年中央一号文件提出“落实农村土地承包关系稳定并长久不变政策……全面完成土地承包经营权确权登记颁证工作……完善农村承包地‘三权分置’制度……培育发展家庭农场、合作社、龙头企业、社会化服务组织和农业产业化联合体，发展多种形式适度规模经营”。中国政府多年来致力于促进农地流转，鼓励农地适度规模经营，以期土地资源得到充分利用，提高土地生产力，增加农民收入。然而由于农地规模效益的多样性与复杂性，以及经济主体本身的经济地位所决定的对规模效益的不同偏好，决定了经济主体对农地流转目标的多元性（曲福田，2011）。对于农户而言，通过农地流转进行规模经营的目的仅仅是为了增加收入，而提高土地生产力只是增加收入的一种手段（张红宇，1994）。理论上讲，一方面，农地流转能够优化土地资源的配置效率，并且由于固定资产具有不可分割性的特点（许庆等，2011），因此农地存在规模经济；另一方面，农民收入的地区差异是经济发展不平衡的重要体现（康江江等，2017），受劳动力流动、知识溢出、经济集聚与溢出等一系列空间要素在空间边界之间的流动以及空间界限导致的区位、距离对空间特征的影响（沈体雁等，2010），农民收入具有一定的空间效应。借鉴物理学中的耦合理论以及空间计量经济学的相关理论，从时间和空间两个维度分析中国农地流转与农民收入的耦合协调发展状况以及空间效应，对于推进农业适度规模经营，实现农业现代化有积极有效的理论指导意义。

学术界关于农地是否存在规模经济，农地流转是否促进农民收入增长以及是否有利于促进农民收入差距缩小的争论一直存在。一方面，学者认为农地流转促进了农民收入的增长（许庆等，2011；许恒周、郭玉燕，2011；王象永等，2015；杨子等，2017；钱忠好、王兴稳，2016；Zhang，2008；Jin and Deininger，2009）。许庆等（2011）从投入产出角度证明中国粮食生产总体而言规模报酬不变，从生产成本角度得出农地经营规模单位产量生产总成本存在显著的负相关关系，也即扩大农地经营规模有利于促进农民增收；许恒周等（2011）基于江苏省南京市问卷调查数据，采用协整方法得出农地流转促进了农民非农收入的增加并且存在长期均衡关系；王象永等（2015）基于山东省问卷调查、典型走访、部门座谈等方式，认为农地流转增加了农民财产性收入；杨子等（2017）基于中国家庭追踪调查（CFPS）数据，采用倾向值匹配（PSM）与夏普里值分解（Shapley Value）方法，从收入水平（人均总收入、非农收入与农业生产纯收入）与收入差距两个维度得出农地流转显著提高了农民收入水平，但不是造成农村内部收入差距拉大的主要原因；钱忠好等（2016）以江苏、广西、湖北和黑龙江四省（区）入户调研数据为基础，从转入户、转出户收入结构出发，得出农地流转对转入户经营性收入的促进作用大于工资性收入的抑制作用，从而有利于转入户家庭总收入增加。对于转出户而言，农地流转促进了经营性收入、工资性收入与转移性收入的增加，从而有利于家庭总收入的增加；Zhang（2008）基于浙江的调研数据得出农户土地面积增加1%可以使得家庭农业收入增加0.79%；Jin等（2009）以2001～2004年中国9个农业大省的数据为基础，得出农地流转无论对于转入户还是转出户都促进了收入水平的增加。另一方面，部分学者则认为农地流转并没有有效地增加农民收入（许庆等，2008；彭代彦、吴扬杰，2009；曹瑞芬、张安录，2015）。许庆等（2008）采用半对数模型得出土地细碎化对农民收入的正向影响大于负向影响；彭代彦等（2009）以“中国综合社会调查（CGSS）”数据为基础，得出农地集中与农民收入存在显著的负向关系；曹瑞芬等（2015）基于湖北省农户调研数据，利用柯布—道格拉斯生产函数和多元线性回归模型，从投入产出视角借鉴规模经济理论得出农地流转存在规模效益，从农户经济福利视角，认为农地流转促进了转入户农民收入的增长，但对转出户的家庭收入并没有显著影响。从收入分配公平视角，Zhang（2008）和Deininger等

（2005）认为农地流转能够改善收入不平等；而朱建军等（2015）和邢鹂等（2009）认为农地流转加剧了农民收入分配不平等。近年来，越来越多的学者开始关注农民收入的空间效应，主要包括农村金融发展（张宇青等，2013；杜江等，2017）、社会资本（彭文慧，2014）、人力资本（骆永民、樊丽明，2014）、经济集聚（陈利、朱喜钢，2015；伍骏骞等，2017）、农业信贷（刘艳华等，2015；刘艳华、郑平，2016）等对农民收入的空间异质性与空间依赖性。

通过对已有研究成果的整理和归纳可以发现：第一，从研究内容上，学者从农地流转对农民收入与收入差距视角进行了大量研究，但大都未考虑到农地流转与农民收入是否协调同步发展；第二，从研究维度上，学者多以时间或空间为主进行分析，但较少结合时间与空间两个维度进行研究；第三，虽然学者开始关注农民收入的空间效应，但从农地流转对农民收入的空间效应这一视角的研究仍显不足。本节以2003～2016年中国农地流转与农民收入的省级面板数据为基础，对农地流转与农民收入的时空耦合及空间效应进行计量研究，以期揭示不同省（自治区、直辖市）农地流转与农民收入不同的耦合协调发展阶段，探究农地流转对农民收入结构的影响机制，为政策制定与调整的精准性提供有效依据。

一、研究方法与变量选取

（一）研究方法

1. 时空耦合测度模型

通过农地流转进行适度规模经营进而提高农民收入是农户、政府的主要目的之一（张红宇，1994）。借鉴物理学中的耦合概念及模型测度农地流转与农民收入的耦合度、耦合协调度及相对发展度（Illingworth，1996；霍影，2012；刘玉等，2017；刘浩等，2011；戈大专等，2017）。耦合度描述的是农地流转与农民收入的相互影响程度，其原始模型如公式（5－1）所示：

$$C_n = n\left\{\left(\prod_{i=1}^{n} U_i\right)/\left[\prod (U_i + U_j)\right]\right\}^{1/n} \tag{5－1}$$

经降维处理得到农地流转与农民收入之间二维耦合度计算函数如公式（5－2）所示：

$$C_2 = 2\{(U_1 \cdot U_2)/[(U_1 + U_2)(U_2 + U_1)\}^{1/2} \tag{5－2}$$

为了消除量纲、数量级的影响，将农地流转与农民收入指标采用级差法进行标准化处理（霍影，2012），根据指标的正负效应，采用正向指标标准化如公式（5－3）所示。C_2 代表耦合度，取值范围 $C_2 \in [0,1]$，C_2 越接近 1，耦合强度越高。当 $C_2 = 0$ 时，表示系统之间处于无关状态且向无序发展；当 $C_2 \in (0,0.3]$ 时，表示农地流转与农民收入处于低水平耦合阶段；当 $C_2 \in (0.3,0.5]$ 时，表示农地流转与农民收入处于拮抗阶段；当 $C_2 \in (0.5,0.8]$ 时，表示农地流转与农民收入处于良性耦合阶段；当 $C_2 \in (0.8,1)$ 时，表示农地流转与农民收入处于高水平耦合阶段；当 $C_2 = 1$ 时，表示系统之间达到良性共振耦合且向新的有序结构发展。

$$U_{ij} = (y_{ij} - \min y_{ij}) / (\max Y_{ij} - \min y_{ij}) \tag{5-3}$$

其中 y_{ij} 表示 j 省（自治区、直辖市）的第 i 项指标的原始数据。值得注意的是，耦合度函数对于计算农地流转与农民收入所组成耦合系统的耦合强度具有重要定量意义，但却无法反映出样本的真实经济状态（霍影，2012）。进一步，采用耦合协调度模型反映农地流转与农民收入所组成的耦合系统的现实经济含义，如公式（5－4）所示：

$$D = (C_2 \times T)^{1/2} \tag{5-4}$$

其中，$T = \alpha U_1 + \beta U_2$，$\alpha$，$\beta$ 为待定系数，$\alpha + \beta = 1$，根据已有研究（刘玉等，2017），最终选择 α，β 分别为 0.5。D 代表耦合协调度，取值范围 $D \in [0,1]$，D 越接近 1，表示农地流转与农民收入系统间关系越协调。当 $D \in [0,0.4]$ 时，表示农地流转与农民收入处于拮抗阶段，即农地流转与农民收入的整体协同性较弱；当 $D \in (0.4,0.7)$ 时，表示农地流转与农民收入处于磨合阶段，即农地流转与农民收入之间虽然失调却趋于优化；当 $D \in [0.7,1]$ 时，表示农地流转与农民收入进入协调发展阶段。耦合协调度模型可以准确评价农地流转与农民收入的耦合协调发展水平，却难以评价二者相对发展状况（刘浩等，2011），因此采用公式（5－5）衡量二者的相对发展水平：

$$E = U_1 - U_2 \tag{5-5}$$

理想条件下农地流转与农民收入是优化的，但现实中却难以实现完全同步优化。当 $E \leqslant -0.1$ 时，表示处于农地流转滞后于农民收入发展水平；当 $E \in (-0.1,0.1)$ 时，表示农地流转与农民收入处于同步优化阶段；当 $E \geqslant 0.1$ 时，表示处于农地流转超前于农民收入发展水平。综上所述，将农地流转与农民收入耦合协调发展水平分为 3 大阶段 9 类类型，如表 5－1 所示。

表 5-1　　农地流转与农民收入耦合协调发展阶段类型

耦合协调度	相对发展度	类型	耦合协调发展类型特征
D∈[0,0.4] 拮抗阶段	E≤-0.1	拮抗滞后（Ⅰ）	农地流转滞后于农民收入，整体协同性较弱
	E∈(-0.1,0.1)	拮抗同步（Ⅱ）	农地流转与农民收入同步发展，整体协同性较弱
	E≥0.1	拮抗超前（Ⅲ）	农地流转超前于农民收入，整体协同性较弱
D∈(0.4,0.7) 磨合阶段	E≤-0.1	磨合滞后（Ⅳ）	农地流转滞后于农民收入，虽失调却趋于优化
	E∈(-0.1,0.1)	磨合同步（Ⅴ）	农地流转与农民收入同步发展，虽失调却趋于优化
	E≥0.1	磨合超前（Ⅵ）	农地流转超前于农民收入，虽失调却趋于优化
D∈[0.7,1] 协调发展阶段	E≤-0.1	协调滞后（Ⅶ）	农地流转滞后于农民收入，但处于协调发展阶段
	E∈(-0.1,0.1)	协调同步（Ⅷ）	农地流转与农民收入同步发展，但处于协调发展阶段
	E≥0.1	协调超前（Ⅸ）	农地流转超前于农民收入，但处于协调发展阶段

2. 空间回归模型

在确定是否使用空间计量方法以及使用何种空间计量方法时，本章主要基于以下思路：首先要考察数据是否存在空间依赖性，探索性空间数据分析（exploratory spatial data analysis，ESDA）作为空间数据分析的一种用来发掘隐藏在数据背后的重要信息或规律，通过直观的数据描述来检验农地流转是否存在空间依赖性。在这里采用发展比较完善的莫兰指数 I（Moran's I）进行空间依赖性检验（即是否存在空间正相关或空间负相关）（Moran，1950）。在权重选取上考虑到距离与经济发展水平的影响最终选择相邻权重矩阵（W_1）与经济空间权重矩阵（W_2）作为度量空间距离的权重指标（林光平等，2005），莫兰指数如公式（5-6）。

$$I=\frac{n\sum_{i=1}^{n}\sum_{j=1}^{n}w_{ij}(y_i-\bar{y})(y_j-\bar{y})}{\left[\sum_{i=1}^{n}(y_i-\bar{y})^2\right]\left(\sum_{i=1}^{n}\sum_{j=1}^{n}w_{ij}\right)} \tag{5-6}$$

其中，w_{ij}为空间权重矩阵的（i，j）元素，$W_2=W_1\times E$，$E_{ij}=\frac{1}{|\overline{gdp_i}-\overline{gdp_j}|+1}$，$\overline{gdp_i}$为 i 省（自治区、直辖市）在样本期间的实际人均 GDP 的平均值。

在通过莫兰指数检验确定是否采用空间模型之后，利用 Wald Test 与 Likelihood Ratio Test（LR Test）进一步确定使用何种空间模型，本章经检验之后最终选择空间杜宾模型（Spatial Durbin Model，SDM）。这一模型的引入，不仅考虑到各影响因素对本地区的影响，还分析了对其他地区的影响，即空间溢出效应

(Elhorst，2014；陈强，2013)，见式（5-7）。

$$y = \lambda Wy + X\beta + WX\delta + \varepsilon \tag{5-7}$$

其中，y 为农民收入，W 为相邻权重矩阵（W_1）或经济空间权重矩阵（W_2），X 为农地流转率与户均农地规模及其他控制变量，WX 为其滞后项，ε 为与地区和时期均无关的随机扰动项。

$$(E - \lambda W)y = X\beta + WX\delta + \varepsilon \tag{5-8}$$

对式（5-8）两边同时乘以$(E - \lambda W)^{-1}$，经整理得式（5-9）：

$$y = \sum_{r=1}^{k} S_r(W)x_r + (E - \lambda W)^{-1}\varepsilon \tag{5-9}$$

其中，k 代表 X 中包含 k 个解释变量，$S_r(W) = (\beta_r + W\delta_r)(E - \lambda W)^{-1}$，E 为单位矩阵，展开（5-9）式可得式（5-10），如下所示：

$$\begin{pmatrix} y_1 \\ y_2 \\ \vdots \\ y_s \end{pmatrix} = \begin{pmatrix} S_r(W)_{11} & S_r(W)_{12} & \cdots & S_r(W)_{1s} \\ S_r(W)_{21} & S_r(W)_{22} & \cdots & S_r(W)_{2s} \\ \vdots & \vdots & & \vdots \\ S_r(W)_{s1} & S_r(W)_{s2} & \cdots & S_r(W)_{ss} \end{pmatrix} \begin{pmatrix} x_{1r} \\ x_{2r} \\ \vdots \\ x_{sr} \end{pmatrix} + (E - \lambda W)^{-1}\varepsilon \tag{5-10}$$

其中，$S_r(W)_{ij}$为矩阵$S_r(W)$的（i，j）元素，对（5-10）式求偏导可得$\frac{\partial y_i}{\partial x_{jr}} = S_r(W)_{ij}$即省（自治区、直辖市）j 的变量 x_{jr}对任意区域 i 的被解释变量（农民收入）产生的影响，其中总效应即为$S_r(W)$所有元素之和 $M(r)_t = \frac{1}{n}\sum_{i=1}^{n}\sum_{j=1}^{n} S_r(W)_{ij}$，直接效应①即省（自治区、直辖市）i 的变量 x_{ir}对本地区农民收入的影响，也即矩阵$S_r(W)$的迹（主对角线元素之和）$M(r)_d = \frac{1}{n}tr[S_r(W)]$，溢出效应（间接效应）即省（自治区、直辖市）i 的变量 x_{ir}对除本地区之外所有地区农民收入的影响，也即总效应中除直接效应之外的效应 $M(r)_s = M(r)_t - M(r)_d$。

① 此处直接效应是基于空间视角，指本地区的解释变量对本地区的被解释变量的直接作用；间接效应是指其他地区尤其是相邻地区解释变量对本地区被解释变量的作用，与前面所提到的直接效应与间接效应意义不同。

（二）变量选取

因变量为农民收入，选取农民人均收入、农业收入及非农业收入三个指标对农民收入情况进行度量，根据数据可得性，以农村居民家庭人均家庭经营纯收入代替农业收入；以农村居民家庭人均财产性纯收入、人均工资性纯收入与人均转移性纯收入之和代替非农收入。核心解释变量有：户均农地规模即家庭承包经营的耕地面积与家庭承包经营的农户数之比；农地流转率为家庭承包经营耕地流转面积占总承包经营面积之比。为避免因遗漏变量所带来的内生性问题，并根据数据的可得性，控制变量指标为人均农业产值、农村非农产业发展水平、机械化水平、农户固定资产投资、地方财政农林水事务支出、农业生产结构、劳动力文化水平、务农劳动力、常年外出务工劳动力共9个指标，具体指标如表5－2所示。

表5－2　变量选取与说明

指标分类	变量名称	变量符号	含义及单位
被解释变量	农民人均收入	y_1	2003～2012年为农村居民家庭人均纯收入（元），2013～2016年为农村居民人均可支配收入（元）
	农业收入	y_2	农村居民家庭人均家庭经营纯收入（元）
	非农收入	y_3	农村居民家庭人均财产性纯收入、人均工资性纯收入与人均转移性纯收入之和（元）
核心解释变量	户均农地规模	Z_1	家庭承包经营的耕地面积与家庭承包经营的农户数之比（%）
	农地流转率	Z_2	家庭承包经营耕地流转面积与总承包经营面积之比（%）
控制变量	人均农业产值	X_1	农业总产值与乡村人口数之比（元/人）
	非农产业发展水平	X_2	农村第二第三产业产值与GDP之比（%）
	机械化水平	X_3	单位农作物播种面积投入农业机械总动力（kW/hm^2）
	固定资产投资	X_4	农户农、林、牧、渔业固定资产投资（亿元）
	财政支农支出	X_5	地方财政农林水事务支出（亿元）
	农业生产结构	X_6	粮食播种面积与农作物总播种面积之比（%）
	劳动力文化水平	X_7	不识字或识字很少的劳动力所占与农村劳动力百分比（%）
	务农劳动力	X_8	从事第一产业劳动力数（万人）
	务工劳动力	X_9	常年外出务工劳动力（万人）

（三）数据说明

所有数据来自《中国统计年鉴》《中国农村统计年鉴》《全国农村经营管理

统计资料》及国家统计局相关公告。为消除量纲、数量级的影响，将农地流转与农民收入指标进行正向指标标准化，具体如表5－3所示。标准化之后农地流转率、农民人均收入、农业收入与非农收入取值范围均在［0，1］内。值得注意的是，2003～2016年，上海市农地流转率、农民人均收入与非农收入取值均为1，也就是说自2003年以来，上海农地流转率、农民人均收入与非农收入始终最高；而农业收入取值均为0，即上海市农业收入始终处于最低水平。2003～2011年浙江省农业收入最高，2012～2016年吉林省农业收入超过浙江，排在第一位。

表5－3　农地流转与农民收入描述性统计

变量	样本量	平均值	最大值	最小值	标准化处理后平均值
农地流转率	420	17.20	74.80	1.33	0.25
农民人均收入	420	6 949.44	25 520.4	1 564.7	0.29
农业收入	420	2 901.41	7 878.1	589.7	0.52
非农收入	420	4 048.04	24 132.5	231.2	0.21

二、农地流转与农民收入的时空耦合

（一）农地流转与农民人均收入的时空耦合

整体来看，农地流转与农民人均收入耦合度较好，2003～2016年30个省（自治区、直辖市）耦合度平均值为0.84。2016年除海南省与甘肃省耦合度为0之外，其余省份耦合度均在0.6以上，甚至有25个省（自治区、直辖市）耦合度在0.9以上，上海市耦合度最高为1。分别从农地流转与农民人均收入耦合协调度及相对发展度（见图5－1和图5－2）来看，处于拮抗阶段的省（自治区、直辖市）由2003年的18个省份下降为2016年的7个省份；处于磨合阶段的省（自治区、直辖市）由2003年的8个省份上升为2016年的18个省份；处于协调阶段的省份数基本平稳。而农地流转与农民人均收入的相对发展水平逐渐从滞后发展走向基本同步甚至是超前发展。滞后发展的省份个数由2003年12个下降为2016年3个，基本同步的省份个数由2003年17个下降为2016年9个，2003～2007年基本没有超前发展的省份，2016年超前发展的省份个数达到18个。

从农地流转与农民人均收入的耦合协调发展类型来看（见图5－3、表5－4），2003年以拮抗滞后（Ⅰ）与拮抗同步（Ⅱ）类型为主，分别为6、

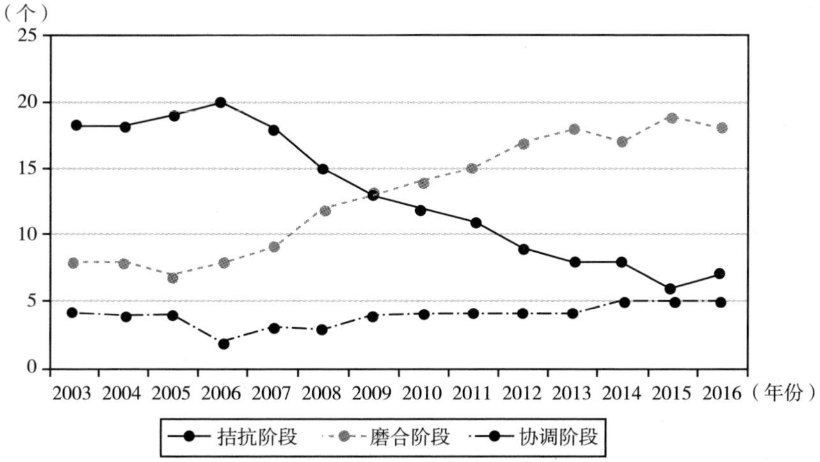

图 5－1　2003～2016 年农地流转与农民人均收入耦合协调发展趋势

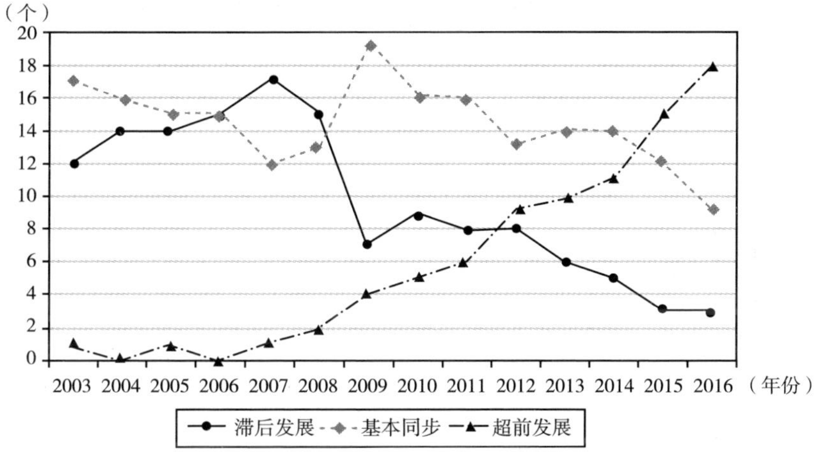

图 5－2　2003～2016 年农地流转与农民人均收入同步发展趋势

12，其中山西、辽宁、吉林、海南、内蒙古与山东属于拮抗滞后（Ⅰ）类型，贵州、云南、广西、重庆、河南、湖北、陕西、甘肃、青海、宁夏、安徽与新疆属于拮抗同步（Ⅱ）类型；2016 年以磨合同步（Ⅴ）与磨合超前（Ⅵ）类型为主，分别为 6、12，其中广西、广东、福建、江西、山东与新疆属于磨合同步（Ⅴ）类型，四川、重庆、河北、辽宁、吉林、黑龙江、河南、湖北、湖南、内蒙古、宁夏与安徽属于磨合超前（Ⅵ）类型；拮抗超前（Ⅲ）个数在 2003～2008 年为 0，2016 年达到 5 个省份，分别为贵州、云南、陕西、甘肃与青海。

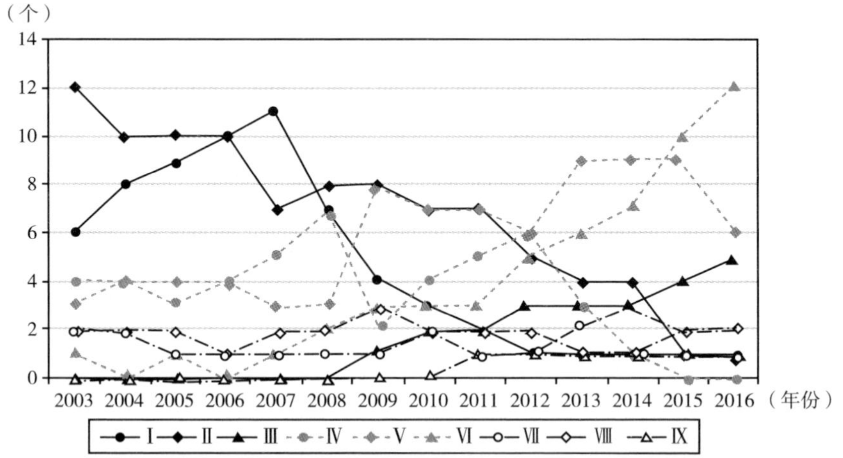

图 5－3　2003～2016 年农地流转与农民人均收入耦合协调发展类型趋势

表 5－4　2003 年、2016 年农地流转与农民收入耦合协调发展类型变化

空间区域分组	省区（市）	农地流转与农民人均收入		农地流转与农业收入		农地流转与非农收入	
		2003 年	2016 年	2003 年	2016 年	2003 年	2016 年
东部地区	北京	协调滞后（Ⅶ）	协调同步（Ⅷ）	磨合超前（Ⅵ）	磨合超前（Ⅵ）	协调滞后（Ⅶ）	协调同步（Ⅷ）
	天津	磨合滞后（Ⅳ）	协调滞后（Ⅶ）	磨合滞后（Ⅳ）	协调同步（Ⅷ）	磨合滞后（Ⅳ）	协调同步（Ⅷ）
	河北	磨合滞后（Ⅳ）	磨合超前（Ⅵ）	磨合滞后（Ⅳ）	磨合同步（Ⅴ）	拮抗同步（Ⅱ）	磨合超前（Ⅵ）
	上海	协调同步（Ⅷ）	协调同步（Ⅷ）	拮抗超前（Ⅲ）	拮抗超前（Ⅲ）	协调同步（Ⅷ）	协调同步（Ⅷ）
	江苏	磨合滞后（Ⅳ）	协调超前（Ⅸ）	磨合滞后（Ⅳ）	协调超前（Ⅸ）	磨合同步（Ⅴ）	协调超前（Ⅸ）
	浙江	协调滞后（Ⅶ）	协调滞后（Ⅶ）	协调滞后（Ⅶ）	协调同步（Ⅷ）	协调超前（Ⅸ）	协调同步（Ⅷ）
	福建	磨合滞后（Ⅳ）	磨合同步（Ⅴ）	磨合滞后（Ⅳ）	协调滞后（Ⅶ）	磨合同步（Ⅴ）	磨合超前（Ⅵ）
	山东	拮抗滞后（Ⅰ）	磨合同步（Ⅴ）	拮抗滞后（Ⅰ）	协调滞后（Ⅶ）	拮抗滞后（Ⅰ）	磨合超前（Ⅵ）
	广东	协调同步（Ⅷ）	磨合同步（Ⅴ）	协调同步（Ⅷ）	磨合同步（Ⅴ）	磨合超前（Ⅵ）	磨合同步（Ⅴ）
	海南	拮抗滞后（Ⅰ）	拮抗滞后（Ⅰ）	磨合滞后（Ⅳ）	拮抗滞后（Ⅰ）	拮抗同步（Ⅱ）	拮抗滞后（Ⅰ）
东北地区	黑龙江	磨合同步（Ⅴ）	磨合超前（Ⅵ）	磨合滞后（Ⅳ）	协调滞后（Ⅶ）	拮抗超前（Ⅲ）	磨合超前（Ⅵ）
	吉林	拮抗滞后（Ⅰ）	磨合超前（Ⅵ）	磨合滞后（Ⅳ）	协调滞后（Ⅶ）	拮抗同步（Ⅱ）	拮抗超前（Ⅲ）
	辽宁	拮抗滞后（Ⅰ）	磨合超前（Ⅵ）	磨合滞后（Ⅳ）	协调滞后（Ⅶ）	拮抗同步（Ⅱ）	磨合超前（Ⅵ）
中部地区	山西	拮抗滞后（Ⅰ）	拮抗同步（Ⅱ）	拮抗滞后（Ⅰ）	磨合同步（Ⅴ）	拮抗滞后（Ⅰ）	拮抗同步（Ⅱ）
	安徽	拮抗同步（Ⅱ）	磨合超前（Ⅵ）	磨合滞后（Ⅳ）	协调同步（Ⅷ）	拮抗同步（Ⅱ）	磨合超前（Ⅵ）
	江西	磨合同步（Ⅴ）	磨合同步（Ⅴ）	磨合同步（Ⅴ）	磨合滞后（Ⅳ）	磨合超前（Ⅵ）	磨合超前（Ⅵ）
	河南	拮抗同步（Ⅱ）	磨合超前（Ⅵ）	拮抗滞后（Ⅰ）	磨合同步（Ⅴ）	拮抗同步（Ⅱ）	磨合超前（Ⅵ）

续表

空间区域分组	省区（市）	农地流转与农民人均收入		农地流转与农业收入		农地流转与非农收入	
		2003 年	2016 年	2003 年	2016 年	2003 年	2016 年
中部地区	湖北	拮抗同步（Ⅱ）	磨合超前（Ⅵ）	磨合滞后（Ⅳ）	协调滞后（Ⅶ）	拮抗同步（Ⅱ）	磨合超前（Ⅵ）
	湖南	磨合同步（Ⅴ）	磨合超前（Ⅵ）	磨合滞后（Ⅳ）	磨合同步（Ⅴ）	磨合同步（Ⅴ）	磨合超前（Ⅵ）
西部地区	内蒙古	拮抗滞后（Ⅰ）	磨合超前（Ⅵ）	拮抗滞后（Ⅰ）	协调滞后（Ⅶ）	拮抗同步（Ⅱ）	磨合超前（Ⅵ）
	广西	拮抗同步（Ⅱ）	磨合同步（Ⅴ）	磨合滞后（Ⅳ）	磨合滞后（Ⅳ）	拮抗同步（Ⅱ）	拮抗超前（Ⅲ）
	重庆	拮抗同步（Ⅱ）	磨合超前（Ⅵ）	磨合同步（Ⅴ）	磨合同步（Ⅴ）	拮抗同步（Ⅱ）	磨合超前（Ⅵ）
	四川	磨合超前（Ⅵ）	磨合超前（Ⅵ）	磨合同步（Ⅴ）	磨合滞后（Ⅳ）	磨合超前（Ⅵ）	磨合超前（Ⅵ）
	贵州	拮抗同步（Ⅱ）	拮抗超前（Ⅲ）	拮抗同步（Ⅱ）	磨合同步（Ⅴ）	拮抗同步（Ⅱ）	拮抗超前（Ⅲ）
	云南	拮抗同步（Ⅱ）	拮抗超前（Ⅲ）	拮抗滞后（Ⅰ）	磨合滞后（Ⅳ）	拮抗同步（Ⅱ）	拮抗超前（Ⅲ）
	陕西	拮抗同步（Ⅱ）	拮抗超前（Ⅲ）	拮抗同步（Ⅱ）	磨合同步（Ⅴ）	拮抗同步（Ⅱ）	磨合超前（Ⅵ）
	甘肃	拮抗同步（Ⅱ）	拮抗超前（Ⅲ）	拮抗滞后（Ⅰ）	磨合同步（Ⅴ）	拮抗同步（Ⅱ）	拮抗超前（Ⅲ）
	青海	拮抗同步（Ⅱ）	拮抗超前（Ⅲ）	拮抗滞后（Ⅰ）	磨合同步（Ⅴ）	拮抗同步（Ⅱ）	拮抗超前（Ⅲ）
	宁夏	拮抗同步（Ⅱ）	磨合超前（Ⅵ）	拮抗滞后（Ⅰ）	磨合滞后（Ⅳ）	拮抗同步（Ⅱ）	磨合超前（Ⅵ）
	新疆	拮抗同步（Ⅱ）	磨合同步（Ⅴ）	磨合滞后（Ⅳ）	磨合滞后（Ⅳ）	拮抗超前（Ⅲ）	拮抗超前（Ⅲ）

（二）农地流转与农业收入的时空耦合

整体来看，农地流转与农业收入耦合度较好，2003～2016 年 30 个省（自治区、直辖市）耦合度平均值为 0.74。2016 年除海南省与上海市耦合度为 0 之外，其余省份耦合度均在 0.65 以上，甚至有 22 个省（自治区、直辖市）耦合度在 0.9 以上，浙江省耦合度最高接近于 1。分别从农地流转与农业收入耦合协调度及相对发展度（图 5－4、图 5－5）来看，处于拮抗阶段的省（自治区、直辖市）由 2003 年的 11 个省份下降为 2016 年的 2 个省份；处于磨合阶段的省份数基本维持在 17 左右；处于协调阶段的省（自治区、直辖市）由 2003 年的 2 个省份上升为 2016 年的 11 个省份。而农地流转与农业收入的相对发展水平逐渐从滞后发展走向基本同步。滞后发展的省份个数由 2003 年 22 个下降为 2016 年 14 个，基本同步的省份个数由 2003 年 6 个上升为 2016 年 13 个，超前发展的省份个数基本维持在 3 个左右。

从农地流转与农业收入的耦合协调发展类型来看（见图 5－6、表 5－4），

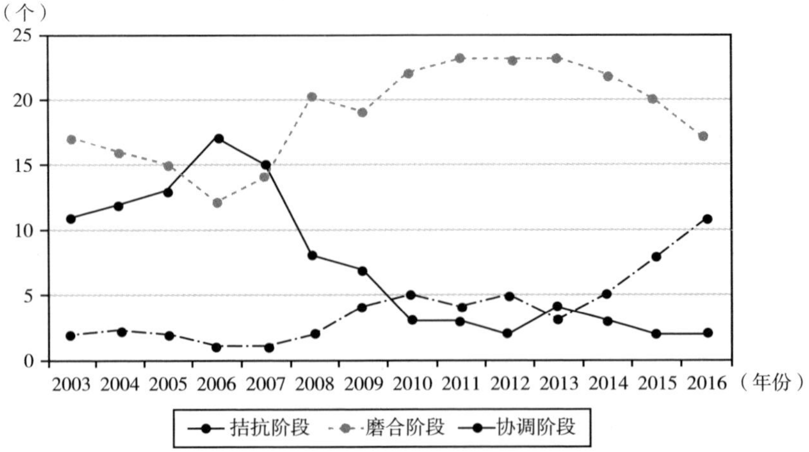

图 5-4　2003~2016 年农地流转与农业收入耦合协调发展趋势

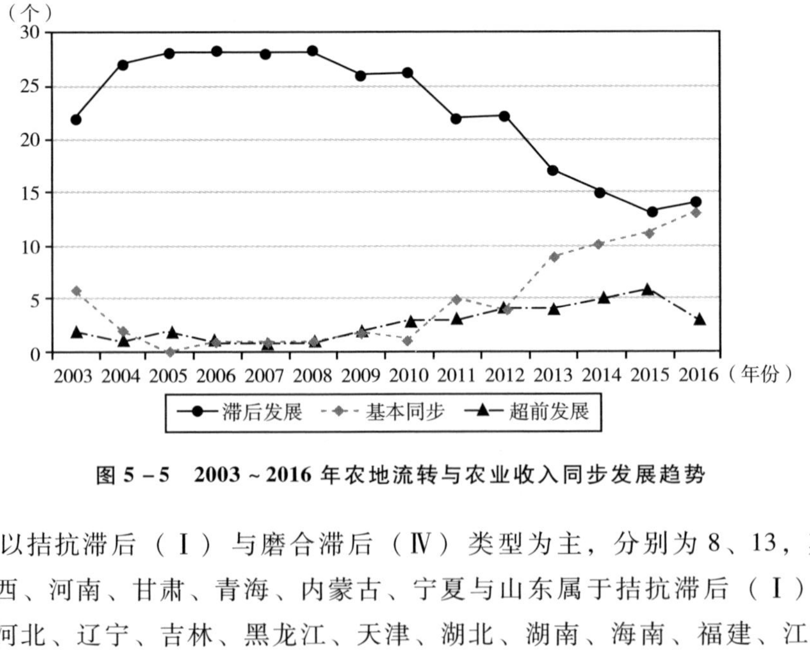

图 5-5　2003~2016 年农地流转与农业收入同步发展趋势

2003 年以拮抗滞后（Ⅰ）与磨合滞后（Ⅳ）类型为主，分别为 8、13，其中云南、山西、河南、甘肃、青海、内蒙古、宁夏与山东属于拮抗滞后（Ⅰ）类型，广西、河北、辽宁、吉林、黑龙江、天津、湖北、湖南、海南、福建、江苏、安徽与新疆属于磨合滞后（Ⅳ）类型；2016 年以磨合滞后（Ⅳ）、磨合同步（Ⅴ）与协调滞后（Ⅶ）类型为主，分别为 6、10、7，其中云南、四川、广西、宁夏、江西与新疆属于磨合滞后（Ⅳ）类型，贵州、重庆、河北、山西、河南、湖南、广东、陕西、甘肃与青海属于磨合同步（Ⅴ）类型，辽宁、吉林、黑龙江、湖北、福建、内蒙古与山东属于协调滞后（Ⅶ）类型。

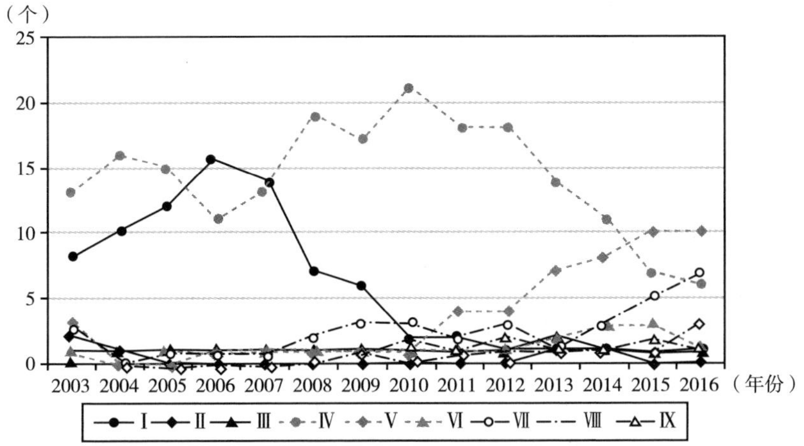

图 5－6 2003～2016 年农地流转与农业收入耦合协调发展类型趋势

（三）农地流转与非农收入的时空耦合

整体来看，农地流转与非农收入耦合度较好，2003～2016 年 30 个省（自治区、直辖市）耦合度平均值为 0.82。2016 年除海南省与云南省耦合度为 0，甘肃省为 0.38 之外，其余省份耦合度均在 0.5 以上，有 12 个省（自治区、直辖市）耦合度在 0.9 以上，上海市耦合度最高为 1。分别从农地流转与非农收入耦合协调度及相对发展度（见图 5－7、图 5－8）来看，处于拮抗阶段的省（自治区、直辖市）由 2003 年的 20 个省份下降为 2016 年的 9 个省份；处于磨合阶段的省

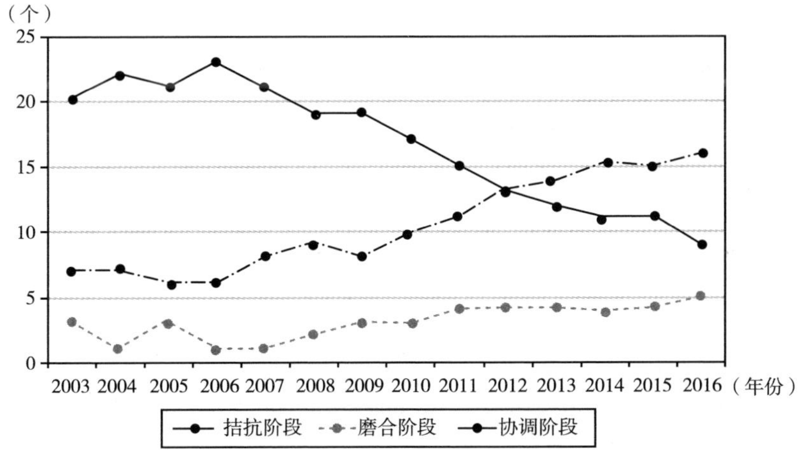

图 5－7 2003～2016 年农地流转与非农收入耦合协调发展趋势

（自治区、直辖市）由2003年非农收入的相对发展水平逐渐从滞后发展、基本同步走向超前发展。滞后发展的省份个数由2003年4个下降为2016年1个，基本同步的省份个数由2003年20个下降为2016年6个，超前发展的省份个数由2003年的6个达到2016年的23个。

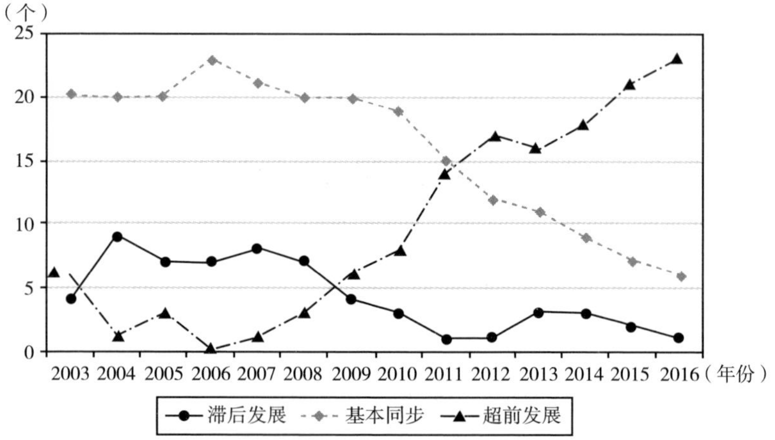

图5-8　2003~2016年农地流转与非农收入同步发展趋势

从农地流转与非农收入的耦合协调发展类型来看（图5-9、表5-4），2003年以拮抗同步（Ⅱ）类型为主，为16个，分别为贵州、云南、广西、重庆、河北、辽宁、吉林、河南、湖北、海南、陕西、甘肃、青海、内蒙古、宁夏与安徽；2016年以拮抗超前（Ⅲ）与磨合超前（Ⅵ）类型为主，分别为7、15，其中贵州、云南、广西、吉林、甘肃、青海与新疆属于拮抗超前（Ⅲ）类型，四

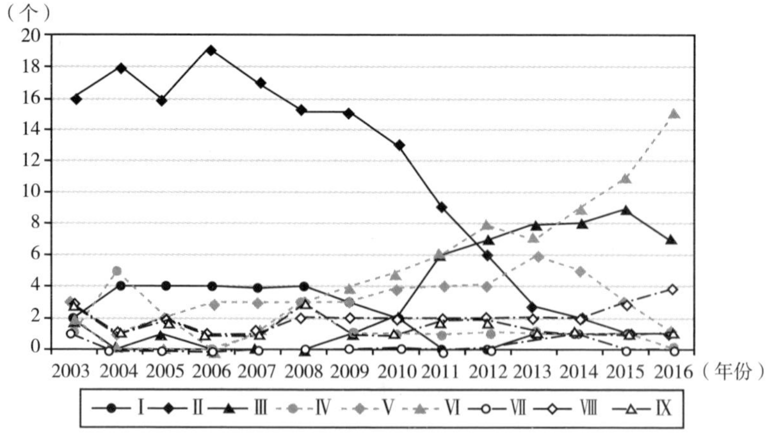

图5-9　2003~2016年农地流转与非农收入耦合协调发展类型趋势

川、重庆、河北、辽宁、黑龙江、河南、湖北、湖南、陕西、福建、内蒙古、宁夏、安徽、江西与山东属于磨合超前（Ⅵ）类型。

三、农地流转与农民收入的空间计量分析

对2003~2016年农民收入即农民人均收入、农业收入、非农收入进行全局空间相关性检验，基于全局莫兰指数I（Moran's I）结果，该结果取值一般介于-1到1之间，大于0表示存在空间正相关；小于0表示存在空间负相关；接近于0，则表明相互独立，具体结果如表5-5所示，其中农民人均收入与非农收入在相邻权重矩阵（W_1）与经济空间权重矩阵（W_2）两种空间权重下均存在显著为正的空间相关关系，且都在1%水平下显著，而农业收入的空间依赖关系并不显著，因此，本节仅在对农民人均收入与非农收入进行计量分析时，采用空间模型。

表5-5　农民收入全局空间自相关检验

年份	农民人均收入		农业收入		非农收入	
	W_1	W_2	W_1	W_2	W_1	W_2
2003	0.545***	0.544***	0.121	0.117	0.415***	0.416
2004	0.558***	0.557***	0.142	0.140	0.420***	0.421***
2005	0.535***	0.534***	0.077	0.077	0.395***	0.396***
2006	0.536***	0.535***	0.093	0.093	0.389***	0.390***
2007	0.535***	0.534***	0.053	0.054	0.389***	0.389***
2008	0.527***	0.526***	0.042	0.042	0.376***	0.376***
2009	0.523***	0.522***	-0.032	-0.031	0.358***	0.359***
2010	0.524***	0.523***	0.007	0.008	0.375***	0.375***
2011	0.544***	0.543***	0.083	0.083	0.414***	0.414***
2012	0.547***	0.546***	0.112	0.113	0.423***	0.424***
2013	0.564***	0.563***	0.190*	0.190*	0.496***	0.495***
2014	0.566***	0.565***	0.182*	0.181*	0.493***	0.492***
2015	0.565***	0.564***	0.197*	0.197*	0.503***	0.502***
2016	0.563***	0.561***	0.086	0.086	0.493***	0.492***

注：*** 表示在1%水平上显著，** 表示在5%水平上显著，* 表示在10%水平上显著。

在确定使用何种空间模型时，首先进行Wald检验与LR检验，经检验：以W_1与W_2为权重均在1%显著性水平下拒绝原假设，最终选择空间杜宾模型

(SDM)。对于空间杜宾模型(SDM),若 ε 与某个解释变量相关,则为固定效应模型(Fixed Effects Model,FE);若 ε 与所有解释变量均不相关,则为随机效应模型(Random Effects Model,RE)。因此在处理面板数据时首先需要确定使用 FE 还是 RE,本章采用比较常用的检验方法豪斯曼检验(Hausman Test)进行检验。经检验:在对农民人均收入使用空间杜宾模型进行分析时,在两种空间权重下均接受原假设,使用 RE;在对非农收入使用空间杜宾模型进行分析时,在两种空间权重下均拒绝原假设,使用 FE,具体结果如表 5-6、表 5-7所示。

表 5-6　农民人均收入的空间杜宾模型估计结果

变量	W_1	W_2	变量	W_1	W_2
$\ln Z_1$	-0.004 (0.025)	-0.003 (0.025)	$W\times\ln Z_1$	0.078* (0.044)	0.077* (0.045)
$\ln Z_2$	0.015*** (0.006)	0.015** (0.006)	$W\times\ln Z_2$	0.005 (0.009)	0.007 (0.009)
$\ln X_1$	0.110*** (0.015)	0.108*** (0.015)	$W\times\ln X_1$	-0.023 (0.022)	-0.022 (0.023)
$\ln X_2$	1.137*** (0.132)	1.120*** (0.131)	$W\times\ln X_2$	-0.333 (0.239)	-0.325 (0.240)
$\ln X_3$	-0.013 (0.017)	-0.013 (0.017)	$W\times\ln X_3$	0.010 (0.030)	0.011 (0.030)
$\ln X_4$	0.010** (0.004)	0.010*** (0.004)	$W\times\ln X_4$	-0.033*** (0.006)	-0.032*** (0.006)
$\ln X_5$	0.062*** (0.014)	0.060*** (0.014)	$W\times\ln X_5$	-0.023 (0.017)	-0.023 (0.017)
$\ln X_6$	0.204*** (0.040)	0.203*** (0.040)	$W\times\ln X_6$	-0.304*** (0.067)	-0.297*** (0.067)
$\ln X_7$	-0.041*** (0.012)	-0.041*** (0.012)	$W\times\ln X_7$	0.082*** (0.023)	0.084*** (0.023)
$\ln X_8$	-0.098*** (0.019)	-0.097*** (0.019)	$W\times\ln X_8$	0.116*** (0.036)	0.112*** (0.036)
$\ln X_9$	0.035*** (0.011)	0.035*** (0.011)	$W\times\ln X_9$	-0.053*** (0.017)	-0.051*** (0.017)
λ	0.783*** (0.025)	0.787*** (0.025)	Wald 检验	166.81*** (p=0.0000)	161.69*** (p=0.0000)
R-squared	0.7530	0.7532	LR 检验	93.00*** (p=0.0000)	89.33*** (p=0.0000)
Log-likelihood	702.4647	705.0271	Hausman 检验	3.33 (RE) (p=0.9856)	5.41 (RE) (p=0.9099)

注:*** 表示在 1% 水平上显著,** 表示在 5% 水平上显著,* 表示在 10% 水平上显著;括号内为标准误;Wald、LR、Hausman 检验结果中,括号内为 p 值。

表 5-7　　非农收入的空间杜宾模型估计结果

变量	W_1	W_2	变量	W_1	W_2
$\ln Z_1$	0.009 (0.068)	0.006 (0.068)	$W \times \ln Z_1$	0.183 (0.159)	0.197 (0.161)
$\ln Z_2$	0.042*** (0.016)	0.038** (0.016)	$W \times \ln Z_2$	0.001 (0.023)	0.008 (0.024)
$\ln X_1$	0.184*** (0.042)	0.179*** (0.042)	$W \times \ln X_1$	0.082 (0.061)	0.085 (0.061)
$\ln X_2$	2.531*** (0.372)	2.528*** (0.370)	$W \times \ln X_2$	-0.249 (0.680)	-0.181 (0.685)
$\ln X_3$	0.004 (0.047)	0.003 (0.047)	$W \times \ln X_3$	-0.228*** (0.082)	-0.226*** (0.082)
$\ln X_4$	-0.005 (0.011)	-0.004 (0.011)	$W \times \ln X_4$	-0.081*** (0.016)	-0.081*** (0.016)
$\ln X_5$	0.173*** (0.037)	0.169*** (0.038)	$W \times \ln X_5$	-0.050 (0.046)	-0.053 (0.046)
$\ln X_6$	0.607*** (0.110)	0.591*** (0.109)	$W \times \ln X_6$	-1.189*** (0.182)	-1.156*** (0.183)
$\ln X_7$	-0.112*** (0.032)	-0.113*** (0.031)	$W \times \ln X_7$	-0.054 (0.064)	-0.050 (0.064)
$\ln X_8$	-0.068 (0.059)	-0.063 (0.059)	$W \times \ln X_8$	0.435*** (0.108)	0.425*** (0.108)
$\ln X_9$	0.178*** (0.031)	0.178*** (0.031)	$W \times \ln X_9$	-0.121*** (0.047)	-0.119** (0.047)
λ	0.511*** (0.049)	0.515*** (0.050)	Wald 检验	153.44*** (p=0.0000)	147.09*** (p=0.0000)
R-squared	0.5431	0.5396	LR 检验	128.01*** (p=0.0000)	122.84*** (p=0.0000)
Log-likelihood	403.5353	404.6525	Hausman 检验	220.63*** (FE) (p=0.0000)	68.58*** (FE) (p=0.0000)

注：*** 表示在 1% 水平上显著，** 表示在 5% 水平上显著，* 表示在 10% 水平上显著；括号内为标准误；Wald、LR、Hausman 检验结果中，括号内为 p 值。

从表 5-6 的估计结果可知：在两种空间权重条件下，户均农地规模对农民人均收入的直接效应均不显著，但溢出效应显著；而农地流转率对农民人均收入的直接效应显著。从表 5-7 的估计结果可知：在两种空间权重条件下，户均农地规模对非农收入的直接效应与溢出效应均不显著；而农地流转率对非农收入的直接效应显著。值得注意的是，在空间计量模型中的解释变量回归系数除了包含直接效应外，还包含反馈效应（李飞、曾福生，2016）。所以表 5－6 与表 5－7 的回归系数并不严谨，因此需要进一步将反馈效应剔除，把总效应区分为直接效应和间接效应，如表 5－8 所示。由于农业收入经过莫兰指数检验，其空间依赖性并不显著，因此，本节再进行固定效应与随机效应估计，结果见表 5－9。对估计结果进行 Hausman 检验，我们发现，在 1% 水平下拒绝原假设，以固定效应结果为主。

表 5－8　空间杜宾模型直接效应与溢出效应分解

权重类别	农民人均收入				非农收入			
变量	直接效应 (W_1)	间接效应 (W_1)	直接效应 (W_2)	间接效应 (W_2)	直接效应 (W_1)	间接效应 (W_1)	直接效应 (W_2)	间接效应 (W_2)
lnZ_1	0.024 (0.034)	0.307 (0.191)	0.025 (0.034)	0.310 (0.197)	0.042 (0.079)	0.362 (0.314)	0.041 (0.079)	0.388 (0.320)
lnZ_2	0.021*** (0.007)	0.072** (0.032)	0.021*** (0.006)	0.078** (0.033)	0.045*** (0.015)	0.040 (0.037)	0.042*** (0.015)	0.049 (0.038)
lnX_1	0.135*** (0.016)	0.266*** (0.072)	0.134*** (0.016)	0.271*** (0.074)	0.218*** (0.039)	0.336*** (0.092)	0.212*** (0.039)	0.341*** (0.094)
lnX_2	1.346*** (0.204)	2.303* (1.199)	1.327*** (0.202)	2.339* (1.226)	2.698*** (0.426)	1.876 (1.317)	2.708*** (0.424)	2.041 (1.337)
lnX_3	−0.012 (0.020)	0.012 (0.118)	−0.011 (0.020)	0.015 (0.120)	−0.032 (0.047)	−0.430*** (0.145)	−0.033 (0.046)	−0.431*** (0.147)
lnX_4	0.0003 (0.004)	−0.107*** (0.021)	0.0011 (0.004)	−0.105*** (0.022)	−0.018* (0.010)	−0.157*** (0.028)	−0.017* (0.010)	−0.157*** (0.028)
lnX_5	0.072*** (0.014)	0.111** (0.052)	0.069*** (0.014)	0.104** (0.053)	0.178*** (0.036)	0.073 (0.067)	0.174*** (0.036)	0.067 (0.067)
lnX_6	0.148*** (0.045)	−0.612** (0.261)	0.150*** (0.044)	−0.592** (0.267)	0.463*** (0.103)	−1.664*** (0.325)	0.452*** (0.102)	−1.627*** (0.330)
lnX_7	−0.021 (0.016)	0.212** (0.097)	−0.020 (0.016)	0.222** (0.100)	−0.128*** (0.034)	−0.209* (0.126)	−0.128*** (0.034)	−0.204 (0.128)
lnX_8	−0.084*** (0.021)	0.158 (0.138)	−0.084*** (0.021)	0.149 (0.141)	−0.004 (0.057)	0.757*** (0.191)	−0.0007 (0.057)	0.749*** (0.195)
lnX_9	0.025* (0.013)	−0.108* (0.063)	0.025** (0.013)	−0.105* (0.064)	0.172*** (0.030)	−0.058 (0.075)	0.173*** (0.030)	−0.053 (0.076)

注：*** 表示在 1% 水平上显著，** 表示在 5% 水平上显著，* 表示在 10% 水平上显著；括号内为标准误。

表 5-9 农业收入的模型估计结果

变量	固定效应模型（FE）	随机效应模型（RE）
$\ln Z_1$	0.220*** (0.077)	0.238*** (0.073)
$\ln Z_2$	0.070** (0.032)	0.063** (0.029)
$\ln X_1$	0.236*** (0.065)	0.273*** (0.069)
$\ln X_2$	0.857 (0.680)	0.241 (0.671)
$\ln X_3$	0.308** (0.116)	0.317*** (0.115)
$\ln X_4$	-0.051*** (0.016)	-0.047*** (0.017)
$\ln X_5$	0.068* (0.036)	0.070** (0.033)
$\ln X_6$	-0.079 (0.147)	-0.119 (0.115)
$\ln X_7$	0.052 (0.051)	0.025 (0.035)
$\ln X_8$	0.112 (0.077)	0.108*** (0.042)
$\ln X_9$	0.098* (0.057)	0.065 (0.052)
R-squared	0.6041	0.6748
Hausman 检验	44.27*** (0.0000)	

注：*** 表示在 1% 水平上显著，** 表示在 5% 水平上显著，* 表示在 10% 水平上显著；括号内为标准误；Hausman 检验括号内为 p 值。

从表 5-8、表 5-9 可以看出：第一，农地流转水平与农民人均收入在直接效应与间接效应中均存在显著的正相关关系，也就是说农地流转水平越高，越会促进本地区与其他地区农民人均收入水平的提高。此外，引用经济空间权重矩阵之后，其间接效应的系数由相邻权重矩阵时的 0.072 提高为经济空间权重矩阵时的 0.078。通过农地流转能够更好地实现土地、资本、劳动力的配置，从而有助于提高农民人均收入。第二，农地流转水平与非农收入在直接效应存在显著的正相关关系，即农地流转水平越高，越会促进本地区非农收入的增长。农地流转使大量农村劳动力有机会外出就业，增加了非农收入。2016 年中国从事第一产业的劳动力为 21 643.1 万人，占总劳动力数量的 37.7%；常年外出务工劳动力有 19 417.5 万人，占总劳动力数量的 33.8%。第三，农地流转促进农业收入效果明显，并且户均农地规模也显著地促进了农业收入水平的提高。从投入产出与生产成本角度，由于规模经济的存在，通过农地流转进行适度规模经营有利于提高农业收入。此外，在控制变量中，人均农业产值与财政支农支出均显著提高了农民人均收入与非农收入的直接效应与间接效应，并且促进了农业收入的增加；非农产业发展水平通过提高非农收入进而促进了农民人均收入水平的提高，但并没有促进农业收入的增加；机械化水平提高了农业收入，但对农民人均收入与非农收入的效果并不明显；农业生产结构即粮食作物播种面积与农作物总播种面积的占比并不会显著提高农业收入，但显著提高了农民人均收入与非农收入；农村劳动力文化水平即不识字或识字很少的劳动力虽然并没有显著影响农业收入，但抑制了农民非农收入的提高；务农劳动力人数越多越不利于农民人均收入的提高，农村劳动力外出务工，重新整合了农地资源的配置，适度规模经营显著提高了农业收入，并且外出就业显著促进了非农收入水平的提高，进而显著地促进了农民人均收入水平的提高。

四、结论与政策启示

（一）结论

本节通过构建耦合协调发展度模型，从时间和空间两个维度分析中国农地流转与农民收入的耦合协调情况，并基于 2003 ~ 2016 年的空间面板数据，运用空间杜宾模型（SDM）等方法研究了农地流转对农民收入的影响机制。结果如下：第一，农地流转与农民人均收入耦合度较好，2003 年处于拮抗阶段的省（自治区、直辖市）于 2016 年逐步进入磨合阶段；农地流转与农民收入由 2003 年的滞后发展、基本同步逐步进入超前发展；从农地流转与农民人均收入的耦合协调发展类型来看，从 2003 年以拮抗滞后（Ⅰ）与拮抗同步（Ⅱ）类型为主到 2016 年以磨合同步（Ⅴ）与磨合超前（Ⅵ）类型为主。第二，农地流转与农业收入耦合度较好，2003 年处于拮抗阶段的省（自治区、直辖市）于 2016 年逐步进入磨合阶段甚至协调阶段；而农地流转与农业收入的相对发展水平逐渐从滞后发展走向基本同步；从农地流转与农业收入的耦合协调发展类型来看，从 2003 年以拮抗滞后（Ⅰ）与磨合滞后（Ⅳ）类型为主到 2016 年以磨合滞后（Ⅳ）、磨合同步（Ⅴ）与协调滞后（Ⅶ）类型为主。第三，农地流转与非农收入耦合度较好，2003 年处于拮抗阶段的省（自治区、直辖市）于 2016 年逐步进入磨合阶段；而农地流转与农民人均收入的相对发展水平逐渐从滞后发展、基本同步走向超前发展；从农地流转与农业收入的耦合协调发展类型来看，从 2003 年以拮抗同步（Ⅱ）类型为主到 2016 年以拮抗超前（Ⅲ）与磨合超前（Ⅵ）类型为主。第四，农地流转显著促进了本地区农业收入与非农收入水平的提高，进而显著提高了本地区农民人均收入水平的提高，并且溢出效应使得农地流转也显著促进其他地区农民人均收入水平的提高。第五，虽然户均农地规模并没有显著提高非农收入，但农地的规模经济使得农业收入显著提高。

（二）政策启示

基于本节研究结果，可得政策启示如下：第一，鼓励农地流转，发展适度规模经营，但要结合不同地区不同发展阶段的地区特征，采取因地制宜、因时制宜的精准化与差异化的施策方式。第二，对于农地流转水平滞后、超前或者发展不协调的地区，探究其原因，针对本地区特征做好顶层设计；并对发展较好的典型地区进行宣传。对于当前农地流转以滞后于农业收入、超前于非农收入为主的现状，采取解决措施。第三，农村劳动力文化水平增加并未有效增加农业收入，因此需进一步培育新型职业农民，让农民掌握更多的农业科技知识，开发农业多种功能，提高农业创新力与竞争力，促进小农户与现代农业有机衔接。第四，通过农地流转进行规模经营可以提高农业收入水平，但同时要注重提高转出户的非农收入，促进农村劳动力转移的同时，可通过针对性的职业培训提高农村劳动力非农就业竞争力，响应政策号召，构建农村一二三产业融合发展体系，增加农村劳动力就业机会。

第二节　农地流转对农户生产效率的影响

改革开放 40 年以来，我国农业农村发展取得了历史性成就，尤其是近年来我国农业生产产值不断增长，实现了农业发展的繁荣昌盛、农民收入持续提高以及农村社会的和谐稳定。对于农户而言，收入主要来源于农业性生产收入。要提高农业生产收入主要有两个方面：一是增加要素的投入；二是提高生产效率。但是由于我国地少人多的客观条件，土地资源和人力资源受到限制，所以应该通过提高农业生产效率来提高农民增收。由于目前农业科技成果推广率低、短期内无法形成大规模、技术进步缓慢而造成技术效率提高难度很大，因此短期内应将重点放在提高规模效率，通过规模经营产生规模效益，从而提高生产效率。

2008 年胡锦涛总书记考察农村改革发展情况时表示，允许农民以多种形式流转土地承包经营权，发展适度规模经营。国家开始强调鼓励土地有序流转，发展多种形式的适度规模经营，出台了一系列政策法规来规范农村土地流转。农地流转成为了解决细碎化问题、扩大农地经营规模的最好手段；也是发展现代农业、提高农业效益的政策导向。但是由于家庭联产承包制的实行，农地被分割成细碎化的小块面积，导致农户土地细碎化严重，极大地阻碍了农业生产。农地流转作为实现规模经营的一个重要手段，是提高农业生产效率的重要途径，大规模经营农户的私人效率更高，更有利于促进农民增收（李谷成等，2010）。因此，研究农地流转对农业生产效率的影响对于中国农业的发展具有现实意义。

关于农地流转对农户生产率的研究，学者们已有研究主要是利用实地调研的数据，分析了农地流转对于农业生产率的影响。比较的对象包括国内不同省份以及某一省份内的不同地区，使用的分析方法包括数据包络分析法、随机前沿分析法等。相应的研究结论主要包括：农场规模与土地生产率之间存在正向关系（Ghose，1979）；农地流转不会提高土地生产率，甚至会降低土地生产率（贺振华，2006）；农地流转可提高土地生产率（朱建军等，2011）；虽然农地流转会降低农户的技术效率，但会提高农户的规模效率，且规模效率的正效应大于技术效率的负效应，从而提高农业生产率（陈训波等，2010）；我国农户由于技术不足导致平均生产效率较低，农地流转是提高农业生产率的主要有效途径，且转入对生产率的影响较为显著（戚焦耳等，2015）。农地流转应该坚持适度规模、因地制宜原则才能有效地提高农业技术效率（匡远佩、杨佳利，2017）。综上所述，现有的研究中大多数虽然肯定了农地流转对于农户生产率的影响，但其采用的数据覆盖时间及地区范围小，而针对农地流转对于农户生产率影响变化状况的研究较少。

在研究农户生产率影响因素领域中，学者们也积累了一些研究成果。崔迎迎等（2017）结合江苏省的农户调查数据对影响农业生产效率的影响因素进行了探讨，发现农村居民人均可支配收入、人均受教育年限以及信息化水平均影响着农业生产效率的提升。李然（2009）运用微观农户调查数据证实了农户生产技术效率受到其他环境因素的影响。郭军华（2010）考虑了环境因素的影响，运用三阶段 DEA 模型对我国 2008 年农业生产效率进行了测算，并且发现农村居民家庭人均纯收入、财政支农、自然灾害是农业生产效率的不利因素。Burke（1979）发现大规模生产的农户虽然容易获得贷款、抵抗风险、生产技术也具有一定的优势，但小规模农户的土地技术效率却高于大规模生产的农户。已有的文献中关于影响农业生产效率的环境因素研究较多，但具体讨论贷款因素对农业生产率的影响的实证分析几乎空白。

这些研究结果都表明了农地流转在促进农户生产率中发挥了一定的作用。那么农地流转在长期农户生产中到底发挥了怎样的作用？贷款因素能够提高农户的生产效率吗？还有哪些影响因素能改善农户生产效率？哪些不能够改善农户生产效率？因此，本节试图以流转方式为标准划分农户类型、运用 DEA 的方法对比分析 2010～2016 年不同类型农户生产率变化情况。再利用 Tobit 模型深入探讨农地流转及贷款因素是否影响农户的生产效率，并通过研究不同类型农户生产效率的变化及其影响因素来分析出现生产率差异的原因，从而为进一步提高我国农户生产率提出政策建议。

一、分析方法与数据说明

（一）数据包络分析 DEA

生产前沿面是研究生产率的最有效的工具，而数据包络分析 DEA（Data Envelopment Analysis）采用非参数型线性规划的方法能够有效地估计生产前沿面，从而使得单个决策单元优化。它是由著名的运筹学家 A. Charnes，W. W. Cooper 及 E. Rhode 等人在 1978 年提出的用来测定生产率最常用的方法。DEA 模型应用到测算农户生产效率的问题中，不仅可以得到科学且客观的评价结果，而且可以在“多投入——多产出”模式下对比分析不同“生产部门”之间的相对效率，提出针对性的政策建议。

DEA 模型有两种类型，分为投入导向型和产出导向型，本节根据农户生产行为的实际情况具体分析，采用投入导向型下的 BBC（规模报酬可变）模型，具体模型为式（5－11）：

$$\min\theta - \varepsilon(\hat{e}^T S^- + e^T S^+)$$

$$\text{s. t.}\begin{cases}\sum_{j=i}^{n} X_j\lambda_j + S^- = \theta X_0 \\ \sum_{j=i}^{n} Y_j\lambda_j + S^+ = Y_0 \\ \lambda_j \geqslant 0, S^-, S^+ \geqslant 0\end{cases} \tag{5-11}$$

其中，j=1，2，…，n 表示决策单元，X、Y 分别是投入、产出向量。DEA 模型本质上是一个线性规划问题。

若 $\theta=1$，$S^+=S^-=0$，则决策单元 DEA 有效；

若 $\theta=1$，$S^+\neq0$，或 $S^-\neq0$，则决策单元弱 DEA 有效；

若 $\theta<1$，则决策单元非 DEA 有效。

BCC 模型计算出来的效率值为综合技术效率（TE），可以进一步分解为规模效率（SE）和纯技术效率（PTE），TE = SE · PTE。

（二）Tobit 模型

Tobin 在 1958 年提出 Tobit 模型（即受限因变量模型），它主要是指被解释变量的观测值受限的情况下所采用的一种回归方法，由于在第一阶段应用 DEA 方法所测度出的农户生产效率值的取值是一个介于 0 与 1 之间的有界变量。因此，在被解释变量的取值受限制的情况下，最小二乘法的估计结果会存在一定的偏差（贺振华，2006），所以为了避免回归方法选择不当所造成的误差，本节采用 Tobit 模型对农户生产效率的影响因素进行分析。具体模型为：

$$Y=\beta X+\xi \tag{5-12}$$

其中，Y 为农户生产效率矩阵；X 为解释变量矩阵；β 为控制变量的回归系数矩阵；ξ 为随机扰动项。

（三）变量选取及数据说明

为了解农地流转对于农户生产效率的影响在时间与空间上的变化及差异，本节采用 DEAP2.1 软件来测算以投入为主导的 DEA—BBC 模型下农户的生产效率。本节借鉴陈训波（2011）的做法，选取农户的土地投入，资本投入，劳动力投入作为投入变量，其中土地投入为农户实际经营的土地面积，劳动力投入为劳动力实际从事农业劳动的月份数据，包括家庭劳动力和雇工，资本投入为购买农药化肥等原材料的现金投入，产出变量为农户从事农业生产的总收入。

另在回归变量中，为了进一步地分析农地流转是否影响农户生产效率，本节选取了除投入和产出之外的指标，从不同的角度全面地分析影响农户生产效率的其他可控因素。在农户特征变量中，由于户主一般掌握着家庭经济决策权，因此选取户主的年龄作为年龄变量，还引入了教育变量，也以户主的教育程度来表示。在虚拟变量中，根据本节研究目的以农地流转作为虚拟变量，除此之外，在农户将土地流转到手里之后，要进行利用包括种植养殖等其他投入时，会出现资金不足、技术缺失的情况，这样农户可能会进行资金贷款，所以本节引进贷款虚拟变量且假设贷款可以促进农户的生产效率。在环境因素变量中，借鉴崔迎迎等（2017）选取农作物受灾面积、城镇化水平以及农村居民人均可支配收入，这些因素在农业生产效率扮演着重要的角色。

表 5-10　变量含义及类型

	变量名称	变量含义
被解释变量	农户生产效率	农户生产经营状况
要素投入变量	土地投入	农户实际经营面积
	劳动力投入	从事自家农业生产的劳动人数
	资本投入	购买农药化肥等原材料的现金投入
农户特征变量	年龄	户主年龄
	教育程度	户主受教育程度：无 =1，小学 =2，初中 =3，高中 =4，本科以上 =5
控制变量	农地流转	是否流转：否 =0，是 =1
	贷款	是否贷款：否 =0，是 =1
环境变量	农作物受灾面积	因灾害造成农作物比正常年份减产 10% 以上的播种面积
	城镇化水平	城镇人口比例
	农村居民平均水平	农村家庭可以用来自由支配的收入

根据数据的可获得性，本节主要选取变量指标的数据来源于中国家庭动态跟踪调查项目及其在 2010 年、2012 年、2014 年与 2016 年连续四次追踪调查数据及对应年份的《中国统计年鉴》。CFPS 数据库通过搜集跟踪个体、家庭及社区三个方面的历史数据，包含了全国各地区农村及城市的不同样本的微观数据，调查数据具有一定的代表性，基本能反映我国在社会、经济、人口、教育和居民生活质量方面的变迁状况。

二、实证分析结果及解释

本节通过剔除了不满足本节分析内容要求及数据不完整的样本后，将农户按农地流转行为分为转出户、转入户、无流转户三种农户类型，所得各年份样本数据分布如表 5 - 11 所示。

表 5 - 11　　2010 ~ 2016 年各类型农户样本分布情况

农户类型	2010 年		2012 年		2014 年		2016 年	
	样本数	百分比	样本数	百分比	样本数	百分比	样本数	百分比
转出户	188	5.10%	211	6.05%	194	6.66%	243	8.52%
转入户	541	14.68%	626	17.95%	646	22.17%	686	24.05%
无流转户	2 999	81.38%	2 672	76.63%	2 111	72.44%	1 959	68.69%
全部农户	3 685	100.00%	3 487	100.00%	2 914	100.00%	2 852	100.00%

从表 5 - 11 可以看出，我国农户在 2010 ~ 2016 年参与农地流转的比例逐渐递增，特别是转入土地的农户比例接近增长了一倍，涨幅高达 9.37%；转出土地的农户比例的上升幅度也达到了 3.42%；而没有发生土地流转的农户比例下降了 12.69%，这也说明随着土地流转政策的推进，农村第二、第三产业的发展和劳动力的转移、土地经营成本高及村镇政府发展产业等因素，都促使越来越多的农户进行土地流转。

（一）不同时期农地流转对全国农业全要素生产效率影响及其变化分析

基于投入最大化的 DEA 模型，运用 DEAP Version 2.1 软件所估计的效率结果如表 5 - 12 所示。

表 5 - 12　　2010 ~ 2016 年各类型农户生产率情况

农户类型	全要素生产率				纯技术效率				规模效率			
	2010 年	2012 年	2014 年	2016 年	2010 年	2012 年	2014 年	2016 年	2010 年	2012 年	2014 年	2016 年
转出户	0.201	0.320	0.347	0.293	0.341	0.435	0.500	0.466	0.584	0.662	0.681	0.660
转入户	0.221	0.300	0.308	0.327	0.473	0.509	0.511	0.514	0.617	0.709	0.781	0.697
无流转户	0.102	0.140	0.160	0.162	0.162	0.292	0.259	0.288	0.600	0.598	0.608	0.601
全部农户	0.105	0.141	0.148	0.173	0.168	0.270	0.265	0.312	0.495	0.588	0.605	0.594

从表 5 - 12 的测算结果可以发现，2010 ~ 2016 年我国不同类型农户的全要素生产率总体均呈上升趋势，转入户的全要素生产率相比其他类型的农户上升幅度最大；转出户和转入户均比未流转农户的全要素生产率高，其中转入户的全要素生产率几乎是未流转农户的两倍，且发生流转的农户的全要素生产率上升幅度也

较为明显。这说明农户在发生农地流转后，土地多而劳动力不足的农户将自己的土地转给种田大户，而大户在转入土地后运用较高的土地经营能力和种植技术扩大经营规模，使得资源得到了合理的配置，生产效率也得到了改善。

进一步将全要素生产率分解为技术效率和规模效率后，各类型农户 2010～2016 年纯技术效率和规模效率的平均水平的变化总体上与全要素生产率变动的趋势相似，且纯技术效率值比规模效率值低，这说明农户不仅要通过土地流转适度扩大生产规模，农户也应该引进先进农业技术，将提高技术效率作为提高生产效率的途径。

从农户的纯技术效率的变化可以看出，无论是否发生流转行为，各类型农户的纯技术效率都有了一定程度的提高，但未发生流转的农户的纯技术效率波动较大且上升趋势较缓慢。这说明发生流转行为的农户在农业生产时技术得到了充分的利用，而未发生土地流转的农户由于受到土地及劳动力投入的限制，可能出现土地少、劳动力过剩或是土地多、劳动力过少的情况，即在一定的生产规模下，所投入的资源没有最大限度地被利用使得生产潜力没有得到充分的发挥，从而导致了农户在纯技术方面发生了生产效率的损失。

从农户的规模效率上的变化中可以看出，土地流转后，不论是发生转出行为的农户还是未流转土地的农户，两者的规模效率都得到了提升，发生流转的农户规模效率上升幅度较大，未发生流转的农户规模效率也有小幅度的上升，这说明流转前后农户的生产规模都不是最优的生产规模，需要通过流转来调整不合理的生产规模，使生产不断接近规模报酬不变的最佳规模的转变，从而提高生产效率规模效率的提高；不同类型农户的规模效率与全要素生产率变动呈现非常相近的趋势且规模效率的总体上升幅度较大，其中，在 2014～2016 年发生流转的农户的全要素生产率和规模效率均出现小幅度回落，这说明全要素生产效率的变动的原因主要由于规模效率的变动，这与戚焦耳的统计结论一致，说明农地流转能够使技术效率和规模效率提高，规模经营带来了规模经济。

（二）农业生产效率影响因素分析

根据第一阶段 DEA 所得到农户生产效率的 2016 年各类型农户生产效率值及选取的其他影响因素，构建多元线性回归模型，为了避免数据量纲不同对参数估计造成影响以及为能直接从回归系数判断影响作用的大小，对除流转、贷款虚拟变量以及教育程度以外的变量进行标准化变换，利用 EViews8.0 软件进行 Tobit 模型回归，结果见表 5－13。

表 5-13 影响因素的 Tobit 回归结果

解释变量	系数估计值	标准差	p 值
常数项	0.187938	0.027762	0
是否流转	0.033749	0.006391	0.0013
年龄	0.001406	0.000257	0.0265
教育程度	0.003741	0.003933	0.0342
是否贷款	-0.001413	0.007054	0.8413
农作物受灾面积	-0.0065639	0.00000533	0.0218
城镇化水平	-0.040605	0.057395	0.4793
农村居民人均可支配收入	0.00000677	0.00000195	0.0015

表 5-13 显示，除了是否贷款和城镇化水平变量未通过显著性检验外，其余变量均通过了显著性检验，这也再次证实了农地流转对农户生产效率具有一定的影响。除此之外，本节所选取的其他与社会环境、自然环境、经济水平三方面相关变量对农户生产效率具有较为明显的影响，说明在评估农户生产效率时应该将环境和随机因素进行剥离分析。

其中，农地流转因素在 1% 的显著性水平下正向地影响着农户的生产效率，进一步验证了农地流转能够提高农户参加农业生产活动的积极性，进而有助于农业生产效率的增长。年龄和教育程度都在 5% 的显著性水平下正向地影响着农户的生产效率的提高，这说明农户不会随着年龄的增加而降低生产效率，农户受教育程度越高，学习能力就会越强从而使生产效率提高。所以说，乡镇政府应该加强对农民的培训力度，提高农民素质，从而提高农业生产效率。而贷款因素对农业生产效率的提高作用并不显著，这与本节假设不符，这也说明贷款虽然能解决农户在农业生产中资金不足的问题，但由于农作物产出周期较长、短期内农业技术无法突破，同时农户在巨大的债务压力下，并不能激发农户的生产积极性，单纯扩大农业规模并不能改善生产效率，甚至带来适得其反的效果。农作物受灾面积在 5% 的显著水平下负向地影响着农户的生产效率，这说明在投入一定的条件下，自然灾害的发生会减少农户的产出对生产效率产生负面的影响。城镇化水平对农户的生产效率也并不显著。这说明虽然随着城镇化进程的不断推进，虽然农村大部分劳动力向城市流动，但随着农地政策深入推行，外出务工的农户将自己的土地流转给其他农户扩大转入农户的生产规模，从而使得农业生产效率提高。农村居民人均可支配收入在 1% 的显著水平下正向地影响着农户生产效率的提高，这说明收入的增加可以有力地提高农户参与农业生产活动的积极性，进而助于农户生产效率的提高。

三、结论与政策建议

本节运用2010~2016年四次CFPS家庭追踪调查数据及相关宏观数据，将农户类型根据农地流转因素进行分类，通过DEA模型测算了不同农户各期生产效率值，对比分析了不同农户的全要素生产效率、技术效率及规模效率的变化，再运用Tobit回归分析了农户生产效率的影响因素，（本节利用2010~2016年四次CFPS家庭追踪调查数据及相关宏观数据，运用DEA－Tobit模型分析了农地流转对农户生产率的影响及农户生产效率的影响因素）丰富了该领域的研究，得出以下主要结论。

（1）在第一阶段，通过DEA进行效率测度后发现，2010~2016年，以农地流转作为标准进行分类的不同农户的全要素生产率比较低，但总体均呈现出上升的趋势，这说明仍存在很大的上升空间；发生流转的农户全要素生产率明显提高，尤其是转入土地的农户，这说明农地流转能够提高农户的全要素生产率；对农户生产率进行分解后发现，在农业技术短时间无法迅速进步的条件下，农地流转作为扩大经营规模的主要方式，农户生产规模效率的增长成为推动我国近几年农业发展和全要素增长的主要动力，因而提高了农户的全要素生产效率。（2）通过第二阶段的Tobit回归分析证明，农地流转对农户提升农业生产效率具有显著的影响，且其影响方向是正方向，这说明农地流转是提高农户生产效率的有效手段，从而促进农民增收。（3）除了农地流转因素以外，环境和随机因素对农业生产效率存在显著影响。其中，农民年龄、受教育程度及农村居民家庭人均纯收入是对农户生产效率的提高的有利因素，从而提升农业生产效率；城市化水平的提升并不能影响资源的有效配置，贷款对农业生产效率并没有起到应有的作用，自然灾害会对农业生产效率产生不利的影响。

基于上面实证分析的初步结论，本节的政策含义如下：（1）完善土地流转制度，发展农业适度规模化经营。通过农地流转以解决农地细碎化导致生产率较低的问题，进一步优化完善土地流转制度及其相关法律制度以创造农民自主流转的机会，使农地流转的收益真正落实到农户身上。鼓励有序地推进土地流转的同时，必须强调适度规模经营原则，以避免盲目流转而导致生产要素浪费，努力探索新型农业经营方式，提高资源的利用效率，以促进农业生产效率的提高。（2）加强宣传与教育，激发农民借助贷款及其他金融工具实现增收。在人地矛盾极具激烈的约束下，致使农户生产要素配置不合理，农业生产率低成为目前影响我国农业持续发展的主要原因。依靠贷款及其他金融工具的支持，是缓解农业资金投入不足而导致生产率低下的有效途径之一。因此有必要加强引导金融政策、增强农户金融意识，加强农户信贷资金的支持力度，放宽对农户的金额约束和利率约束，调动农户的生产积极性，在流转土地的同时，使得生产要素得到合理配置，提高农业生产效率，从而实现收入的有效增加而非盲目投入。(3) 注重教育及提高生产技术，促进农业可持续化发展道路。

随着城镇化的发展，农村外出务工人数日益剧增，农村劳动力结构发生了明显变化。在受到环境因素影响和促进剩余劳动力转移的同时，应重视基础教育，提高农民受教育水平以促进农业生产率的提高。农户在流转土地适度扩大规模生产的同时，加强农民技术培训力度，培养技术人才，促进农业生产，提高农户生产技术效率，实现农业可持续发展。

第三节　非农就业、土地转出与农民收入

一、引言

2017 年中共中央、国务院发布《关于深入推进农业供给侧结构性改革、加快培育农业农村发展新动能的若干意见》，提出了“大力培育新型农业经营主体和服务主体，通过经营权流转……等多种方式，加快发展土地流转型……等多种形式规模经营”。由此可见国家对于土地流转问题非常重视。近年来，流转的土地面积快速增加，2007 年流转土地面积为 6 400 万亩，到 2016 年达到了 4.71 亿亩，占比达到了 35.1%（公开资料、智研咨询整理）。由于土地的流转，导致了农村土地对于劳动力的需求产生了变化，因此对劳动力市场产生了影响。根据国家统计局发布的《2017 年农民工监测调查报告》可知，2017 年农民工总量达到 28 652 万人，比 2016 年多了 481 万人，增长了 1.7%，其中，外出农民工 17 185 万人，比 2016 年多了 251 万人，增长了 1.5%，本地农民工 11 467 万人，比 2016 年多了 230 万人，增长了 2.0%。土地流转带来的耕地资源的变化，与农民劳动力流动带来的就业类型变化，都会对农民收入造成影响。关于土地流转和农民收入，刘远风（2016）通过倾向得分匹配和回归分析的方法分析出土地流转导致了农民增收。陈园园等（2015）认为土地转入对土地产出提高有促进作用，土地转出对于土地产出没有显著影响。关于非农就业与农民收入，刘魏（2016）认为非农就业的增加导致了城郊农民增收。朱红恒（2008）认为增加非农就业可以增加农村居民收入。

学术界关于土地流转与非农就业进行以下探讨。游和远等（2010）觉得农地流转不是造成农村劳动力转移的直接原因。明亮（2018）认为土地流转可以增进农村劳动力转移就业。由此看来，在既往研究中，多是单独分析非农就业或者土地流转如何影响农民收入、土地流转如何影响非农就业，很少有人分析三者之间的关系。钱龙等（2016）研究了非农就业、土地流转与农业生产效率三者之间的联系。而学术界对于非农就业、土地流转与农民收入三者之间的关系很少有研究。因此本节探究非农就业、土地流转与农民收入之间的联系。由于土地转入和土地转出对农民收入增加的作用机制不同，并且土地转入与非农劳动力市场之间并不显著相关（Huang J. 等，2012），而转出土地与非农劳动市场关系较为紧密。因此本节从转出户的角度，探究土地转出、非农就业与农民收入之间的联系。

二、理论分析

（一）非农就业促进农民增收

根据经济学发展规律，现代工业部门的劳动生产率比农业劳动生产率高。因此农民收入中农业收入占比的增长份额将会逐渐降低，而第二和第三产业占比将越来越高（张贵先等，2006）。钟甫宁等（2007）认为，在经济发展的过程中，恩格尔系数一定会不停降低，农产品营销、加工等流通部门的收入会不断增加，而初级产品生产者，也就是农民获得的农业总收入会不断减少。我国收入增长的事实也证明了这一点，根据中国统计年鉴的数据，本节以第一产业的国内生产年总值代表农业收入，以总的国内生产总值代表总收入，计算出农业收入与非农收入占比，趋势如图 5－10 所示，结果发现 2001～2016 年非农收入占比的总体趋势为逐渐增加，而农业收入占比的总体趋势逐渐降低。综上所述，要想促进农民增收，必须提高非农收入，因而提高非农就业可以增加农民收入。

（二）土地转出促进农民增收

在农户自愿流转土地的时候，对于理性的转出户来说，转出土地是因为他们找到了效用更大或者工资率更高的就业机会（李庆海等，2011）。由于土地转出可以防止土地没人耕种，可以使原本从事非农就业的农民对于原本应该撂荒的土地放心，可以投放更多的精力在非农事业上，因此转出土地导致非农收入增加。陈飞等（2015）研究发现：租出土地有利于促进农户增收，并且增收原因是土地租金和非农收入的增加。除此之外，由于汇款和非农收入，可以使农户有资金雇

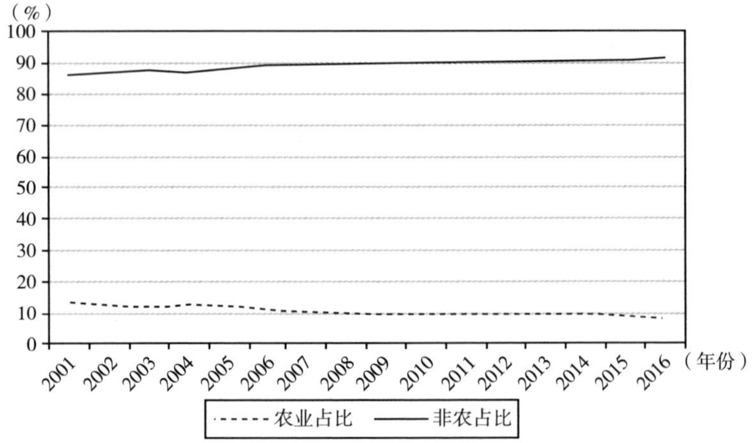

图 5－10　非农收入与农业收入占比

佣劳动力和购买农资，使农业生产效率得到提高（Wouterse，2010）。

（三）土地转出对于非农就业有促进作用

土地转出，导致农民耕种土地面积减少，就会导致对耕种土地的农民需求数量减少，因此有利于农村劳动力的解放，可以使原本务农的农民向非农领域转移。由于从事非农就业的成本也会限制农民从事非农就业，罗明忠（2013）认为农村土地流转出去获得的租金，可以为农村劳动力转移到非农领域提供资金。结合以上观点，本书认为：土地转出促进农民增收，土地转出促进非农就业，非农就业有利于促进农民收入增长。对该假说的实证研究分成两个部分：第一部分，考察土地转出对转出户家庭总收入的影响；第二部分，通过验证中介变量——非农就业的中介作用，对土地转出通过作用于非农就业渠道而对转出户家庭总收入产生影响的机制进行检验。

三、变量选取与数据描述

（一）数据来源与变量选取

本节数据库为浙江大学的中国家庭大数据库，此数据库包含了 2011～2017 年的 4 轮中国农村家庭的追踪调查数据。本节采用的是浙江大学 2017 年发布的 2016 年数据，数据具有最新的代表性。2016 年的数据涉及全国 29 个省（市区）的农村样本共24 764个家庭77 132人，城市样本15 247个家庭49 880人，具有全国代表性。本节选取户主为农业户口的家庭，筛选出参与土地转出的农户，剔除同时参与转入土地的家庭，并且删除较多缺失值和明显不合理的数据，最后得到333个有效家庭的样本。本节研究的是土地转出通过促进非农就业来增加转出户家庭总收入。主要变量包括土地转出率和非农就业率。此外，还引入个人层面、家庭层面以及村庄层面的控制变量。

（二）变量设置与描述性统计

本节只考虑转出户中的土地流转对转出户的家庭总收入的影响，同时考虑非农就业率作为中介变量对转出户的家庭总收入的影响，样本的具体特征如表5－14所示。

表5－14　变量设置与描述性统计

变量	变量代码	变量定义及单位	平均值	标准差
因变量				
家庭总收入	zsr	万元	6.3038	6.5336
关键变量				
土地转出率	lzl	转出面积与土地面积之比	0.5838	0.3110
非农就业率	ldl		0.3336	0.2827
其他控制变量				
户主特征变量				
户主年龄	grage	岁	54.3814	9.7706
户主受教育年限	grjy	年	7.6276	3.1935
户主身体健康程度	health	由好到差1～5	2.9520	1.0286
家庭特征变量				
劳动力平均年龄	aage	家庭16～60岁人口的平均年龄/岁	42.4879	8.4117
劳动力平均受教育年限	aedu	家庭16～60岁人口的平均教育年龄/年	8.4083	2.5743
家庭总资产	wasset	万元	43.5393	51.0925
家庭金融资产	wfasset	万元	4.3825	9.8605
农业机械价值	mach	家庭所有农业机械价值/万元	0.1204	0.4130
土地面积	tdmj	亩	12.0927	33.7126
是否从事工商业生产经营	commerce	是＝1，否＝0	0.1321	0.3391
去年土地租金	rent	万元	0.2390	0.5836
是否土地确权	qq	是＝1，否＝0	0.6727	0.4699

续表

变量	变量代码	变量定义及单位	平均值	标准差
是否使用互联网	internet	是 =1，否 =0	0.2853	0.4522
家庭消费总支出			4.2816	3.4709
村庄特征变量				
村庄人均收入	aincome	万元	0.9852	0.7870
地形虚拟变量	flatland	平原 =1，非平原 =0	0.5916	0.4923

此样本为土地转出的样本。由表 5 - 14 可知，非农就业水平为 33.36%，说明转出户中有小于一半的人从事非农就业。从劳动力平均受教育年限可以观察出，目前农民中大多数上学到初中阶段。从是否从事工商业的平均值来看，目前从事工商业的农户家庭数量较低，因此可以推断少部分农户创业。

四、计量验证与结果讨论

（一）土地转出对农民收入的影响

本节采用多元回归模型，探讨农民参与土地转出对农民家庭总收入的影响。本节从是否土地转出、土地转出数量这两方面考察土地转出行为，书中采用式（5 - 13）简化模型：

$$Lnsr = \alpha_0 + \alpha_1 zc + \sum_{i=2}^{m} \alpha_i X_i + \varepsilon_1 \quad (5-13)$$

其中 Lnsr 表示转出户的家庭总收入的对数，zc 代表是否将土地转出，X_i 表示户主特征变量、家庭变量和地区变量，ε 为误差项，α_0 为常数项，α_1、α_i 为待估系数。本节采用多元回归模型估计式（5 - 14），得出结果如表 5 - 15 中的回归模型Ⅰ。

$$Lnsr = \alpha_0 + \alpha_1 zcsl + \sum_{i=2}^{m} \alpha_i X_i + \varepsilon_1 \quad (5-14)$$

其中 zcsl 代表转出的土地数量，其他变量与式（5 - 13）中的一致，对于没有转出土地的家庭，转出土地数量用 0 来表示。同理，用多元回归模型估计式（5 - 14），并且得出如表 5 - 15 中的回归模型Ⅱ。

回归模型Ⅰ表明，农民参与土地转出正向影响家庭总收入并且在 1% 上显著。土地转出数量对家庭总收入的影响与农民参与土地转出相似，回归模型Ⅱ表明，土地转出数量正向影响家庭总收入并且在10%上显著。因此农民参与土地转出和转出数量增加可以促进农民增加收入。

在个人层面上，户主的年龄对农民收入有正向的促进作用。可能是因为户主年龄越大，生活阅历越丰富，越有利于做出增加家庭收入的决策。户主受教育程度越高，越有利于增加农民收入。因为户主受教育程度高，有利于对家庭做出有利的决策。并且受教育程度越高，越能从事技术含量高、工资高的行业，对于从事务农的劳动力来说，受教育程度高的劳动力越能掌握种地的技能，因此有利于增加家庭收入。

表5－15　　土地转出对农民收入的影响

变量	Ⅰ Lnsr	Ⅱ Lnsr	变量	Ⅰ Lnsr	Ⅱ Lnsr
zc	0.3509*** (0.0520)		aage	－0.0248*** (0.0028)	－0.0248*** (0.0028)
zcsl		0.0163* (0.0094)	mach	0.0316** (0.0158)	0.0305* (0.0157)
num	0.1387*** (0.0124)	0.1375*** (0.0124)	land	0.0064*** (0.0012)	0.0058*** (0.0012)
grage	0.0086*** (0.0020)	0.0090*** (0.0020)	aincome	0.0611 (0.0450)	0.0671 (0.0458)
grjy2	0.2019*** (0.0693)	0.2077*** (0.0696)	flatland	0.1803*** (0.0369)	0.1817*** (0.0371)
grjy3	0.4369*** (0.0702)	0.4422*** (0.0705)	commerce	0.3981*** (0.0607)	0.4054*** (0.0609)
grjy4	0.5823*** (0.0809)	0.5820*** (0.0812)	qq	0.1425*** (0.0386)	0.1419*** (0.0388)
wasset	0.0020*** (0.0004)	0.0020*** (0.0004)	internet	0.2413*** (0.0415)	0.2427*** (0.0418)
wfasset	0.0265*** (0.0045)	0.0270*** (0.0046)	cons	9.2588*** (0.1756)	9.2693*** (0.1757)
R－square	23.56%	23.04%			

注：***、**、*分别表示在1%，5%以及10%的水平上显著，括号中为稳健的标准误。

在家庭层面来看，家庭总人数对农民家庭总收入起促进作用，可能是因为家庭人数就越多，可以给家里带来收入的人数就越多，家庭收入就越多。家庭总资产和金融资产也对家庭总收入起正向作用，可能是因为对于家庭总资产和金融资产越多，农民越有资本对从事的行业进行投资，越有利于增加家庭收入。劳动力平均年龄对农民收入起抑制作用，可能是因为劳动力年龄越大，对于接受新鲜事物的能力就比较差，并且从事工作的精力没有年龄小的劳动力旺盛，因此年龄越大越不利于增加家庭收入。此外，农业机械价值越高，越有利于增加农民收入。可能是因为：一方面，农业机械越多，越能提高农业生产效率，从而有利于增加农民农业收入；另一方面，农业机械越多，越能把劳动力从农业解放出来从事非农就业，增加非农收入，从而增加农业家庭总收入。土地面积越大，越有利于增加农民总收入，可能是因为面积越大，务农收入越多，把土地流转出去获得的租金也越多。土地确权有利于增加家庭收入。可能是因为土地确权之后可以更好地保障农民的权益，在土地流转的过程中减少纠纷，有利于增加家庭收入。使用互联网有利于增加农民收入，可能是因为可以通过互联网的平台加大对产品的宣传，通过互联网的平台销售自己想要销售的产品，从而增加收入。

从村庄层面来看，平原有利于增加家庭收入。这可能是因为平原的交通便利，有利于信息流通，也有利于企业入驻村庄，增加村庄的非农就业机会，增加非农收入；除此之外，平原更有利于大规模地使用机械化进行务农，提高农业生产效率，增加农业收入，因此有利于增加家庭总收入。

（二）基于中介变量非农就业率的影响机制分析

这部分，我们要验证非农就业的中介作用，揭示出非农就业对土地转出促进农民收入的作用机理。根据许庆等验证劳动力流动是否是农地确权影响农地流转的中介变量的方法（许庆、刘进，2017），我们先考虑关键变量为是否转出和非农就业率来进行式（5-15）和式（5-16）的模型构建：

$$ldl = \beta_0 + \beta_1 zc + \sum_{i=2}^{m} \beta_i X_i + \varepsilon_2 \tag{5-15}$$

$$Lnsr = \lambda_0 + \lambda_1 ldl + \lambda_2 zc + \sum_{i=3}^{m+1} \lambda_i X_i + \varepsilon_3 \tag{5-16}$$

ldl 代表非农就业率，zc 代表土地是否转出，lnsr 代表转出户的家庭总收入的对数。X_i 表示户主特征变量、家庭变量和地区变量。利用式（5-16）和式（5-16）进行回归，得到表 5-16 中的回归模型Ⅲ和回归模型Ⅳ。

对农民土地流转的度量，除可以用是否转出土地衡量之外，更重要的是转出数量的多少。这样，在研究土地转出、非农就业对农民收入的影响时，我们将式

（5－15）和式（5－16）中的是否转出土地即"zc"变量换成土地转出数量即"zcsl"得到式（5－17）和式（5－18）。

$$ldl = \beta_0 + \beta_1 zcsl + \sum_{i=2}^{m} \beta_i X_i + \varepsilon_2 \quad (5-17)$$

$$Lnsr = \lambda_0 + \lambda_1 ldl + \lambda_2 zcsl + \sum_{i=3}^{m+1} \lambda_i X_i + \varepsilon_3 \quad (5-18)$$

其中 zcsl 代表土地转出数量。同理，用土地转出数量这一关键变量来验证土地转出通过作用于非农就业这一作用渠道而对转出户家庭总收入产生影响的机制，方法同上述土地是否转出为关键变量来验证非农就业率是否是中介变量一致，具体方法不再赘述。利用式（5－17）和式（5－18）进行计量分析，得到表 5－16 中的回归模型Ⅴ和回归模型Ⅵ。

表 5－16　　中介变量回归结果

变量	Ⅲ Ldl	Ⅳ Lnsr	Ⅴ Ldl	Ⅵ Lnsr
zc	0.0529*** (0.0159)	0.3293*** (0.0520)		
zcsl			0.0043* (0.0023)	0.0145* (0.0086)
ldl		0.4096*** (0.0588)		0.4208*** (0.0590)
num	0.0307*** (0.0033)	0.1262*** (0.0123)	0.0306*** (0.0033)	0.1247*** (0.0123)
grage	－0.0008 (0.0006)	0.0090*** (0.0020)	－0.0008 (0.0006)	0.0093*** (0.0020)
grjy2	0.0075 (0.0185)	0.1989*** (0.0687)	0.0082 (0.0185)	0.2042*** (0.0690)
grjy3	0.0353* (0.0188)	0.4224*** (0.0697)	0.0360* (0.0188)	0.4270*** (0.0699)
grjy4	0.0544** (0.0223)	0.5600*** (0.0804)	0.0535** (0.0223)	0.5595*** (0.0806)
wasset	0.0002** (0.0001)	0.0019*** (0.0004)	0.0002** (0.0001)	0.0019*** (0.0004)

续表

变量	Ⅲ Ldl	Ⅳ Lnsr	Ⅴ Ldl	Ⅵ Lnsr
wfasset	0.0001 (0.0006)	0.0265*** (0.0045)	0.0002 (0.0006)	0.0269*** (0.0046)
aage	-0.0052*** (0.0008)	-0.0227*** (0.0028)	-0.0052*** (0.0008)	-0.0227*** (0.0028)
mach	-0.0051* (0.0029)	0.0336** (0.0157)	-0.0048* (0.0028)	0.0325** (0.0157)
land	-0.0005* (0.0003)	0.0066*** (0.0012)	-0.0007** (0.0003)	0.0061*** (0.0012)
aincome	0.0057 (0.0072)	0.0587 (0.0440)	0.0064 (0.0072)	0.0644 (0.0448)
flatland	0.0366*** (0.0098)	0.1653*** (0.0367)	0.0365*** (0.0098)	0.1663*** (0.0369)
commerce	0.0147 (0.0165)	0.3921*** (0.0606)	0.0156 (0.0165)	0.3988*** (0.0608)
qq	0.0077 (0.0102)	0.1393*** (0.0382)	0.0077 (0.0102)	0.1386*** (0.0384)
internet	0.0115 (0.0110)	0.2366*** (0.0414)	0.0116 (0.0110)	0.2378*** (0.0416)
cons	0.5073*** (0.0476)	9.0510*** (0.1770)	0.5091*** (0.0476)	9.0550*** (0.1771)
R - squared	8.18%	24.48%	8.08%	24.01%

注：***、**、*分别表示在1%，5%以及10%上显著，括号中为稳健的标准误。

模型Ⅲ表明，zc项的回归系数为0.0529且通过了1%的显著性检验，这说明，与没有转出土地相比，土地转出更有利非农就业。如果我们将变量zc换成变量zcsl得到计量模型Ⅴ。通过模型Ⅴ可以看出，在控制其它因素不变的条件下，土地转出每增加一个百分点，非农就业增加0.43个百分点，即是说土地转出促进了农民非农就业水平的提高。

对于农民收入来讲，除了农业生产经营收入之外，另一个非常重要的部分就是非农就业取得的工资性收入。从在模型Ⅳ的计量结果看，土地流转和非农就业是影响农民收入的重要因素。农民参与土地转出对农户家庭总收入起促进作用，并且在1%水平上显著。在控制其它因素不变的条件，非农就业因素的回归系数达到0.4096，土地转出因素的回归系数为0.3293，可见非农就业不仅与农民收入呈正相关关系，而且其贡献要高于土地转出。

为检验非农就业作为中介变量对农民收入的影响程度，在模型Ⅵ中，我们将zc变量换为zcsl变量。从回归结果看，土地转出因素的回归系数为0.0145，非农就业因素的回归系数为0.4208，前者通过了10%水平的显著性检验，后者通过1%水平的显著性检验，这说明，不仅土地流转对农民收入提高有正向影响，而且非农就业作为中界变量对农民收入增加显著的影响。

为研究控制变量对农民收入的影响，我们以模型Ⅱ为例进行说明：一是农户人力资本积累与农民收入之间呈正相关关系，从农户户主特征来看，拥有高中及以上文化程度与拥有小学文化程度的农户相比，前者对收入的贡献是后者的2.8倍，这说明户主拥有的人力资本积累越多，农民收入也越高。二是农户家庭资源禀赋与农民收入之间呈正相关。从农户家庭资源禀赋来看，农民家庭资源禀赋越好，农民收入越高，这一点不管是从农户的资产还是拥有的农业机械，或者是土地资源禀赋均与农民收入呈正相关关系，并且回归模型通过相应水平的显著性检验；如果一个农户家庭的年龄越大，农民收入会越低。三是农地产权越稳定农户收入越高。从产权稳定性看，对于农户来讲，确权与未确权相比，前者的产权更加稳定，从产权理论来看，稳定的产权给农户提供了稳定的预期，从而有利于农户增加投入，让农户能够从农业生产经营中获得更多的收益。回归模型系数为0.1419，且通过了1%显著性检验，即是说稳定的农地产权促进了农民收入水平的提高。四是信息基础越好，农户收入越高。对于农户来讲，上互联网与不上互联网相比，前者能够获得更多的与农业生产经营或者经济社会发展相关的知识，从而有利于实现家庭资源配置最优化，通过资源配置的最优化获得更多的收入。计量结果支持这一结论，从回归结果看，该因素对农民收入影响的回归系数为0.2427，且通过1%的显著性检验。即加入中介变量非农就业之后进行计量结果见模型Ⅵ，从模型计量结果看，加入中介变量后虽然不同因素对农民收入影响程度有一定变化，但其影响方向与模型Ⅱ是基本一致的。

为研究控制变量对非农就业的影响，这里以模型Ⅲ为例进行说明。从促进非农就业来讲，计量结果发现：一是家庭资料有利于促进非农就业。对于总资产越多的家庭，可能是因为，总资产越多，越能支持家庭成员从事非农行业，越有利于家庭劳动力从事非农就业。二是人力资本促进非农就业。户主受教育程度越高，越有能力在技术含量较高的行业进行工作，也更有能力尝试新鲜事物，也越能力影响家庭成员从事技术含量较高的行业，因此越有利于从事非农就业。三是农户所处的自然条件越好越有利于非农就业。平原地区交通便利，信息也比较容易流通，因此有利于农民从事非农就业。从抑制非农就业来看：一是家庭劳动力平均年龄越大越不利于农民从事非农就业，可能是因为目前从事外出务工一般都是青壮年劳动力，对于年龄较大的人来说，学习和接受新鲜事物的能力降低，外出务工所能从事的岗位少、收入低，而在本地从事的非农就业岗位不稳定，一般都是兼业打零工，所以年龄大的农民在非农行业工作中处于劣势。二是家庭机械条件越好越不利于非农就业。对于农业机械价值多的家庭，可能是因为虽然可以把农民从务农中解放出来有利于增加非农就业，但是机械价值越多，说明家庭对务农投资越多，越重视务农，家庭劳动力越倾向于务农，倾向务农的效应大于解放劳动力从事非农就业的效应，从而机械价值越大越会减少非农就业。三是农户家庭土地资源禀赋影响非农就业。对于土地面积越大的家庭，可能是因为土地面积越大，家庭更可能越重视、越倾向于务农，因此不利于家庭劳动力从事非农就业。从模型Ⅴ的回归结果看，将“是否转出土地”换成土地转出数量之后，各控制变量对非农就业的影响方向与是一致的，即我们也可以得到类似于模型Ⅲ的结果，这里不再赘述。

五、研究结论与政策建议

非农就业、土地流转及农民收入不仅是近年来学术界研究的前沿课题和热点问题，而且也是政府实际工作部门重点关注的重大现实问题。本节在借鉴有关研究成果的基础上，将非农就业、土地流转与农民收入整合成一个分析框架，提出了4个研究假设，并利用浙江大学的中国家庭大数据库（涉及全国29个省市自治区4 487个农户家庭）进行实证研究，研究结果表明：第一，农民的土地转出有利于农民收入增加，与没有转出土地的农户相比，转出土地的农户收入要高于没有转出土地的农户；同时，回归模型Ⅱ还说明，土地转出每增加一个百分点，农户收入就会增加1.6个百分点，这说明，农民参与土地转出和土地转出数量越大，农民家庭总收入越高。第二，非农就业提高了农民收入水平。模型Ⅵ表明，在不考虑土地转出的情况下，农民收入水平与非农就业水平呈正相关。第三，土地转出提高了非农就业水平。通过回归模型Ⅲ和模型Ⅴ可以看出，由于转出土地之后，从事非农就业的农民由于没有从事农业生产的压力和担忧，可以更为安心地从事非农就业工作。因此，与没有转出土地的农户相比，非农就业水平更高。第四，土地转出通过影响非农就业进而影响农民收入水平，模型Ⅳ和模型Ⅵ计量说明，作为中介变量的非农就业具有中介效应，其对农民收入具有正向影响。第五，农民人力资本、机械化等家庭或者个人禀赋条件也会影响非农就业和农民收入。例如，农民的人力资本（教育程度）等因素不仅可以直接增加农民收入，而且还可以通过增加非农民就业来促进农民收入的增加。第六，在促进农民收入增加方面，土地产权稳定性具有正向影响，稳定的产权有利于农民收入的提高。第七，农村信息基础设施的完善程度与农民收入之间呈正相关，信息网络使用情况与农民收入之间关系紧密。

为促进土地转出、非农就业与农民收入持续增长之间的良性互动，基于前面的研究，提出以下建议：第一，进一步促进土地有序流转。一是政府应该在尊重农民意愿的前提下，培育农村土地市场，引导和促进农民转出土地；二是培育新型农业经营主体，新型农业经营如农业合作社、农业经营企业不仅将新生产要素引入农业和农村，而且还为土地流转提供了需求。第二，增加农民人力资积累。一是加强农民在农业生产经营新知识、新技能的学习，特别是强化老年农民的学习和培训，让农民学会一些适用、简单且易于操作的新知识、新技能；二是加强农业职业教育，培育一大批爱农业、爱农村的专业化、职业化的新型农民。第三，进一步加强农民非就业工作。一是对于已经从事非农就业的农民，应加强其所在领域知识的更新与培训，稳定其就业，促进这部分农民的市民化；二是对于还未从事非农就业且具有愿意和能力的农民，要降低其就业门槛，尽量为其创造条件。第四，给予农民稳定有保障的土地产权。一是按照 2019 年 8 月 26 日，全国人大常委会第十二次会议审议通过《中华人民共和国土地管理法》修正案要求，赋予农民更多财产权利；二是在土地流转过程保护农民的合法权益，只有农民的土地产权受到保护，土地转出才具有持久性，土地转入方才会进行持续经营。第五，完善农村基础设施。一是进一步完善农村道路、水利等基础设施，为传统农业向现代农业转变创造；二是普及农村信息基础设施，让每个农户均享受互联网带来的便利，在互联网时代，农民不仅可以通过互联网学习知识、了解信息，而且还可以通过互联网购买自己需求的产品和销售自己生产的农产品，缩小生产空间与消费空间之间的距离，通过生产与市场的即时联通，实现农业收入的增加。

第四节 农地流转对农户收入的影响研究——基于PSM模型的计量分析

一、文献综述

农地流转与农民收入问题一直是政府高度关注的话题。近年来，我国的经济发展步入了新阶段，政府也在不断探索各种形式的土地流转模式创新实践，2014年政府在《关于引导农村土地经营权有序流转 发展农业适度规模经营的意见》中明确提出，“鼓励农户依法采取转让、转包、互换、出租以及入股等方式流转其承包农地。倡导有条件的地方政府积极引导农户长期流转承包地且促进流转农户转移就业”。2011~2017年连续7年的中央一号文件中均强调了要释放土地经营权的活力、要持续引导土地经营权合理有序流转，鼓励农户自愿互换承包地块促成农地的规模化经营，切实促进农业增效与农民增收。

目前学术界也对农地流转对农民收入的影响做了大量研究。Deininger等（2005）研究中国西南三省的家庭调查数据时发现，农地流转市场机制的建立能够更显著地提升土地生产效率，增加农民收入。Feng（2008）发现农地流转市场和非农就业机会两者间具有较强的关联性，且农地流转市场会较大程度影响农业生产效率，从而影响农户收入水平。Jin（2013）的研究显示农地流转可以促进农民收入的增加，缓解农民的贫困状况。Zhang（2008）对浙江省调查数据的研究发现，土地租赁市场可以促进即将陷入收入分配底层的农民增收，并缩小了非农就业造成的收入差距。田传浩等（2004）对苏、浙、鲁地区调研数据的分析表明，农户的预期会影响其流转行为，具体表现为对土地使用权稳定性的预期越高，农户越倾向于租入土地，且租入土地面积也会随着预期的增加而扩大。王象永等（2015）认为在发育良好的土地租赁市场中，农户可以以相对较低的交易成本流转土地并获得流转收益，促进了农户财产性收入的提高。韩啸（2015）基于湖北、山西省山地丘陵区的调查数据，通过实证研究表明农地流转对租入土地农户家庭的收入具有显著的正向效应，而对租出土地的农户家庭的收入影响并不明显。江淑斌等（2013）认为农地流转能够更高效地配置土地资源，有助于促进农地的集约化经营，进而大幅提高农户家庭收入水平。刘鸿渊（2010）研究了政府主导下的农地流转模式对农户收入的影响效应发现，在当前农地流转市场机制不规范的情况下，政府若适度介入农村土地流转可以节约交易成本，但促进农户收入的提高时存在着一定的前提假设。许恒周等（2011）以南京市为研究对象，研究结果表明，土地流转与农民非农收入之间存在着长期均衡而短期波动且双向因果的关系，在土地流转早期对农户的非农收入的影响比较薄弱，而在农地流转后期对农户的收入影响会显著加强。李庆海等（2011）认为租入土地与租出土地均会提高农户家庭的纯收入。薛凤蕊等（2011）的研究也表明，土地流转后参与流转农户和未参与流转农户相比，家庭人均纯收入、工资性收入与出租土地收益明显增加，但其家庭人均种植业纯收入显著下降。王春超（2011）从促进农户增收的渠道方面分析了土地流转与农户收入变化的关系，研究发现，土地市场的发展与规范在很大程度上增加了农民收入水平，土地产权市场与资产信贷市场的逐步规范对农民收入水平的提高具有积极的促进作用。有学者认为农户参与土地流转后家庭收入水平明显增加（李中，2013；朱建军等，2015；杨子等，2017）。也有学者认为农地流转提高了农民的家庭总收入，相对而言，农地流转对租出土地的农户家庭收入促进作用大于租入土地农户家庭（钱忠好等，2016；高欣等，2016）。Wan 等（2001）则发现土地经营规模变小，严重的土地细碎化等状况是家庭联产承包责任制的分产到户造成的危害，抑制了农业生产效率的提高，因而不能促进农户收入的增加。彭代彦等（2009）的研究发现农地流转虽然使得农地细碎化程度有所降低，但农民收入水平并不一定会相应增加。崔会（2013）的研究表明农地流转没有促进农户家庭收入水平的增加。姜松等（2012）的研究结果也显示土地流转可以明显促进农业适度规模经营，对农户收入水平的提升却具有明显负向效应。因此，一部分学者认为农地流转能显著促进农户收入水平的提高，另一部分学者则持相反观点。

为进一步检验农地流转对农户收入的影响，本节基于全国性的农户微观调研数据——中国家庭动态跟踪调查数据库，从不同角度估计土地流转分别对农户收入、农户农业收入、农户非农收入的作用效果，以期为农地流转的农户收入效应研究提供理论依据。总体上，本节的边际贡献在于，第一，本节利用倾向得分匹配模型（PSM），充分考虑了农户流转土地的自选择、异质性问题，借助全国性样本准确估计了农地流转对农户收入的净促进效应。第二，本节从人力资本、区域差异等方面深入探讨农地流转行为对农户增收的组群差异，在研究内容上更为完整，为政府进一步完善农地流转制度、合理有序推进农地流转提供实证支撑。

二、研究方法与数据来源

（一）模型选择

在农地流转对农户收入影响效应研究方面，现有研究较多使用了 SLS 计量分析模型（王春超，2011）、C－D 生产函数（姜松，2012）、多元线性回归模型（高欣等，2012；韩啸，2015）、DID 模型（薛凤蕊，2011；李中，2013；诸培新，2015）、混合数据 Ologit 模型（钱忠好，2016）。这些模型大都没有克服农户家庭的自选择问题以及考虑不同农户家庭之间的异质性问题，要克服变量内生性问题，可以考虑寻找一组合适的工具变量，然而，合适工具变量的选取一般很难，其可信度也较低，还可能存在与内生变量间弱相关的情况，导致估计结果可能有偏误。要准确估计农户流转土地的收入效应的关键问题在于任何农户在同一时点只能是流转土地和不流转土地的状态之一，我们不可能同时捕捉到同一农户的两种状态下的收入，这实际上是数据缺失问题，即为典型反事实因果推断分析框架。

反事实匹配推断假定如下：若流转土地农户与没有流转土地的农户可以被一组共同影响因素完美诠释，就能够按照这些共同影响因素对处理组农户与对照组农户进行分层匹配，各层内有要配对的农户即流转土地的农户与未流转土地的农户。同时要控制相匹配的农户在家庭劳动力人数，受教育程度，家庭人均土地承包面积，房产价值，农村地貌特征等其他方面相同或者相似，在各层内的区别只在于是否流转土地即租入、租出土地还是未流转土地，这样就可以考察流转土地与未流转土地的农户的收入差异；然后把各分层内处理组与对照组的差异分布与各分层占比做适当加权，就可以得出 ATE（平均处理效应）、ATC（控制组效应），ATT（处理组效应）估计。对于土地流转的农户收入效应来说，我们更关注的是租入、租出农地的流转行为对流转土地农户家庭的平均处理效应（ATT），平均处理效应（ATT）估计的困难之处在于针对没有发生土地流转行为的对照组，无法直接观测其受到土地流转行为影响时的结果，这其实是一种“反事实”估计。与此同时，假如处理组与对照组之间具有较多的共同影响因素时，分层配对过程会十分烦琐并且非常耗时。

Rosembaum 等（1983）提出了倾向得分匹配模型。在他的模拟实验后发现，在一系列设定条件下 ATT 能够得到无偏估计结果，也可表述为既定一系列可观测特征条件下，基于参与者条件概率即是倾向得分对处理组与控制组进行匹配的一种模拟算法。倾向值匹配法（PSM）可以很好地解决农户流转土地时自选择行为造成的选择偏差与有偏估计问题，而且也在处理数据时最大限度地控制了样本观察值的异质性等其他模型很难把控的问题。因此，本节选取 PSM 模型来研究农地流转对农户收入的影响效应。

（二）研究步骤

首先，一般通过 Probit、Logit 或者非参数估计（通常是 Logit 模型）的估计求得租入土地农户与租出土地农户的条件概率值即是倾向得分值。本节使用 Logit 模型得到处理组农户家庭条件概率值 Pi，对照组农户家庭 j 条件概率值 Pj。

倾向性得分定义为式（5-19）：

$$P(X_i) = Pr\{exp_i = 1/X_i\} \tag{5-19}$$

根据式（5-19）得出处理组与对照组的倾向值，再根据倾向值相似度将处理组与对照组对应样本进行配对，要保证匹配的有效需要满足以下前提条件：第一，条件独立性，即是 $lny_i^1(lny_i^1, fy_i^1), lnY_i^0(NY_i^0, FY_i^0) \perp exp|X_i$；第二，共同支持条件，即为 $0 < Pr\{exp_i = 1/X_i\} < 1$。条件独立性是指控制了共同影响因素 X 后流转农地、未流转农地行为与农户家庭收入水平是互相独立的，共同支持条件则是指要保证每个处理组的农户家庭通过倾向得分相似度均可以和对照组的农户家庭相配对。农户 i 的 ATT 估计式为式（5-20）：

$$\beta = \frac{1}{M}\sum_{i\in(exp=1)}\left[lny_i(ny_i, fy_i) - \sum_{i\in(exp=0)} Y(NY, FY)(P_i, P_j)lny_j(ny_j, fy_j)\right] \tag{5-20}$$

其中，M 为租入或者租出农户的农户数量，$Y(NY, FY)(p_i, p_j)$ 表示在把农户 j 的 $lny_j^0(ny_j^0, fy_j^0)$ 当作农户 i 的 lny_i^0（ny_i^0，fy_i^0）替代时，给农户 j 的 $lny_j^0(ny_j^0, fy_j^0)$ 赋予的权重。在满足相关假定条件下，尤其是在处理组、控制组变量均值无差异情况下，倾向得分匹配方法可以测算出一个“干净的”平均处理效应（ATT）。

其次，选择匹配方法，本节最终选取三种匹配方法进行匹配，并将匹配结果进行比较。一是最近邻匹配。它是找到控制组中与处理组农户样本倾向得分值差距最小的调查样本，当作自己的匹配对象。二是半径匹配。它是提前设定好一个半径，半径取值为正，然后找出设定半径范围中单位圆内的全部控制样本，本节设定的匹配半径为0.01，以保证匹配的精度要求。三是核匹配。它是指生成一个虚拟对象来匹配处理组农户样本，生成的原则即为对现有的控制变量做权重平均，且权重的取值和处理组农户样本、对照组农户样本倾向得分值呈现反向相关关系，其作为一种非参数匹配方法，能够充分利用样本信息。Caliendo 等（2008）发现不同测算方法对偏差与效率间的权衡存在差距，因而选用不同的匹配方法可能得到不同的估计结果。陈强（2014）在其编著的高级计量经济学及Stata应用中提到若不同匹配方法的结果类似，那么表明结果是稳健的，并不依赖于具体方法。

随后进行匹配效果的检验。倾向匹配测算的有效性取决于是否满足两个重要前提条件：条件独立性与共同支撑域。本节将进行以下处理来保障匹配效果的有效性：剔除处理组农户倾向得分低于对照组农户倾向得分最小值或者大于对照组农户倾向得分最大值的调查样本，来保障处理组农户样本通过倾向值相识度都能和对照组农户样本相配对，与此同时，也要确认共同支持域足够大；通过检验匹配的平衡性分析处理组与对照组农户样本在匹配变量上存在显著偏差与否，如果存在显著偏差那么说明匹配效果不好。最后，根据匹配计算出每一个流转户的反事实收入，并与其事实收入进行比较，测算处理组农户与对照组农户的平均收入差异，即为流转农户的平均处理效应（ATT），计算见公式（5－20），则可以得到农地流转行为对农户家庭收入的净促进效果。

（三）数据来源与说明

本节的研究数据来源于中国家庭动态跟踪调查项目（China Family Panel Studies，简写为CFPS），该数据库调查项目是由北京大学中国社会科学调查中心（ISSS）以及北京大学社会科学各院系的学术力量共同设计并组织实施的社会跟踪调查项目，全国基线调查在2010年正式开展，旨在通过跟踪搜集个体、家庭、社区三个层次的历时数据，来反映我国社会经济、人口特征、农业生产、教育情况以及居民生活状况的变迁，数据库涉及的调查对象是我国25个省/直辖市/自治区（不包括台湾、澳门、香港、宁夏回族自治区、新疆维吾尔自治区、内蒙古自治区、西藏自治区、海南省、青海省）的农户家庭情况，这25个省/直辖市/自治区的人口数量大约占中国总人口（不包括台湾、澳门、香港）的95%，具有很好的代表性。

本节的研究对象是农村家庭，选用的是CFPS2012年数据，经过对数据的整理发现，剔除关键信息缺失，收入明显不合理的农户家庭，同时剔除农户样本数小于10且既租入又租出的农户样本，最后得到有效农户样本5 818个，其中，未流转农户4 473个，租入土地农户820个，租出土地农户525个，占比分别为76.89%、14.09%、9.02%，分布在281个村，24个省（市、自治区），其中西部地区7个省（直辖市），东部地区9个省（直辖市），中部地区8个省（直辖市）。

（四）指标描述

在变量选择上，本节以农户收入（家庭人均收入，家庭人均非农收入以及家庭人均农业收入）作为结果变量；以土地流转决策（未流转农地，租入农地，租出农地）作为处理变量；选择家庭变量特征、村级变量特征、地区虚拟变量作为协变量。

由表5-17可知，在所有调查样本中，共820户家庭租入土地，占总样本14.09%；共525户家庭租出土地，占总样本的9.02%。此外，计算得到，所有调查样本的租入土地总面积为7 765亩，租入率（租入总面积/承包总面积）为18.4%，租出土地总面积为4 560亩，租出率（租出总面积/承包总面积）为10.8%，反映了我国整体农地流转的市场化水平。农业部2012年统计的全国土地流转面积占家庭承包土地面积的比例为21.7%，与本调查计算出的租入率相近。由于部分农户外出打工没有被调查到，而这些未被调查到的农户可能大面积流转了土地，这可能是租出率较低的原因。农户家庭人均收入（对数）在未流转样本中的平均值为8.58，在租入样本中的均值为8.76，在租出样本中的均值为8.75，可以看出，农地流转能显著提高农户家庭的收入水平。其他变量定义与统计描述结果如表5-17所示。

表5-17　变量定义及统计描述

变量名称	变量定义	均值		
		未流转家庭	租入家庭	租出家庭
家庭变量		4 473	820	525
lnc	家庭人均收入（对数）	8.58	8.76	8.75
lnc1	家庭人均非农收入（对数）	8.09	7.89	8.45
lnc2	家庭人均农业收入（对数）	7.06	7.62	6.92
LZ	流转决策变量：未流转=0，租入=1，租出=2		0.09	0.14
Lab	劳动力人数	2.20	2.47	1.83

续表

变量名称	变量定义	均值		
		未流转家庭	租入家庭	租出家庭
Age	劳动力的平均年龄（年）	38.48	38.26	38.52
Edu	劳动力平均受教育年限（年）	7.69	7.76	8.56
Hous	人均房产价值（元）	33 139.73	24 286.08	42 564.75
Finc	人均金融资产价值（元）	4 837.65	4 811.07	7 561.63
Land	人均承包的耕地面积（亩）	2.41	2.25	3.24
Nainc	家庭非农收入占总收入比例	0.71	0.60	0.85
Agra	人均农业生产性固定资产（元）	322.64	830.70	148.46
Qta	人均其他资产价值（元）	2 467.38	1 993.43	4 163.77
村级变量				
Llh	60 岁以上人口占常住人口比例	0.20	0.19	0.21
Migr	村外出打工比例	0.37	0.35	0.36
Conv	村委会到县城的时间（h）	0.41	0.34	0.49
Landf	农村地貌特征：丘陵 =1，高山 =2，高原 =3，平原 =4，草原 =5，其他 =6	2.35	2.53	2.54
地区虚拟变量				
East	区域虚拟变量：东部地区 =1，非东部地区 =0	0.35	0.29	0.38
Mid	区域虚拟变量：中部地区 =1，非中部地区 =0	0.28	0.36	0.40

三、农户流转土地决策方程估计

为实现租出农户与未参与流转农户样本配对，首先要计算农户的土地流转决策方程（包括农地租出方程与农地租入方程），本节使用 stata13.1 软件运行模型。农地租入方程包括租入土地农户（820 户）与未参与土地流转的农户（4 473 户），总共 5 293 个家庭样本。农地租出方程包括租出土地农户（525 户）与未参与土地流转的农户（4 473 户），共计 4 998 个家庭样本。模型估计结果见表 5 – 18。

表 5－18　　基于 Logit 模型的农户土地流转策方程估计结果

变量名称	租入		租出	
	系数	标准差	系数	标准差
Lab	0.20005***	0.04191	－0.18539***	0.05784
Age	－0.00095	0.00532	0.00094	0.00677
Edu	0.01019	0.01207	0.04202***	0.01583
Hous	0.00001***	0.00000	0.00000	0.00000
Finc	0.00000	0.00000	0.00000**	0.00000
Land	－0.00788	0.00783	0.00647**	0.00359
Nainc	－0.83686***	0.11331	1.65622***	0.22021
Agra	－0.00011***	0.00002	－0.00014	0.00009
Qta	－0.00002**	0.00001	0.00001**	0.00001
Llh	0.15593	0.31151	0.49041	0.37365
Migr	－0.26329	0.17528	－0.23108	0.22423
Conv	－0.01011**	0.00468	0.00827**	0.00457
Landf	0.06889***	0.02872	0.01827	0.03564
East	－0.09360	0.10441	0.42244***	0.14609
Mid	0.27355***	0.10073	0.68167***	0.14337
截距项	－1.67224***	0.29060	－4.06315***	0.42031
Wald 卡方值		164.04		
Prob > chi2		0.00000		

注：***、**、* 分别表示在 1%、5% 和 10% 的水平上显著。

从表 5－18 的估计结果可以看出，模型的 Wald 卡方值在 1% 的水平上显著，表明模型整体拟合度令人满意。家庭劳动力数对租入土地具有积极影响，对租出土地具有消极影响，由此可以看出，家庭劳动力数量越多，越会倾向于租入土地。劳动力平均受教育年限在两个模型中都显著异于 0，且对租入、租出土地均具有正向影响。劳动力平均受教育水平越高，越有可能掌握更多的社会资源，知识面更开阔，越有可能敏锐地识别并抓住机遇进行土地流转。劳动力平均年龄较大的家庭，农户租出土地的概率要高于租入土地。村委会到县城的时间即表示交通情况，交通便利程度越好，农户越倾向于租出土地。相对于西部地区，东部、中部区域农户流转土地活跃度更高。

四、农地流转的收入增长促进作用

（一）共同支撑域与 PSM 结果

为保证匹配效果，我们在计算得出农户家庭租出土地和租入土地的倾向得分以后，还需要进一步讨论匹配对象的共同支撑域。图 5－11 是农户倾向得分匹配后的密度函数图。由图 5－11 可以看出，匹配过后农户家庭租入土地、租出土地与对照组未流转土地农户的倾向得分区间具有相当大范围的重叠区间，这些重叠区间也就是共同支撑域，所以本节匹配的共同支撑条件很好，大部分样本观察值在共同取值范围内，进行倾向得分配对时能比较全面地利用样本信息，损失的样本量较小。

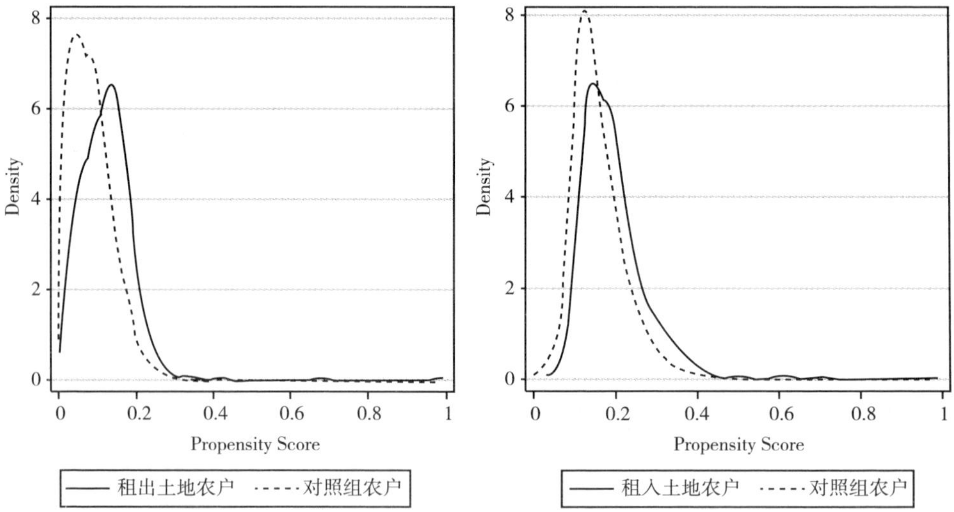

图 5－11　农户倾向得分匹配后的密度函数

按照不同的匹配方法样本观察值的损失量不同，我们比较了不同匹配方法下的样本最大损失数，匹配结果显示，处理组中样本观察值最多损失 120 个，对照组最多损失 477 个样本，由于处理组租入农地家庭 820 户，租出农地家庭 525 户，对照组未流转农地家庭 4 473 户，即处理组损失 120 个样本后，还有 405 个匹配样本；对照组损失 477 个样本后，也仍有 3 996 个匹配样本，表明本节的样本匹配效果很好。

（二）收入促进作用测算

估计倾向得分的一个主要目的是平衡处理组与对照组农户之间解释变量的分布。三种匹配均采用 Stata 13.1 软件中的 Psmath2 命令，半径匹配设定半径为 0.01，最近邻匹配 n 设定为 2，其他采用默认设定，在完成样本配对后，要进行平衡性检验，检验结果如表 5－19、表 5－20 所示。平衡检验结果的标准偏差绝对值越小，那么模型配对效果越好。一般来说，标准偏差的绝对值只要小于 20，就说明匹配效果比较好。此外，需要测算匹配变量的标准偏差以及对处理组农户与对照组农户配对后变量的均值进行 T 检验来检测处理组、对照组存在显著差异与否，若不存在统计上的显著差异就说明匹配效果符合要求。由表 5－19、表 5－20可知，无论是租入农户还是租出农户，从变量配对以后的标准偏差与 T 检验结果来看，最近邻匹配、核匹配与半径匹配结果的标准偏差的绝对值都没有超过 20，T 检验结果表明只有人均金融资产价值在租出与未流转两组最近邻匹配的均值差异在 10% 水平上显著，其他变量配对后在处理组农户样本和控制组农户样本之间没有显著差异。此外，配对后的 Pseudo R^2 值变得很小，LR chi2 的概率值都不显著。因此，匹配明显降低了处理组与对照组两组间解释变量分布的差异，最大限度地控制了样本选择偏误，这说明平衡检验结果令人满意。

表 5－19　匹配变量平衡性检验（租入农地）

变量名称	租入						
	未匹配	最近邻匹配		核匹配		半径匹配	
	T 概率值	标准偏差	T 概率值	标准偏差	T 概率值	标准偏差	T 概率值
Lab	0.000	－1.9	0.728	－0.4	0.941	－4.4	0.421
Age	0.898	0.1	0.992	0.2	0.964	1.1	0.838
Edu	0.155	5.7	0.281	1.0	0.849	－0.1	0.985
Hous	0.227	1.9	0.654	－0.8	0.859	－1.2	0.795
Finc	0.268	－3.4	0.637	－1.2	0.861	3.6	0.435
Land	0.167	0.0	0.984	－0.5	0.860	－0.6	0.801
Nainc	0.000	2.1	0.696	－1.7	0.759	1.6	0.766
Agra	0.000	10	0.103	9.0	0.166	6.5	0.257
Qta	0.212	0.9	0.849	－1.0	0.831	－1.0	0.823
Llh	0.441	0.5	0.926	0.2	0.972	－1.3	0.810
Migr	0.030	－0.5	0.918	0.2	0.971	1.4	0.788
Conv	0.082	4.2	0.379	－0.9	0.862	0.2	0.972

续表

变量名称	租入						
	未匹配	最近邻匹配		核匹配		半径匹配	
	T概率值	标准偏差	T概率值	标准偏差	T概率值	标准偏差	T概率值
Landf	0.014	2.1	0.693	0.2	0.966	-2.3	0.669
East	0.183	1.4	0.791	-1.1	0.830	0.6	0.904
Mid	0.000	-4.0	0.473	2.5	0.648	-2.0	0.717
平均标准偏差		2.8		1.4		1.9	
Pseudo R^2		0.004		0.001		0.002	
LR chi2		6.87		2.46		3.85	
P (LR chi2)		0.961		1.000		0.999	

表5-20 匹配变量平衡性检验（租出农地）

变量名称	租出						
	未匹配	最近邻匹配		核匹配		半径匹配	
	T概率值	标准偏差	T概率值	标准偏差	T概率值	标准偏差	T概率值
Lab	0.436	1.4	0.882	-2.3	0.809	0.1	0.993
Age	0.141	1.4	0.886	-2.8	0.770	1.7	0.862
Edu	0.000	-4.6	0.618	7.2	0.445	-0.4	0.962
Hous	0.001	2.9	0.772	9.6	0.360	0.6	0.958
Finc	0.012	15.2	0.067	14.3	0.105	12.9	0.145
Land	0.922	-4.8	0.686	-2.5	0.857	-3.0	0.839
Nainc	0.000	-2.4	0.788	8.2	0.372	1.1	0.906
Agra	0.015	-1.3	0.692	-5.9	0.275	-1.9	0.644
Qta	0.007	-0.6	0.962	5.2	0.641	-4.5	0.719
Llh	0.344	5.7	0.574	1.5	0.877	-0.9	0.928
Migr	0.267	1.1	0.907	-1.5	0.874	1.2	0.902
conv	0.591	-5.3	0.620	0.4	0.967	-2.7	0.795
Landf	0.085	3.3	0.734	-3.9	0.688	1.2	0.906
East	0.131	-2.4	0.804	1.1	0.910	-1.3	0.893
Mid	0.002	3.5	0.728	6.5	0.513	0.5	0.958
平均标准偏差		2.9		3.9		2.3	
Pseudo R^2		0.009		0.012		0.005	
LR chi2		5.55		7.02		3.23	
P (LR chi2)		0.986		0.957		0.999	

（三）农地流转与农民收入增长

本节从农户农业收入与农户非农收入两个角度研究农地流转对农民增收的影响，不同农地流转行为对农户收入构成的影响情况不同。对于租入土地农户家庭来说，租入土地扩大了其农地经营规模，可以更充分地利用农户家庭已有的人力资本，发挥土地的规模经济效应，减少农业生产成本、增加农民的农业收入。此外，随着土地经营规模的扩大，农户可能会增加对农地固定资产的投资，家庭资产得到更充分的利用，有助于促进其财产性收入的提高，由于农业投入成本的加大，在当下农业补贴政策下，也会获得更多的良种补贴、农具器械购置补贴，以及部分小规模租入土地的农户可能存在兼业行为，故其非农收入也可能增加。对于租出土地农户家庭来说，一方面，租出土地可以使其更有效地配置劳动力资源，使农户从土地束缚中解脱出来，拥有更多的非农就业机会，同时也可能获得释放的土地、资本等资源带来的租金、利息收入，可以显著提升农户的非农收入。另一方面，租出土地农户由于农地经营规模减少以及劳动力的非农化转移，不利于其农业收入的增加。总体上，租出土地带来的农户非农收入的增加幅度大于其农业收入的减少幅度。表 5 - 21 给出了在三种匹配方法下测算的农地租入与农地租出对农户收入增长的促进作用（包括农户人均收入、农户人均农业收入以及农户人均非农收入）。由表 5 - 21 可知，虽然采用了多种匹配方法，但模型模拟出的结果基本一致，表明本节的结果具有很强的稳健性。除了租出农地的农户人均农业收入外，农地租出家庭的农户人均收入、农户人均非农收入的增长测算结果均通过了显著性检验，农地租出促进了农户收入水平的提高，由于租出土地不利于农户农业收入的增加，故租出户的农业收入没有通过显著性检验；而租入土地的农户人均收入、农户人均非农收入以及农户人均农业收入的增长测算结果均通过了显著性检验，租入农户的非农收入之所以会增加，可能是由于其扩大经营规模时购置了更多的固定资产，获得了更多的农业补贴收入以及部分农户可能存在兼业行为，这些都会导致租入农户非农收入的增加。在表 5 - 21 的最后三行给出了三种匹配方法的均值。由表 5 - 21 可知，农地流转行为显著促进了参与农户家庭收入的提高，在排除其他因素的作用下，租入农地的农户人均收入会提高 24.6% [exp (0.22) - 1]，农户人均农业收入提高 47.7% [exp (0.39) - 1]。租出农地的农户人均收入会提高 11.6% [exp (0.11) - 1]，农户人均非农业收入提高 10.5% [exp (0.10) - 1]。而和处理组、对照组农户收入差异的统计结果

（见表5-17）比较以后，可以发现倾向得分匹配后测算的农户收入增长与统计结果存在差异，表5-17中租入家庭的户均收入差异0.18小于PSM测算的0.22，租出家庭的户均收入差异0.17大于PSM测算的0.11，因此，统计方法低估了农地流转对租入农户收入的促进作用，高估了农地流转对租出农户的增收效应。倾向得分匹配法将土地流转从其他影响农户收入的因素中分离出来，估计结果更为精准。

表5-21　农地流转的收入增长促进作用测算结果

匹配方法	收入指标	租入农地			租出农地		
		对照组	处理组	差距（ATT）	对照组	处理组	差距（ATT）
最近邻匹配	户均收入（对数）	8.56	8.78	0.22***	8.93	8.97	0.04***
	户均非农业收入（对数）	7.74	7.93	0.19***	8.56	8.67	0.11***
	户均农业收入（对数）	7.25	7.62	0.37***	6.87	6.86	-0.01
半径匹配	户均收入（对数）	8.55	8.79	0.24***	8.85	8.99	0.14***
	户均非农业收入（对数）	7.71	7.92	0.21***	8.61	8.68	0.07***
	户均农业收入（对数）	7.23	7.62	0.39***	6.93	6.86	-0.07
核匹配	户均收入（对数）	8.58	8.78	0.20***	8.83	8.98	0.15***
	户均非农业收入（对数）	7.77	7.92	0.15***	8.56	8.67	0.11***
	户均农业收入（对数）	7.21	7.62	0.41***	6.95	6.86	-0.09
平均值	户均收入（对数）	8.56	8.78	0.22	8.87	8.98	0.11
	户均非农业收入（对数）	7.74	7.92	0.18	8.58	8.67	0.10
	户均农业收入（对数）	7.23	7.62	0.39	6.92	6.86	-0.06

注：***、**、*分别表示在1%、5%和10%的水平上显著。

（四）组群差异分析

本节分别根据农户劳动力平均受教育水平以及所处区域位置将农户分组，然后每组内分别将租入、租出农户与未流转农户匹配，以便进一步研究租入土地、租出土地对农户家庭收入促进的组群差异情况。比较各组内数据分布情况可知，小学、文盲组对照组的样本量分别为340、985，其他组对照组的样本量均在1 200以上，可以看出每组内的对照组样本量都足够大，所以处理组的农户家庭数据可以得到充分利用。此外，匹配结果显示，文盲组租入、租出以及小学组租出样本匹配数分别为38、26、69，其他组匹配样本数都在150以上，具有很好的代表性。不同分组内农地流转对农户收入的促进作用通过最近邻匹配给出，具体结果见表5－22。

表5－22　农地流转促进作用的组群差异结果

项目	分类标准	租入土地农户			租出土地农户		
		户均收入（对数）	户均非农业收入（对数）	户均农业收入（对数）	户均收入（对数）	户均非农业收入（对数）	户均农业收入（对数）
农户劳动力平均受教育水平	文盲	8.16***	6.86	7.36**	8.04	7.70	6.74
	小学	8.46	7.58***	7.45***	8.93***	8.53***	7.05
	初中	8.81	8.12	7.55***	9.05***	8.70***	7.11
	高中及以上	9.08***	8.21	7.77***	9.06***	8.80***	6.68***
农户不同区域位置	东部	8.92	8.14	7.77***	8.90	8.59**	6.57**
	中部	8.96***	7.97***	7.75***	9.00***	8.73**	6.70
	西部	8.49	7.70**	7.35***	9.08***	8.72***	7.17

注：***、**、*分别表示在1%、5%和10%的水平上显著。

教育水平是非常关键的人力资本变量，它不但影响农户对土地流转的参与行为，而且在参与土地流转以后，对农户家庭的收入增长也有显著的积极作用。对土地流转农户而言，受教育程度高，代表农户拥有更为开阔的视野与丰富的专业知识，更容易抓住非农就业机会，提高非农收入，由于知识面的开拓，对租入土地的利用效率也会更高。表5－22结果表明，劳动力平均受教育水平在高中及以上的农户，流转土地后对收入增长的促进作用更显著。此外，劳动力平均受教育水平在高中及以上的农户，在租出农地后对非农收入的促进作用以及租入农地后对农业收入的促进作用均明显大于最近邻匹配下所有农户。农户人力资本越多，农地流转的收入促进效应越强。

农户所处地理位置也对农户的土地流转参与行为有重要影响，并在农户流转土地以后，间接影响农户的收入增长。我国不同区域经济发展不平衡，东部、中部区域相对于西部来说，无论是地形交通、经济、技术等方面都发展得更为通达，且西部地区很多省份特殊的地形及环境也对农地流转行为造成了很大影响，进而导致了东部、中部、西部区域的农地流转收入影响效应存在显著差异。由表5－22可知，对租入土地农户而言，在西部地区对收入的促进效果低于东部，东部的促进效果小于中部，在西部、东部、中部地区的农户收入增收效应逐渐加强。在东部区域，对于租入土地农户而言，其户均农业收入大于最近邻匹配下所有租入土地农户的农业收入，但是促进效果并没有那么明显。可能的原因是东部地区多是平原，农业生产的边际效率更高，但又因土地流转期限短，流转规模小，没有很好地发挥农业生产的规模经济效应。在中部区域，对于租出土地的农户而言，其户均非农收入大于最近邻匹配下所有租出农地农户的非农收入。可能是因为中部地区的非农就业机会较多，农户可以从土地束缚中解脱出来获得工资性收入等非农收入来增加其非农收入。在西部地区，对于租出土地农户而言，户均收入水平大于中部、东部地区的户均收入。原因可能在于西部地区经济发展相对落后，劳动力外出流动较大，此外，西部地区的旅游业等产业的发展也提供了许多非农就业的机会，随着非农就业获得的非农收入的大幅增加，农户家庭的收入水平自然也显著提升。

（五）研究结论与讨论

（1）从农户微观收入视角，运用 PSM 模型主要分析了我国农地流转对租入土地农户及租出土地农户收入的影响效应，实证研究表明：第一，农地流转促进农民收入增加。无论是租入土地还是租出土地均促进了农户家庭收入水平的提高，与未流转农户相比，租入农地会提高农户人均收入 24.6%，租出农地能够提高农户人均收入 11.6%。第二，人力资本能够提高土地资源配置效率，优化非农就业结构，从而促进农民增收。对于租入户来说，人力资本积累越多，越能够更好利用土地，提高农业生产率。对于租出户来说，人力资本积累越多，越能敏锐识别并把握非农就业机遇，大幅提升农户非农收入。第三，不同农地流转行为对农民增收的影响具有区域差异。对于租入户而言，中部、东部地区农地流转的收入增加效应显著大于西部地区。对于租出户而言，西部地区农地流转的收入增长明显大于中部、东部区域。

（2）本章的政策含义有：第一，积极创新条件，促进农地顺利、有序流转，要不断完善农地流转市场的发育，并逐步规范农地流转市场相关的交易规则，强化市场对农地配置的作用，提高农地流转效率，减少不必要的流转交易费用。第二，向农民投资，增加农民人力资本积累，特别要加大对农村教育事业的资金投入，提高农户整体的受教育水平。第三，实施有区域差别的农地流转政策，促进不同区域合理有序流转农地，从而促进农民增收。

第六章　农地流转促进农民增收：基于田野调查和典型案例的实证研究

第一节　基于典型调查的农民增收效应研究——贵州农村“三变”改革

一、引言

2017 年中央一号文件提出“落实农村土地集体所有权、农户承包权、土地经营权‘三权分置’办法”使我国从所有权与经营权“两权分离”走向所有权、承包权与经营权的“三权分置”，其核心目的是处理好农民和土地的关系。而贵州农村“三变”改革作为“三权分置”背景下衍生的一种创新性制度改革，是人们完善家庭联产承包责任制，追求效益最大化的必然产物。2013 年中央一号文件首次提出“家庭农场”的概念，其主要目的是解决土地细碎化问题，实行土地适度规模经营。从家庭承包到家庭农场，依据马克思与诺斯制度变迁理论，规模经营、技术进步、专业分工是推动制度变迁的内在动因，追求外部利润为外在动因（伍开群，2014）。同样，2014 年贵州省六盘水市开始在“耕者有其田”的基础上，实现“贫者有其股”，打造“股份农民”，做到“产业连体，股份连心”，对于实现农地有价值的流转，推动城乡发展要素的双向流动具有显著影响（罗凌等，2016）。贵州农村“三变”改革作为一种推动生产发展的新力量，其形成的动因及存在的意义值得我们探析。此外，从 2014 年六盘水市正式推出农村“三变”改革到 2017 年中央一号文件对农村“三变”改革所取得的成效作出肯定，探究农村“三变”改革发展进程中激活农业农村内生发展动力等积极作用以及制约农村“三变”改革的影响因素，对于进一步发展农村“三变”

改革，促进农业产业增效、农民生活增收、农业生态增值有积极有效的理论指导意义。

二、农村“三变”改革的动因分析

贵州农村“三变”改革是在不改变使用性质和用途的前提下，通过将农民的承包土地经营权、住房财产权以及资金、实物、技术、劳动力等生产要素入股企业、专业合作社等新型农业经营主体，是一种创新性的具有推广意义的“三农”体制改革。农村“三变”改革的实施，具有贵州省本身的地域发展特色，同时也具有在国家发展背景下变革的普遍性，因此农村“三变”改革的产生是经济因素、社会因素、生态建设因素、制度因素等综合影响的结果，是在理论和实际中均具有重要意义的变革。具体来说，追求利益最大化、政府推动市场化等是农村“三变”改革产生的外在动因，农业科学技术水平进步、适度规模经营与农业专业化分工等为内在动因。本书从政府推动、科学技术发展、经营规模化与专业化分工等多方面对农村“三变”改革的动因进行分析，在此基础上探究农村“三变”改革存在的意义，并进一步分析农村“三变”改革发展进程中的积极作用及制约因素。

（一）政府推动市场化的产物

2013 年党的十八届三中全会提出“市场在资源配置中起决定性作用”，市场化体制在资源包括土地资源配置中的作用越来越显著。秩序混乱的市场资源配置会越来越偏离“帕累托最优”。完善市场机制主要涉及两个方面：一是规范市场秩序，二是培养市场主体（洪银兴，2014）。而六盘水市积极探索推出的农村“三变”改革，充分发挥村民、村集体作为市场主体的作用，充分体现资源的资产特性，促进农民增产增收。农村“三变”改革解决了分散的农户干不了、干不好、干了不合算的问题，建立起适应市场经济对规模化、组织化、市场化发展需要的体制机制。农民通过土地、资金以及集体资源入股的方式参与经济建设，拓宽了农民进入市场的渠道。首先，通过资源变资产搭建产业发展平台，盘活农村资源，催生产业规模化发展，进一步放活经营权，优化资源配置。其次，长期以来，涉农投资投入分散，效益不高，而通过资金变股金破解产业融资瓶颈，加速城乡一体化发展，有效提高了资金的使用效益，实现集聚式发展。最后，通过农民变股东激发产业内生动力，在“耕者有其田”的基础上，不断打造市场新主体“股份农民”，解决弱能、失能群体增收，统筹推进农业农村经济社会全面协调发展，有力推进市场建设。农村“三变”改革在促使农民致富，产业发展的同时，壮大了作为市场主体的村集体经济组织，形成村庄实体经济的发展。农村“三变”改革最大限度地解放和发展农村生产力，实现以农村为基础，农民为主体，实现法律平台、政策平台、产业平台和金融平台的完善，优化市场发展路径。新型农业经营主体的培育和适度规模经营，是完善农用地流转市场的题中应有之义。

（二）农业科学技术水平进步

随着农业现代化的不断推进，农业科技水平的不断提高，农业发展对专业化、规模化、社会化以及产业化要求有所提高，不同的技术发展阶段对于农业主体、规模、方式的要求也不一样。技术的进步推动农业产业化、专业化的发展，而农业产业化、专业化的发展需要农村集体产权制度改革，农村资源、资金的盘活以及农民增收长效机制的建立。推进重大成果和关键技术的应用，促进农业科技与生产紧密结合是落实创新发展战略、推进农业现代化的重要举措。当前大部分农村地区由于经营不够规模化，经营主体不够专业化，资金有限等问题致使最新的科技成果无法全方位地推开与应用。农村“三变”改革的实施，培育新型农业经营主体，掌握更多的农业科技知识，是加快农业转型升级、提高土地利用率的必然要求，也是促进农民有序转移、增加农民收入水平的重要举措。合作社作为村级集体经济组织，是农村“三变”改革的主力军，是农业科技进步的重要载体。深入推进农村“三变”改革，通过股权纽带把各种资源要素整合到产业平台上来，推动了农村经济规模化、组织化、市场化发展，为新技术的引进与推广提供了平台，新的改革方式也促使了对新技术的需求，而新技术的产生又需要改革来提供推广平台，两者互为促进。

（三）适度规模经营

由于家庭联产承包责任制导致的细碎化现象使我国的土地存在较大的生产潜力，适度增加土地规模的同时增加其他可变资源如农业技术等的投入，可提高土地生产力，即适度规模经营。合理确定土地利用的集约度，促使土地高效利用，增加农民收入是农地流转这一行为发生的根本原因。适度规模经营需要进行农地流转，而农村“三变”改革毋庸置疑促进农村土地流转。2014 年《关于引导农村土地经营权有序流转　发展农业适度规模经营的意见》提出，土地流转和适度规模经营是发展现代农业的必由之路，有利于保障粮食安全和主要农产品供给，并且优化土地资源配置和提高劳动生产率，同时促进农业技术推广应用和农业增效、农民增收，也提出鼓励创新土地流转形式。农村“三变”改革在坚持土地集体所有的基础上，以股份合作为纽带，使资源、资金、农民分散这些阻碍农村发展的顽症得到解决，将土地经营权和农民其他可经营性资产以入股等形式给农业合作社、家庭农场、种植大户、企业或其他经济组织，以此来促进土地适度规模经营以及对其他经营性资产的有效利用，使原来家庭联产承包责任制“分”得充分，“统”得不够的问题得到有效解决。通过把分散的资源、资金、农民“集聚”起来，为适度规模经营提供可能，突破了通过土地流转发展适度规模经营的限制，实现了农民与经营主体的双赢局面。一方面，对于规模经营主体来说，根据农民入股进行分红，无须支付土地租金，即在不增加经营成本的情况下，发展农业适度规模经营；另一方面，对于入股农民来说，将承包地入股成为规模经营主体，同时提供了就业机会，使其由旁观者变为具体参与者，增强了农民主人翁意识，从而实现农户与规模经营主体“联产联业”“联股联心”互利互赢的局面。通过农村“三变”改革的实践证明，土地股份合作的形式比单纯土地流转在机制上更具有灵活性、优越性和可持续性，是一种行而有效的发展农业适度规模经营的组织形式。

（四）农业专业化分工

列宁提出农业专业化是“资本主义社会中农业进步的基本因素之一”。由于农业比较利益较低而机会成本较大，根据刘易斯二元结构经济发展理论，一部分农民必然会脱离农业进入非农产业，当农村第二、第三产业发展时，农民分化逐渐加快，兼业农民逐渐成为农业生产经营主体，从而形成以农业为主业，第二、第三产业为副业的农业兼业农民。当前，我国正在经历由家庭联产承包责任制下的土地细碎化、农业生产分散化向着“三权分置”背景下土地流转带来的土地适度规模化、主体多样化的方向转变。农村“三变”改革可将原本零散的土地资源集聚起来，很大程度上促使农业生产规模化发展。而农业规模化程度的不断提高，又促使农业经营主体的专业化程度不断提升，促使原本的农业生产者向着专业化农业生产、专业化农业服务、专业化农产品加工和专业化产品销售等方向分工合作。农村“三变”改革可以促进对新型经营主体的培养和发展，有效地提高农业专业化分工程度，解决新农村建设、农业现代化发展过程中遇到的一些难题。

通过以上动因进行归纳分析可以得出，农村“三变”改革是贵州省在国家提出加快农业现代化，实现全面小康的背景下，根据目前的制度因素、经济因素、社会因素、生态因素催生出来具有贵州省地域特征，且能够推广借鉴的农村集体产权制度改革。农村“三变”改革是在追求利益最大化以及政府的推动下，在农业科技水平、农业适度规模经营以及专业化分工等的需求下应运而生，大大地强化了农民在改革中的参与权和分享权。农村“三变”通过改变单户分散经营的方式来适应社会化大生产发展需要的同时并不是“一蹴而就”，农村“三变”改革的产生和下一步的推行更需要各级政府、企业、村集体、农民等多主体、多方位的努力，需要不断探索推进农村“三变”改革的新路径，将农村“三变”改革不断地推广、实践，促进社会主义新农村的建设。

三、农村“三变”改革的意义

（一）降低交易费用，优化资源配置

在新古典经济学视阈中，最为核心的假设就是行为人都是以效用最大化为目的的理性人。科斯第一定理提出：若交易成本为零，无论初始产权分配给谁，经过产权交易，都能实现帕累托最优，达到资源的最优配置。然而，在现实情况中，由于存在信息不对称、部分产权置于公共领域中使交易成本不可能为零。因此，科斯第二定理提出若交易成本为正，不同的产权配置将产生不同的资源配置效率，从而影响社会总体福利，产权制度应寻求使交易成本最低的权利初始分配（曲福田，2011）。在农村集体产权制度下，权利主体不明晰、权属关系不明确，造成农村集体资源和资产无法实现效用最大化。而农村“三变”改革推行“资源变资产、资金变股金、农民变股东”在一定程度上使产权更加清晰，交易成本下降进而提高产权分配效率。农村“三变”改革是更加有效的集体所有制实现形式的伟大探索（郭丙生，2016）。

（二）有利于农业供给侧结构性改革

农业供给侧结构性改革要解决经营规模小、土地细碎化、劳动生产力低、生产成本高等问题，同时也要提高农业生产的质量和效率。对于农业供给侧改革而言，关键是如何完善体制创新机制，深化农村改革、全面激活市场、激活要素。深化农村产权制度改革是近几年国家一直强调的，而农村“三变”已然成为贵州省践行农业供给侧结构改革的重要抓手，对于其他地区推进农业供给侧结构改

革也有很大借鉴意义。农村“三变”把农民自有的资源、国家配发的资金、企业家的资金通过市场进行了有机组合，大大提升了农业资源配置的效率，有效地实现农业增效、农民增收、生态增值的统一。农村“三变”改革也是深化农业供给侧结构改革的制度创新，主要是因为将农民所有的资源作为资产入股企业后，一方面可作为股东得到企业分红，另一方面作为企业雇员拿到工资，进而农民就拥有了两份收入来源，收入得到了增加；再者就是企业经营者整合多个农户所有的农业资源，不仅盘活了农业资源，也实现了规模化生产；还有就是广泛采用农业现代化科学技术，提高经营管理水平，可以根据市场状况及时作出结构和数量调整，能够从根本上解决农业供给侧结构不合理、农民收入提高难等问题。

（三）助推精准扶贫

精准扶贫是习近平总书记于党的十八大以来，通过多次深入贫困地区调研提出的概念。贵州省六盘水市作为精准扶贫的重点对象，在总结基层经验和做法的基础上提出了农村“三变”改革的新途径。目前农村“三变”已取得可观的效果，其主要的实现模式是农民专业合作社模式、“政府 + 金融机构 + 农户”模式、异地置业模式和“公司 + 基地 + 农户”模式等四种创新模式，为欠发达地区对于如何有效使用农村集体闲置资源，提高集体资金和财政资金在扶贫开发、产业发展等方面的使用效率提供有益经验。农村“三变”改革对于精准扶贫来说的重要意义主要有两个方面：一是扶贫方式更加精准。开展精准扶贫，需要以产业作为支撑，资源作为依托，龙头企业、专业合作社、家庭农场等经营主体为载体。通过推进农村“三变”改革，在空间上，对位置偏远、农业产业和基础设施薄弱、脱贫困难的贫困农民，可突破空间制约，走联合发展之路，跳出本村异地增收；在时间上，通过推进农村“三变”模式，可让自身资源、环境条件和能力相对较弱的群众，跳出时间上的制约，实现精准脱贫（苏荣芳等，2017）。二是拓宽扶贫途径。通过开展农村“三变”改革，让分散的资源、资金、劳动力、技术聚集起来，入股到企业、专业合作社等经营主体中，持股分红而获得长期稳定收益，进而在专项、行业和社会三位一体的大扶贫背景下解决贫困农户自身发展能力弱、收入增收途径有限等难题，并且转变贫困农户的农业产业中的位置，深度融入改革中，激发农村发展的内生动力，推动农业结构调整，拓宽脱贫路径。农村“三变”改革已成为贵州省“在三农体制机制改革方面闯出一条新路”的典范，从根本上解决了农村资源闲置、农业内在发展活力不足、农户致富无门路等难题，拓宽了扶贫开发新路子。

（四）生态产业发展的需求

改革开放以后，六盘水市工业发展迅速，农业发展速度相对落后，农村发展落后于城市，成为全面小康的“短板”问题。六盘水市具有气候优势，但是农业产业化、专业化发展落后，特色农产品附加值有待提高。党的十八大提出，在建设政治文明、经济文明、文化文明、社会文明的基础上，要加快生态文明建设。六盘水市自然景观和人文遗迹丰富，大力发展生态产业，已然成为告别“守着青山绿水苦熬”和实现脱贫致富的有效途径。以股权为纽带发展的产业平台，整合了农村各种资源优势，将生态优势转化为产业优势、经济优势。通过大力发展健康产业、旅游产业、特色农业产业，促进了农业与旅游、农业与城镇、农业与乡村的融合发展以及生产、生活与生态三位一体的统一，实现了生态、经济、社会、旅游四个方面的全方位的发展。《贵州省“十三五”现代山地特色高效农业发展规划》提出，大力发展山地特色农业，六盘水应充分利用喀斯特山地特点发展具有本地特色的农业产业。通过农村“三变”加快产业结构调整步伐，促使山地特色产业迎来新的发展生机，也成为新时代背景下新的经济增长点，是一种生态、高效发展的新路。农村“三变”通过资源的整合、重分配促进农业特色产业发展，完成农业生态产业化，产业生态化的产业升级。

（五）壮大经济组织

对于贫困地区而言，目前仍存在大量的没有村集体经营收入，且累计资金为零的“空壳村”。村集体无资金来源，发展无力，缺乏机遇、平台。与此同时，对于作为新型农业经营主体的企业、合作社而言，即使拥有雄厚的资金支持和先进的科学技术，但由于土地、劳动力等资源的缺乏，新型经营主体无法得到快速的发展。与企业、合作社相对应的拥有大量荒山、荒坡、闲置农用地和剩余劳动力等资源的“空壳村”，通过农村“三变”改革可盘活原本“沉睡”的资源，拓宽农民收入途径，增加农民收入。其中，通过探索“股份合作”模式，推动了村集体经营方式转变，以村集体组织构建农业专业合作社、土地股份合作社或者企业推动了村集体经营组织发展以及村集体组织经济水平的提高。同时，农村“三变”改革激发了村集体组织活力，通过与企业、合作社展开的多元化经营模式，有机地将村集体组织与新型农业经营联系起来，将分散的土地、农户与经营主体联系起来，有效地壮大了村集体经济组织，提高农民的组织化程度和农业适度规模经营水平。农村“三变”改革促使村基层组织向村集体经济组织、公司、专业合作社、园企等多种方式的转变，是促进农村发展的内生动力，也是壮大村集体经济的内在需求。

第二节 基于新型经营主体视角的农民增收研究

在中国促进农业规模经营的丰富实践中，最具代表性的模式包括“公司+合作社+贫困户”模式、“农户+企业”模式以及“支部（村委）+合作社+农户”模式等。

一、“公司+合作社+贫困户”模式

云南省富源县地处云贵交界，是云南的东大门，全县国土面积3 348平方公里，辖9镇1乡2街道、161个村委会（社区）、1 723个自然村，总人口83万。富源县内资源丰富、物华天宝。县内煤炭资源丰富，是全国100个重点产煤县之一，也是全省重要的煤炭能源基地县。富源魔芋和大河乌猪两个地方品牌享誉全国，大河乌猪是国家两个地方优良品种之一。一方面，富源县认真贯彻《曲靖市新型农业经营主体带动建档立卡　贫困户稳定增收实施方案》，通过土地流转和“公司+合作社+贫困户”“贫困户贷款+就业分红”“公司+基地+农户+科技推广生产”等扶贫模式，提高农业产业化经营水平，确保贫困户稳定增收。2016~2018年，富源县共计流转土地4万亩，涉及农户23 900户，3 500户建档立卡贫困户，优先返聘贫困户到经营主体务工，实现户均增收2 000元以上，租地返聘的扶贫模式为贫困户脱贫增收创造了有利条件。村民通过土地流转，土地直接入股企业、合作化等创新经营模式发展特色农业，实现土地规模经营。2017年，扶持龙头企业69户，组建专业合作社619家，流转土地4万亩，带动7 843户年均增收3 000元。另外，依托大河乌猪养殖产业优势，引进广东温氏集团发展扶贫养殖小区，按照每个养殖小区补助20万元的标准进行以奖代补，共投入资金1 100万元，目前，具备建设条件的70个点已启动55个点建设。另外，大力发展劳务产业。积极组织贫困人口到煤矿、德鑫焦化、泽鑫铝厂、今飞轮毂厂等县内企业务工，带动2 736名贫困人口月均增收3 000元。同时，大力实施劳务输出。以乡镇（街道）为主体，组建了7个劳务输出公司和12个劳务工作站，提高群众外出务工组织化程度、规模化程度。2017年新增转移就业建档立卡贫

困人口 18 668 人，人均月收入超过 3 500 元。2018 年以土地流转的形式建立了 500 亩辣椒种植基地。每亩流转费用 500 元以上，吸纳当地建档立卡贫困户就业、参与种植等务工人数达到 1 200 人，加上土地租金实现贫困户年收入 15 000 元左右。农业产业发展作为脱贫攻坚的根本，通过大力发展特色产业，因地制宜、切实提高产业扶贫，促进增收作用。

（一）产业扶贫助推脱贫，实现户户有产业，家家能增收

云南省富源县墨红镇认真贯彻“创新、协调、绿色、开放、共享”五大发展理念，立足于生态资源、民族文化、气候特征等优势，大力培育、发展高原特色农业和乡村旅游，先后建成了集辣椒育苗、种植、收购、加工、销售为一体的墨红镇云南满地金食品开发有限公司，从事中药材与魔芋加工的金烨农民合作社，乌蒙洞藏酒厂，法土彝贡酒庄，青森商贸有限公司林一山泉水厂，普冲红色文化旅游服务公司，温氏畜牧养殖有限公司等龙头企业及 16 个村级综合经济发展专业合作社，共发展带动了种植业中的烤烟、魔芋、辣椒、花椒、包谷、中药材、核桃、油菜、苦荞等 9 个高原特色农业和养殖业。

墨红镇共有在档建档立卡贫困户 1 973 户 7 648 人，其中：已脱贫 795 户 3 114 人，未脱贫 1 178 户 4 534 人，2018 年预脱贫 989 户 3 825 人。在产业扶贫过程中，紧紧围绕每户贫困户至少享受一项致富产业帮扶的目标，在贫困户中享受一项产业扶持的有 1 754 户，两项的有 212 户，两项以上的有 7 户，兜底帮扶 276 户深度贫困户，聚焦重点扶持 989 户预脱贫对象，同时又兼顾其他对象，确保长短结合，远近相兼，户户有产业，脱贫有支撑。

（二）云南满地金食品开发有限公司运作模式

云南满地金食品开发有限公司成立于 2013 年，是一家从事辣椒种植、加工和销售为一体的农业龙头企业，公司成立至今，已与省内外多家食品加工企业建立了辣椒系列产品供应合作体系，逐步形成了从种植收购到生产加工及冷链物流产业链条；通过走订单种植、精细加工、绕一配售的产业标准化路子，不断加大农业与市场对接力度，为不同客户提供“个性化”包装，建立健全食品安全回溯体系，企业实现了辣椒产业链的全方位覆盖。

第一，党建引领兴企业。墨红镇党委按照“产业发展到哪里，党员就流动到哪里，党组织就要覆盖在哪里”的工作思路，云南满地金食品开发公司成立了党支部，建成 3 片党员示范田，3 个党员示范大棚，在生产基地设立党员示

范岗 5 个，让党员积极参与到公司生产、经营、加工、销售等环节，身上有指标，建设担责任，工作有动力，让党员起到示范带头的作用，保证公司的决策不偏离方向，符合发展原则，支部党员身先士卒，带头落实公司的各种决定。各级县委政府给予高度关心和帮助，建立镇、村、企业定期协调机制，协调基础设施问题。通过多方协调定规划、实地调研解难题、一户一策作动员、现场观摩促规范、召开协调会 8 次，解决土地流转、规划衔接、项目建设等实际问题 18 个。

第二，红利反补强村组。公司采取“党总支 + 合作社 + 公司 + 农户”的模式，组建辣椒产业发展联合体。由镇党委政府统筹，16 个村（社区）党总支将产业布局与企业对接，成立了富源县墨红镇春果蔬菜专业合作社和富源县墨红镇富宏魔芋农民专业合作社。由各村（社区）党总支牵头，提高组织化程度，多渠道壮大集体经济。一是收购服务创收。收购期间集中组织椒农交售辣椒，按照 0.1 元/公斤的标准兑付给村集体，可实现村集体经济创收 5 万元以上。二是土地流转增收。围绕企业发展用地需求，集中流转土地收取一定流转费用。三是项目资金入股。整合项目资金入股 70 万元，每年可分红 5 万元。截至 2017 年，各个村都成立了综合经济发展合作社，在土地流转过程中每流转一亩土地村级集体可获得 50 元收益。公司集体经济于 2015 年开始发展，计划到 2020 年产值过亿元，有 400 万集体经济资金。村集体经济收益分配如图 6－1 所示。

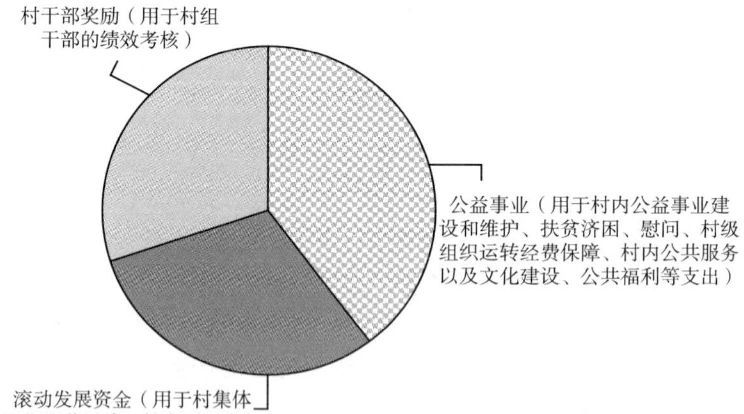

图 6－1 村集体经济收益分配

第三，热心奉献惠群众。具体到公司带动贫困户脱贫致富的措施（见图 6－2），主要体现在“三送”：一是送种苗。为破解长期连作和病虫害难题，投资 400 万元研发建成智能化育苗大棚，所有的种苗实行干漂培育，每年为农户免费提供种苗 1 200 万株。二是送技术。依托脱贫攻坚乡村大讲堂、实训基地等场所，邀请省内外专家达成了长期的培训协议，安排详细的培训计划、培训包括育苗、移栽，管理、收购时辣椒怎么分拣，为椒农提供 10 期 3 000 余人次科学技术培训、为群众提供科技培训。三是送物资。每年自筹资金 100 余万元，购置优质辣椒籽种、地膜、肥料、农药等生产物资，免费发放给贫困户。对于其他普通农户，为了防止免费发放种子肥料丰收后不卖给公司，需要交给公司 100 元/亩的押金。近三年来，扶持带动 4 770 户农户，种植辣椒 16 000 亩，实现收入 6 400 余万元，人均增收 2 358 元，其中带动贫困户 1 400 户，种植辣椒 4 200 亩。

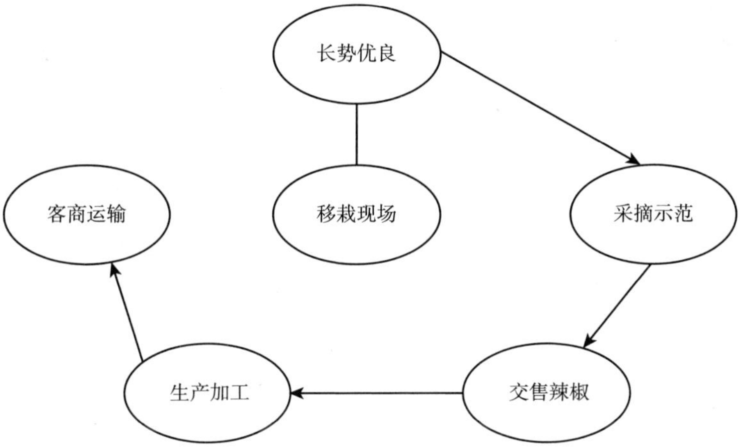

图 6-2　产品加工流程

二、"农户 + 企业" 模式

秀水村位于贵州省安顺市普定县龙场乡，距离普定县城 7 公里。它由七个自然村组合并而成，包括包包上村、索桥村、旧院村、裸志村、牛角村、水潮村、小寨村，共计农户 1 174 户，人口 3 522 人，主要以汉族为主，有苗族、布依族、仡佬族等少数民族，少数民族人口占 12.5%。秀水村土地资源丰富，共有土地（适合种植经济作物）5 200 多亩，人均土地 1.48 亩。2015 年 4 月，兴伟集团以独特的帮扶模式，在国家、省、市、县、乡党委政府及各级部门的大力支持下，在秀水村无偿投入 3.77 亿元，开启了一场全新模式的帮扶建设运动，打造国内首创的“秀水五股”精准扶贫模式。

（一）实施土地整理，创新村庄经济发展模式

秀水村口面临白水如花的秀水河，背靠峻峰壁立的数座山峰，历代皆为风水宝地，明威将军隐居索桥时，常在此抛杆作姜太公渭水垂钓之乐，明清年间此地私塾多由饱学的张姓族人执教，至民国年间新学渐兴。民国34年，牛角村江西籍张姓族人张前锋自己出资修建新学堂，地方绅士、民众乐而从之，捐款捐物，建成学校，命名为秀水学堂，为该村及邻近地区培养大批农家子弟，多有为公务员，在事业单位任职者，培养了不少优秀人才。

昔日的秀水村，虽然依山傍水，风光秀美，然而贫穷一直是村民们挥之不去的阴影，即使改革开放已将近40年，扶贫仍是一个沉重的话题。2014年人均可支配收入2 000元以下。全村无产业、无集体经济、无增收来源，老百姓主要依靠传统农业种植玉米等粮食和外出打工维持生计，外出务工人口达到1 200人以上，是比较典型的“三无”空壳村、空巢村，是县扶贫办的重点贫困村。脱贫、脱贫，何日走上富裕之路？这是全体秀水村人梦寐以求的“中国梦”。

2015年清明之际，兴伟集团董事长王伟回乡祭祖，村支两委向他表达了希望他能帮助秀水村发展的愿望。随即王伟经过多方考察、谋划，决定帮扶秀水村，心怀建设“美丽乡村·四在农家”的理念，把这山清水秀的“衣胞”之地，打造成农旅结合的新景区，为村民脱贫致富办实事。谈到帮扶，王伟先生从来不这样认为。他说我就是秀水人，我的祖辈就在这里栖息生存，我的心和乡亲们一起跳动，我和乡亲们一起放飞小康梦想。其实，早在20年前，王伟先生的企业刚刚起步，还是一个“小不点儿”时，他就自筹资金为乡亲们修了一条约四公里长的水泥硬化路。今天，当习近平总书记号召精准扶贫，为老百姓办实事的时候，王伟先生更是义不容辞，决定倾全力投资3.77亿元，把秀水村的穷困面貌彻底改变。物资扶贫、理念扶贫、精神扶贫是兴伟集团帮扶秀水的三大理念，“秀水五股”分红是具体帮扶的模式。在村支两委的带领下，采用“公司+农户”的运营方式，成立了秀水村旅游公司，推动秀水经济进入发展的快车道。兴伟集团投入资金，不留股份，不要利益，建立的公司和旅游景区都属于村集体，村民以土地入股，到公司务工，既参加公司分红，又领取月薪报酬。具体的“五股分红模式”是：（1）人头股：凡属于秀水村的户口人，不管男女老少，秀水村民人人有股，每年从村集体收入及利润里面，按10%的比例，人均分配；（2）土地股：占年利润的30%（保底1 000元/亩）；（3）效益股：鼓励

全村村民高高兴兴参与劳动、快快乐乐分红，主要有两种方式：一是在建设期间，以投工投劳方式参与项目建设的秀水村民，按每日出工情况统计工分，并按照投工投劳相关考核制度进行考核，经村民代表大会讨论通过，计入劳动总工分；二是项目建成后，各项目参与管理和经营的村民的工资收入。上述两项，按照每年村集体经济收入及利润中的30%进行分配，分配总额减去第二项后进行第一项分配。(4) 孝亲股：凡村民年龄达65岁，无论参加劳动与否，按照人数总和平均分配，每年从村集体经济收入及利润中的5%予以分配。（保底500元）；(5) 发展股：公司留存年利润的25%，作为今后集体经济发展壮大的股本。分为四种方式：一是用于秀水项目正常的管理费用及办公费用；二是用于秀水项目正常的经营费用，例如项目维护、改扩建等；三是对秀水村考取大、中专院校的贫困学子给予资助；四是凡是秀水村农户家庭遇到重、特大自然灾害，有重大疾病的，经村民代表大会商讨通过，予以帮助和支持。

在与兴伟集团的合作过程中，为了动员群众用土地入股，通过土地流转的方式将土地集中起来发展，兴伟集团董事长王伟先生同两委干部多次走进各村组召开群众会议与村民进行协商，一个组都要开七到八次群众会议进行协商。前前后后协商了半个月，百分之九十几的村民都同意流转土地，签名摁手印，由于秀水村非常穷，极少人担心土地集中之后没有种庄稼、玉米等收入保障。面对村民的担心和质疑，王伟先生说："今天，企业得到发展，是党和人民给予的机会和提供的平台。企业家的财富是社会和人民的财富，我应该把财富反哺我的家乡，反哺我的父老乡亲，让全体村民都共同富裕起来，这是我义不容辞的责任和义务。一个地区要发展起来，大家必须要抱成一团，单打独斗是不行的。在农村第一要务就是要把土地中起来整体规划、整体经营，这样才能顺利发展秀水村，一起共同致富"。

2015年4月20日，全村土地流转协议签完，随即兴伟集团便进驻基础建设，秀水村成立了三家集体经济管理公司：贵州秀水旅游资源开发有限公司、秀水农业开发有限公司、秀水花卉开发有限公司。秀水旅游项目自2016年春节试营业以来，共接待游客200万人次以上，带动旅游经济收入达5 000多万元，2016～2017年秀水五股共发放4 300多万元。短短3年，秀水村发生了翻天覆地的变化，快速增加了老百姓的收入，改变了老百姓的生活条件和居住环境，2016年秀水村人均可支配收入突破万元大关达到10 800元以上，2017年秀水村人均可支配收入达到了12 800元以上。秀水村一户典型土地大户家中人口比较多，12个人分了70多亩地，他家一开始不同意土地入股，在村支两委做了数次思想工作后同意将土地入股到旅游公司。这家农户说："现在的生活状况相比之前好了很多，现在不用披着蓑衣去打田、挑起箩筐上山。家里有5个人在旅游公司上班，人均2 000元的工资，每个月工资性收入就有一万多元。每天按时上班按时下班，早上8点半上班12点下班；下午2点半上班，6点班下班。吃完晚饭后一家人看电视聊天。既可以照顾老又可以照顾小。加上2015年的土地分红就有75 000元，2015年一年全家的年收入已经超过了20万元。谢谢各级党委政府，让我们从一个地地道道的农民变成企业的工人。当时刚开始发展时思想不通，看不到希望，现在收益非常的大，变化非常的大。"

（二）秀水村旅游公司的经营模式

公司管理制度是由"董事会+村民代表+村支两委"开会共同商议制定旅游公司管理制度。形成了"总公司（兴伟集团）+旅游公司+村支两委"的经营模式，见图6-3。按照协议，总公司（兴伟集团）无偿向旅游公司提供铺底资金、人才、管理经验等，并成立项目部，其主要负责总公司（兴伟集团）在秀水村开发的各项目，待项目建成后，为各项目的正常经营发展服务。总公司全程关注秀水的发展，并且无偿为秀水发展做市场营销、推广，针对秀水村的发展，提供全方位的无缝对接"保姆"式服务；旅游公司负责制定秀水旅游区经营管理模式；村支两委负责监督旅游公司的运营，每周开一次例会对接事务，起到了对旅游公司进行监督的作用，并且帮助旅游公司与村民沟通、化解矛盾纠纷，提出建议要求后由旅游公司负责落实，使得旅游公司、村支两委和村民之间处于一种协调关系。

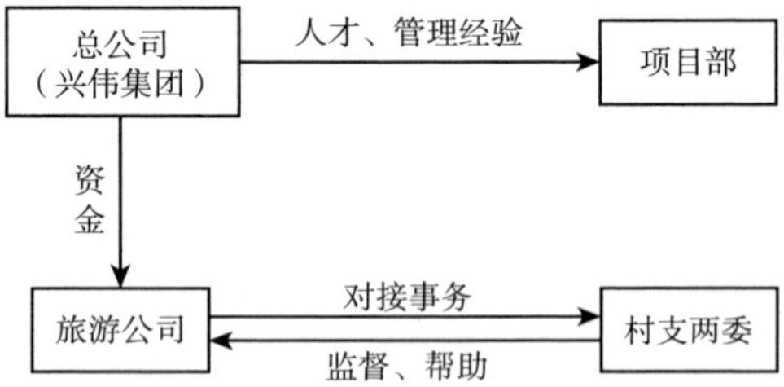

图6-3 秀水村旅游公司经营模式

2015年7月，贵州秀水旅游资源开发有限公司正式成立，公司通过招聘管理人员、服务人员，导游、安保人员、环卫工人、临时农作用工，培训和扶持村民提高种养育植业技术水平和旅游商品加工销售水平，开办特色农家乐、民宿等方式脱贫致富，预计到2018年实现人均年收入万元以上（2016年已实现），精准脱贫 700 人，带动脱贫 3 880 人，共计脱贫 4 580 人。2016 年年初旅游公司成立花卉公司和农业公司两个子公司。花卉公司以绿化为主，负责景区绿化。农业公司则负责管理秀水村 5 800 亩耕地，且在旅游景区内种植金果林和栽树。其中种植的包括树木、桃子、苹果、梨子、石榴、杨梅等。党委政府对秀水村也大力支持，请专业人士教他们管理，派出了旅游局、职业学校进行礼仪培训、业务培训等。在管理初期时，村民不听管理、总体素质不高，甚至出现对游客辱骂和打架的情况，对于不服从管理的村民强制辞职或者换岗位；对在项目景点轻松工作散漫的员工调至农业公司，屡教不改的劝退、辞职。其间请退了一百多人，秀水旅游公司的管理制度在随着秀水村的快速发展中不断完善。在员工培训方面由总公司和政府请旅游、服务、安保、消防等专业人士对工作人员进行培训。截至 2016 年 12 月，该村外出务工人数已减至 100 人以上（其中大部分在外从事贸易行业），在村集体经济公司就业达到 520 人以上，从事相关行业的从业人员达到 600 人以上，基本解决了全村的就业问题。

三、支部（村委）＋合作社＋农户模式——以贵州省安顺市双堡镇大坝村为例

贵州省安顺市双堡镇大坝村距镇政府所在地 7.5 公里，总面积 6.85 平方公里，交通便利。全村辖 6 个自然村 9 个村民小组、党支部 1 个、党员 33 名，共有农户 375 户、总人口 1 542 人，其中贫困户 55 户 190 人。大坝村实施土地整合、流转，制定符合村情的产业发展规划，建成了 80 亩无籽刺梨（又名金刺梨、延年果）育苗基地，年育苗 500 万株，种植无籽刺梨 2 300 亩；村内现成立安顺市大坝村延年果种植农民专业合作社和大兴延年果酒有限责任公司，村内所有产业基本形成了“支部（村委）＋合作社＋农户”的发展模式。

（一）安顺市大坝村延年果种植农民专业合作社

2012 年 8 名党员带头成立大坝延年果合作社，由党支部牵头建立的大坝村合作社已有金刺梨育苗大棚 48 个，年育苗量 500 万株，同时种植有 2 300 亩金刺梨、流转土地 400 亩晚熟脆红李、100 多亩的葡萄、100 亩雷竹、100 亩桑葚、100 亩梨树苗，林下养鸡 5 000 只。作为新模式下的村级企业，在壮大村集体经济的同时，更有效解决了村民的就业，推动了全村的发展。为了探索金刺梨产业新的发展路径，合作社又开始开发金刺梨系列果酒品牌，新的山地特色农业产业

又将形成。现已到位危改资金 23.95 万元，“一事一议”财政奖补及省级新农村“整乡推进”等项目资金 52.98 万元，投入劳动力 3 600 多人对全村 95% 以上的通村、通组、连户道路进行硬化，硬化面积 1 200 平方米，村庄里的小店也从稀松的两家发展到十几家，大坝村美丽乡村建设如火如荼。带动农户种植 5 000 余亩金刺梨、1 200 亩晚熟脆红李，建起了 600 余个蚂蚱养殖大棚，建成省内最大的金刺梨果酒生产厂。农户种植金刺梨，合作社对贫困户和非贫困户分别建立“136”（10% 为村集体经济，30% 为管理费用，60% 按亩分红）和“235”（20% 为村集体经济，30% 为管理费用，50% 按亩分红）的分红模式，实现利益联结全覆盖。大坝村人均年收入十几年前只有 1 980 元，经过 6 年的努力，全村 374 户农户全部加入合作社，村集体经济从 10 万元增加到 350 万元，村民人均收入从 1 900 元增加到 12 000 元，大坝村也从“省级二类贫困村”一跃成为全省样板村。

（二）贵州大兴延年果酒有限责任公司

2016 年 9 月，西秀区城镇投资有限公司与大坝村延年果种植农民专业合作社共同组建贵州大兴延年果酒有限责任公司，安顺市大坝村延年果种植农民专业合作社占 50% 股权，公司注册资金 100 万元建成贵州最大的果酒加工厂，占地 30 亩，建筑面积 9 320 平方米，年产果酒 5 000 吨。2018 年投产以来，签订协议订单 2 300 万元，已供货 190 万元。为了大力推动村级企业发展，大坝村采取“支部 + 合作社 + 农户”的工作机制，建立金刺梨酒加工厂，酒厂每年年产发酵果酒 5 000 余吨，年产值可达 4.5 亿元。

酒厂的成立极大地促进了当地社会经济的发展，形成利益联结机制，带动周边群众增收致富。一是采用“支部 + 合作社 + 农户”模式，增加群众增收渠道，扩大村级集体经济。支部牵头成立合作社，大力推进“三权促三变”工作，整合土地资源，发展产业。群众以土地入股分红，入社务工等多种方式增收，村集体每年按纯收入 5% 的比例提取作为村集体经济，用于大坝村基础设施建设。二是保底价应收尽收金刺梨鲜果。酒厂每年能生产各类刺梨酒 5 000 余吨，需要的刺梨鲜果在 30 000 吨以上，仅仅依靠本地的刺梨生产量远远不能满足酒厂的需求，为此酒厂与周边的乡镇、村居签订了保底收购合同，按照每市斤 3 元的保底价格收购鲜果，仅此一项就确保了种植一亩金刺梨就能增收 5 000 ~ 6 000 元。在确保了酒厂的正常生产的同时，极大地激发了群众种植金刺梨的积极性，带动了周边各地金刺梨产业的发展。三是打破了农村传统的生产模式，延伸了产业链条，助推大坝村一二三产业融合发展，实现群众富，村庄美。“村社合”整合了全村土地资源，抱团发展产业，提高抗风险能力。发展金刺梨深加工，提高了金刺梨产业“含金量”。酒厂生产管理提供了大量的工作岗位、使村民就近务工成为现实。酒厂为安顺市金刺梨深加工作出了重大贡献，为金刺梨产业可持续发展奠定了良好基础。现已解决当地剩余劳动力 100 余人，带动了全村贫困户脱贫致富。

四、“政府 + 银行 + 企业 + 合作社 + 农户”模式

临高县博厚镇新贤村是临高县委县政府 26 个整村推进扶贫开发贫困村之一，由中国农业银行海南省分行和临高县支行共同帮扶。在脱贫攻坚活动中，为使该村尽快摆脱贫困，走上富裕道路，临高县委县政府通过“政府 + 银行 + 企业 + 合作社 + 农户”的产业扶贫模式推出千亩凤梨精准扶贫项目。该项目计划种植新品种台农 17 号凤梨 1 066 亩，总投 746 万元。该项目已完成犁地 820 多亩，种植凤梨约 610 亩，投入资金 260 万元。项目实施后，2018 年 8 月凤梨可开始上市，整个项目总收入 1 021 万元，实现利润 266 万元，可解决全村 160 人就业，帮助全村 92 户 395 名贫困人口脱贫致富。

（一）因地制宜帮扶，找准精准扶贫思路

新贤村位于临高县博厚镇东北部，下辖有新贤村、美仍村和祥龙村 3 个自然村，全村土地总面积 15 000 亩，其中水田 1 500 亩、耕地 2 000 亩、林地 3 700 亩，坡地多，水田少，以种植甘蔗、水稻为主，收益低、收入少。全村共 298 户，1 514 人，其中五保户 9 户、低保户 19 户。新贤村是省、县两级政府划定的省农行及其下属单位临高县支行定点帮扶的对象，并明确临高县支行为对新贤村开展精准扶贫工作直接负责的帮扶单位。按照党中央、省委省政府扶贫工作方针政策要求，中国农业银行临高县支行把精准扶贫攻坚工作当作当前重大政治任务来抓，及时成立了由一把手亲自挂帅指导的扶贫工作领导小组，按照海南省委、省政府《关于打赢脱贫攻坚战的实施意见》要求，结合新贤村的实际情况，秉承产业发展是贫困农户脱贫致富根本途径的指导思想，侧重从几个方面着手产业发展，实施精准扶贫战略：一是因地制宜、注重实效、科学发展。本着资源可持续利用，项目能长久发挥实效的原则，因地制宜、科学合理地选择、确定和安排产业扶贫项目。二是“一村一品、一乡一业”，发展主导产业。按照产业发展规

划，因势利导，帮扶新贤村利用红土坡地发展凤梨（台湾凤梨品种）产业，重点推进，逐步发展壮大凤梨种植产业。三是政府主导、群众参与。在选择、安排产业扶贫项目时积极征求群众意见，动员广大群众积极参与，充分尊重大多数群众的意愿，按照大多数群众的意见和意愿来确定和安排扶贫项目。四是认真学习借鉴精准扶贫工作成功经验。临高县支行分管扶贫工作由行领导带队，组织新贤村“两委”干部和贫困户代表到东方市参观全国一级农民专业合作社——东方市小岭村农民专业合作社，学习借鉴精准扶贫工作成功经验和做法，增强农民对扶贫项目投入的信心和决心。通过多方调研论证，在县委、县政府的正确引导和大力支持下，成立了临高新贤热带水果种植农民专业合作社（简称合作社），由农行临高县支行（简称农行）牵头协调并提供信贷资金支持，引进项目建立合作龙头企业海南宏鑫和农业发展有限公司（简称公司），采取“政府 + 银行 + 企业 + 合作社 + 农户”模式，建立了“博厚镇新贤村千亩凤梨精准扶贫基地”项目。

（二）引进优势产业，加强合作科学管理

“博厚镇新贤村千亩凤梨精准扶贫基地”项目敲定后，决定种植台湾凤梨 17 号凤梨，计划投资 742 万元（不含农户土地参与折算部分），其中：农行贷款 685 万元，政府产业资金 57 万元。为确保项目实施到位，农行牵头拟订了《农行临高县支定点扶贫农户小额贷款服务方案》《博厚镇新贤村千亩凤梨精准扶贫基地经营方案》《博厚镇新贤村千亩凤梨精准扶贫基地利润分配方案》等文件，以明确项目合作各方的权利和义务。

第一，由合作社提供连片土地 1 066 亩，公司提供凤梨种植技术及负责保底收购。合作社与公司签订《新贤村千亩凤梨精准扶贫基地合作协议》，农行给合作社农户和建档立卡的农户发放农户小额贷款，以现金的方式全部投入项目的建设使用。

第二，项目的经营管理实行五个统一：统一凤梨种苗、统一种植技术、统一基地管理、统一产品销售、统一核算分红。合作社负责项目的经营管理，但合作社派驻项目的管理人员，不在项目领取薪酬。公司负责提供种苗、种植技术和产品保底收购，确保亩产正果达到 5 000 斤以上，同时负责项目产品的收购，产品销售价格随行就市，最低以保底价每公斤 3.6 元收购。农行提供“农户小额贷款”信贷资金，合作社负责给农行推荐有承贷能力的合作社社员（农户），入社农户和贫困户优先承贷。

第三，项目的凤梨种植以 15 个月（种植期 13 个月，产品销售货款回笼期 2

个月）为核算期。项目经营期限为10年。2016年9月9日新贤村千亩凤梨精准扶贫项目正式挂牌启动，2017年4月27日项目开始动工（甘蔗收砍完毕后）。截至9月30日，新贤村委会辖下的3个自然村（新贤、美仍、祥龙）已有131名农户参与凤梨种植基地项目经营，其中，有土地参与入股经营的贫困户54户，通过以土地、贷款资金及政府产业扶持资金入股的方式参与经营；没有土地参与入股经营的贫困户38户，通过以政府产业扶持资金入股项目经营，实现建档立卡贫困户参与率达到100%，并引导贫困户中有劳动能力的家庭成为凤梨种植基地务工，以提高他们的收入。目前，农行投入的项目灌溉用水钻井和用电设备资金31万元已经到位，农总行特批的800万元小额扶贫信贷已投放180万元，完成了530亩的凤梨种植，省水务厅的坡改梯水土保持项目已基本完成，新贤村千亩精准扶贫凤梨基地正如期开展，农业银行正按照该项目的实施进度跟进凤梨种植和投放贷款，2018年11月底前可完成整个基地1 066亩凤梨种植。

（三）项目成功建成，产生辐射带动效应

第一，项目成本、销售收入和利润估算。每亩投入成本：土地机耕每亩120元，薄膜每亩成本350元，种苗每株1元每株，每亩2800株，每亩成本2 800元；有机肥和复合肥每亩成本1 500元，人工费用每亩成本1830元，其他管理成本每亩200元，每亩上缴合作社管理费200元。每亩投入总成本约7 000元。销售收入，每亩种植2 800株，每株4～7公斤，每公斤3.6元，每亩产量2 500公斤（其中要除掉差果、裂果每亩15%），预计每亩销售收入9 000元；每亩产生利润预测：预计第一造每亩凤梨的利润为200元，第二造以后可留苗，每亩预计利润为4 800元。

第二，项目利润分红。贷款投入项目使用的资金，项目收益核算后，优先偿还银行贷款本息。为体现产业帮扶，带动新贤村委会贫困户脱贫致富，项目设立"扶贫公益基金"，用于资助贫困户、低保户、五保户的困难，达到共同致富的目的。基金款项按项目产生利润的1%计提，项目利润10%由公司所得。项目的剩余利润，按照农户入社土地，每亩折5 000元（10年）、农户现金入股和农户贷款投入项目资金入股均等分红。

新贤村千亩凤梨精准扶贫基地项目由海南宏鑫和公司全程负责技术管理（该公司技术入股10%），公司承诺确保亩产凤梨达2 500公斤，同时由该公司保底3.6元/公斤收购，亩产收入达9 000元，不足部分由该公司填补。该公司已在当地种植凤梨数年，技术及经验扎实过硬，且有订单销售保证，项目风险较低、农民收益有

保障，由此确保帮扶对象家庭年人均纯收入高于3 400元。此外，项目动工以后，新贤村建档立卡的贫困户有劳动能力的家庭成员大多数都到基地务工，有效增加了贫困户的家庭收入。博厚镇新贤村千亩凤梨精准扶贫项目的经营模式，成功的使新贤村广大农民由“要我加入”变成“我要加入”的精神状态，极大地激发了贫困群众发展的内生动力。这一精准扶贫项目的成功运作，不仅改变了贫困村群众以往单一的耕作模式，走出了一条产业结构调整的新路子，也为在临高全县推开精准扶贫工作，积累了好的经验，取得了经济和社会效益的双丰收。

五、“公司+合作社+农户”模式——以海南省临高县多文镇凤雅村为例

多文镇凤雅村委会位于多文镇西部，总人口436户1 760人，距多文镇7公里，东与抱利毗邻，南与多郎接壤，西接和兴，北连美巢。辖8个自然村，土地总面积9 032亩，地势平坦，大部分为红土壤。5个自然村已完成道路硬化，交通便利。目前，凤雅村委会有低保户30户131人，残疾33人，保障人数114人，贫困户61户261人，贫困人口人均年收入低于2 965元。凤雅村委会所辖各自然村，主要支柱产业为橡胶，经济作物有甘蔗、水稻番薯。特色产业主要是凤雅酸菜，但不成规模，销售渠道单一、收入低。

县包点单位纪检监察局积极牵头联系，多文镇政府、凤雅村委会积极协调配合，主动作为，切实加强产业扶贫工作力度，加快经济发展的步伐，让每一个贫困户融入产业化的进程中，让他们成为产业链上的一环。基于这样的发展思路，凤雅村委会因地制宜，经过外出参观考察和反复论证，由包点单位县纪委监察局负责牵头项目，凤雅村委会负责组织实施，采取先成立“临高雅香园种养专业合作社”，后与“三亚桂盈生态农业科技发展有限公司”进行合作。多文镇凤雅村委会与成立的临高雅香园种养专业合作社和三亚桂盈生态农业科技发展有限公司签订合作协议，投入贫困户产业扶贫资金85.4万元，开发建设121亩百香果项目基地。该基地种植的百香果品种4个月后挂果，亩产2 000~3 000公斤，亩年产值约1.2万~1.8万元。在实施百香果种植项目过程中：一是统筹整理土地，贫困户及农户手中土地实施种植，由凤雅村“两委”干部跟进并监督；二是优先考虑吸收有种植条件的贫困户加入合作社；三是村委会负责与三亚桂盈生态农业科技发展有限公司对接种植各项事宜。2017年6月1日，凤雅村委会和三亚桂盈生态农业科技发展有限公司签订合作协议，引进合农一号百香果品种，“百香

果种植项目”正式落户实施。该项目的成功实施，将有力助推凤雅村贫困户的脱贫致富奔小康。

（一）选好公司，项目实施保成效

三亚桂盈生态农业科技发展有限公司是海南首家专业从事百香果产业的公司。公司在三亚市天涯区过岭村种有100多亩百香果示范基地，育苗基地位于三亚市吉阳镇大茅村，年产无病毒嫁接百香果苗150万株。该公司在全国30多个大型水果批发市场有固定的批发档，与公司合作的工厂，可年产5 000吨浓缩百香果果汁，公司从事百香果良种研发、育苗、种植示范、推广种植、回购果品、销售与加工等业务，公司雄厚的资金，过硬的专业技术，广阔的市场开发等优势，给种植户吃上“定心丸”。

（二）科学管理，项目资金有保证

为了确保产业扶贫资金的安全，促进百香果种植项目顺利实施，临高雅香园种养专业合作社和三亚桂盈生态农业科技发展有限公司制订了《2017年临高县多文镇凤雅村委会百香果种植项目实施方案》，签订了《百香果种植产业扶贫项目合作协议书》，对产业扶贫项目资金实行科学化、规范化管理。一是加入合作社的贫困户利用财政扶持资金注入，由农户进行种植开支管理，多文镇政府将村委会贫困户种植百香果的产业扶贫资金下拨到“临高雅香园种养专业合作社”的法定账户内，除去购买百香果种苗和其他养殖业等发展性开支外，剩下的产业扶贫资金由合作社统一管理，作为贫困户种植百香果的后续发展资金，为项目的可持续发展提供资金保障。二是为做好资金监督管理，合作社为每户种植百香果的贫困户建档立卡，每一个种植户都有属于自己的账本，要求每收支一笔费用必须登记在册，做到账户明确、费用清楚。同时，合作社建立健全了规章制度、财务制度等管理措施，从而规范了项目资金管理和运营。

第三节　基于典型村庄调查的农民增收研究

一、贵州省盘州市娘娘山高效农业园区——“三变”改革发源地

贵州省盘州市娘娘山高原湿地生态农业示范园总规划面积275平方公里，涉

及盘州市和水城两县的 6 个乡镇，规划总投资 50 亿元（现已完成投资 13.3 亿元），覆盖农户 18 000 户 64 000 人，扶持贫困户 4 600 户 13 000 人。经营主体主要是贵州省盘州市普古银湖种植养殖农民专业合作社、贵州娘娘山高原湿地生态农业旅游开发有限公司。娘娘山园区扎实落实“大扶贫”战略，按照“生态产业化，产业生态化”的发展理念，大力发展山地特色农业产业、山地旅游产业。农业产业板块种植刺梨 12 200 亩，猕猴桃 4 000 亩，蓝莓 1080 亩，红豆杉 1 000 亩，石榴、杨梅、碧桃、中国樱桃、车厘子、特色蔬菜及湿地生态植物 2 000 亩。旅游产业板块建成旅游接待服务核心区，包括陶源酒店，温泉度假小镇，江源洞景点，天生桥房车营地，银湖广场，娘娘山广场，马场河河堤，民族风情街，滨水走廊茶室等及特色民族村寨，景区特色农家餐馆、农家乐、农家超市共 110 余家，建成日容纳 1 000 辆左右的生态停车场，建成银湖码头及水上游船快艇项目，建成银湖科技观光展馆，正在建设温泉洗浴中心、娘娘山国家湿地公园索道、观光栈道、天生桥彝风古文化等项目。

娘娘山园区自启动建设以来，始终坚持以企业为主体、以产业为平台、以党建为引领、以“三变”为抓手、以脱贫致富奔小康为目标的发展导向，采取“园区 + 联村党委 + 农户”的方式，将核心区村集体生态林、湿地等资源和农民的资金、土地承包经营权入股到园区发展产业。实现全域产业、全域生态、全域旅游、全域扶贫、全域治理，园区连续三年被评为省级重点现代高效农业示范园区，并获得国家农业科技示范园、全国优选旅游景区、国家 4A 级旅游景区、全国休闲农业与乡村旅游示范点、全省党建扶贫示范基地等称号。2012 年以来，园区累计带动 8 个村、1 117 户、3 962 人脱贫，园区核心区舍烹村人均纯收入在 2012 年不足 4 000 元，到 2017 年提高到 14 600 元，其他 7 个村人均纯收入也从 2012 年的不足 3 000 元提高到 11 000 元。

娘娘山园区在农业产业和旅游景区景点建设发展中，积极探索资源变资产、资金变股金、农民变股东的“三变”改革模式，与农户紧密形成“利益共享、风险共担”的利益联结机制。

（一）资源变资产

第一，引导农村农民土地承包经营权入股合作社成为股东。从 2012 年 8 月开始，园区核心区共有舍烹村及周边水坝村、新寨村、播秋村等 8 村以及水城县花戛乡、顺场乡、龙场乡等 10 村共 21 800 亩土地入股到合作社，入股期限 30 年，6 128 户农民成为银湖合作社股东，股东有贫困户 2 352 户，贫困人口 5 913

人。分红方式为：在产生效益的前5年，合作社按750元、520元、450元、300元进行保底分红。水坝村发展的蓝莓、枇杷、石榴、樱桃等精品水果共300亩，土地入股保底分红每亩750元，每5年上调10%。猕猴桃产业4 200亩，土地入股保底分红每亩520元，每5年上调10%。刺梨产业12 200亩，土地入股保底分红每亩300元，每5年上调10%。蓝莓产业1 080亩，土地入股分红每亩450元，每5年上调10%。入股土地发展的产业有效益后，在利润里面拿出20%分给土地入股的农户。

第二，整合村集体资源入股娘娘山旅游公司发展旅游产业分红，壮大村级集体经济。2013年以来，娘娘山旅游公司根据景区发展规划，通过合作方式共吸纳舍烹等8村生态林、水域、湿地等集体资源共85 000亩入股娘娘山旅游公司发展旅游产业，村集体每年固定分红22.5917万元。通过资源变资产入股，实现资源优势和生态优势向产业优势和经济优势转化，让群众增收的渠道多起来。

（二）资金变股金

为积极引导村民手中的闲散资金变股金，舍烹村注册资金2 000万元的银湖合作社成立后，围绕抱团发展的目标，为了将所有村民吸纳进来成为股东，经合作社理事会决定，以2 000万元作为银湖合作社原始股，每股金额为20万元，总股份为100股。对于自愿以现金入股的农民股东，合作社采取鼓励措施，股东出资多少，园区致富带头人陶正学就无偿借资多少，共同作为股东享受效益分红的股本。从2012年到2013年6月，共有465户村民通过现金股成为银湖合作社的股东。整合中央、省、市、县财政资金、扶贫资金近2亿元，其中可作为财政资金变股金的共2 252.14万元变为村集体和贫困户股金。2015～2017年，娘娘山旅游公司联村8村，村集体分红平均每年达65万元，通过村集体分红惠及贫困户902户2 838人。全乡19个村级集体发展资金93.7万元以现金方式直接入股娘娘山旅游公司休闲旅游产业，按年利率的12%采取保底分红，每年分红12.5万元，目前分红达47.5万元，涉及全乡8 630户24 252人全部变成股东。

通过撬动民间资金入股旅游产业发展的方式推进“农民变股东”。第一，通过县政府帮助，县财政担保，舍烹村625户农户申请创业贷款5 000万元，统一打包到舍烹村利群农业综合开发有限责任公司，用于改造村寨房屋和入股温泉养生度假项目，其中：1 500万元用于改造村寨房屋，3 500万元入股到娘娘山温泉养生度假项目，3年期满固定分红1 000万元，由利群公司统一还贷。第二，投资4亿元的温泉度假项目采取“公司＋合作社”的模式开发，县旅文股公司投资

1.64 亿元占股 41%，深圳苏式公司投资 1 亿元占股 25%，娘娘山旅游开发公司投资 1.36 亿元占股 34%，在 34% 的股份中银湖合作社占股 20%。

（三）农民变股东

通过以舍烹村开始推行的资源变资产、资金变股金、农民变股东的“三变”改革模式，娘娘山联村 8 个村 2 950 户 5 455 人通过资金和土地入股成了名副其实的股东，直接带动舍烹村、播秋村等 8 个村 3 105 户 8 875 人增收。2017 年园区总产值产值 2.9 亿元，总收入 7 500 万元，接待游客 60 万人次。2018 年 1～3 月，娘娘山接待游客 25 万人，旅游产值 4 000 万元。

二、贵州省铜仁市德江县楠井乡木朗村——“三变”改革实践

自从 2014 年贵州省六盘水市实行农村“三变”改革以来取得了显著成效，其他地区纷纷学习借鉴。基本上可以将其分为两类地区：一类是经济发展条件较好，交通便利地区；另一类为相对封闭，交通不便，经济发展较弱地区，两类地区存在明显的空间异质性。贵州省德江县楠井乡木朗村经济发展较弱，交通不发达，位于楠井乡东北面，距乡政府所在地 8 公里，多山路，交通不便，全村面积 4 平方公里左右，有 11 个村民组，364 户居民，1997 年颁发了土地承包证（60 年承包合同），2016 年 11 月开始航拍进行确权，使产权更加清晰，流转纠纷减少，交易成本下降，对农村“三变”改革进一步推动产生了积极作用。

（一）木朗村“三变”改革的积极作用

经过实地调研发现，木朗村积极推进农村“三变”改革，促进了土地流转、提供了农民就业机会，对于促进农地利用率、增加农民收入等方面产生了积极有效的影响。

首先，农村“三变”改革促进了农地流转。农地流转本质上是交易主体将土地经营权进行交易的一种行为。农地流转取决于有效的农地需求和农地供给，区域农地流转的发展水平就是该地区农地供给与需求达到均衡的结果（张兰，2014），而农地流转的供给与需求受多种因素的影响。土地供求关系的一般变动规律分为供给驱动型变动、需求驱动型变动以及双重驱动型变动（曲福田，2011），也就是说多种因素无论是影响农地的供给、需求抑或是同时影响农地供给与需求最终都会导致农地流转供需均衡发生变化。木朗村土地较为贫瘠，大多

为黄壤、黑土，之前多种玉米，口头流转的情况较多。以前木朗村未出现大面积流转，主要是因为没有土地需求，土地质量差、靠天下雨，受自然因素影响较大，转入土地存在很大风险，因此无人流转。现在因农村“三变”改革以及扶贫项目的支持出现机遇，全村70%的土地流转给木朗村三个合作社，搞产业化经营，在政府牵头支持下增加了土地需求，促使木朗村的土地开始大面积流转。

第二，农村“三变”改革提高农地利用率。以前村子里的土地抛荒问题严重。一方面，大部分土地贫瘠，除了接近河流的土地灌溉较为方便外，大部分土地是靠天下雨，并且有些土地离居住点较远，因此土地基本闲置。另一方面，也有一些难以克服的原因，比如说调研的一户人家，劳动力仅1人，上有七十多岁的母亲，下有四个小孩，他如果不出去打工，孩子没有学费、生活费；出去打工，没有人愿意转入土地，只能抛荒。现在木朗村开始发展专业合作社，将全村70%土地用于种脐橙，促进了对抛荒土地的利用。

第三，提供农民就业机会，提高农民收入。当前木朗村共三个合作社，以其中一个合作社为例，该合作社由陈主任等4户承包，均等投入，均分股份，土地规模为300亩，由政府负责流转（由农户流转给村委会，再由村委会流转给合作社），并在政府手中采购树苗。初期投入靠贷款5万元，利息0.0873%。土地租金为100元/亩（按作物纯收入标准折算所得），每年政府补贴1 000元/亩给种植大户，补助只发3年，但补助按比例需分5%（第一年），5% +6% =11%（第二年），11% +7% =18%（第三年）给农户，即前三年分给农户的补助分别为50元/亩、110元/亩和180元/亩。前3年不分红，后面用纯利润分红，60%给大户，20%为积累资金，20%给农户（按亩算股份），即“622”模式。雇用本地农民为临时工，挖洞（种树）1.5元/个，每亩50~60个；除草80元/天，整个脐橙产业从种植到销售，本村农民都会参与其中，使农民由旁观者变为具体参与者，有效增强了农民主人翁意识，同时提供给他们更多的就业机会，增加了农民收入。

（二）制约木朗村农村“三变”改革的影响因素

农村优质劳动力外流是城镇化发展进程中不可避免的一种趋势，木朗村留下的农民基本靠自给自足生活，小农意识较强，因此木朗村在农村“三变”改革进程中不可避免地遇到了一些阻力。

第一，农民的农业技能欠缺。木朗村将全村70%土地流转入合作社对脐橙进行产业化发展，但调研中发现他们对种植脐橙的技术并不是很了解，对于为什么选择种脐橙而非其他产业没有给出具有说服力的答案。因此，可以看出他们选择种植脐橙存在一定的盲目性，没有进行有关脐橙种植的农业技能培训，脐橙产业的发展存在一定的风险。

第二，农民的认识和意识问题。木朗村的农民相对封闭，他们更乐于过自给自足的生活，小农意识较强，对有关农村“三变”改革的政策以及未来的前景认识不足，成为推动农村“三变”改革的阻力。

第三，权益保障风险。由于农民自身力量薄弱，维权能力不强，参与决策权、生产经营知情权难以保障。在与木朗村农民的交谈中发现，农民对合作社的信任感不强，他们也反映合作社声称三年之后将纯利润进行分红，但具体纯利润是多少他们持怀疑态度，因此合作社应朝着公开、公平、公正的方向发展，增加农民对合作社的认可度。

第四，风险机制应该完善。农业属于弱势产业，木朗村的农业是典型的“靠天吃饭”的高风险产业，并且农民的农业技能有欠缺，农村“三变”改革使村集体、农民入股合作社，自负盈亏，由于受到不可抗拒的自然因素如水灾、旱灾等以及不可预见的市场因素的双重影响，合作社种植脐橙存在很大的风险，这在一定程度上影响了合作社发展的积极性，因此风险机制的完善亟待解决。

农村“三变”改革的产生是制度因素、经济因素、社会因素、生态建设因素等综合影响的结果，在理论和实际中均具有重要的发展意义。追求利益最大化、政府推动等为农村“三变”外在动因，农业科技水平、适度规模经营与农业专业化分工等为内在动因。农村“三变”的重要意义有降低交易费用，优化资源配置，有利于农业供给侧结构性改革，助推精准扶贫，生态产业发展的需求以及壮大经济组织等。基于木朗村实例，可得政策启示如下：（1）针对农民的农业技能欠缺等问题，需加大对新型职业农民以及大学生等“新农民”组织与群体从事农业生产的引导和支持力度，提升现有存量农民的生产技能和学习意愿，弥补农村优质劳动力外流所带来的负外部性。提高农村劳动力文化教育水平，在农业现代化的大背景下，可以进行有针对性的农业技能培训，培育新型职业农民，让农民掌握更多的农业科技知识，鼓励“互联网+现代农业”活动的开展，提高农业“智能化”和“精准化”水平。（2）加大政府对专业合作社的扶持力度，积极促进专业合作社的规范化发展。引导优秀毕业生返乡，带头发展合作社，鼓励扶持“一乡（县）一业”“一村一品”，发挥供销合作社综合服务优势，创新发展“订单农业”。发挥合作社的规模化与产业化等优势，调整农业产业结构，大力发展具有本地特色的农业相关产业，提高农地利用效率，增加农民收入。（3）完善监督管理制度、收益分配制度、应急机制以及退出机制等，让农民真正享受到农村“三变”改革所带来的收益，有效增强农民主人翁意识，使农民真正由旁观者变为具体参与者。（4）完善风险机制，发展特色农业保险，探索风险补偿保障金机制，提高农民的参与积极性。（5）建设资金筹集平台，给予新型经营主体优惠贷款政策，构建县级层面的资金保障平台，有效解决资金问题。

第七章　农地流转促进农民增收：潜在问题及对策建议

第一节　农地流转促进农民增收：潜在问题研究

一、耕地劳动力减少

最近几年，农村外出务工人数大量增加。根据国家统计局数据显示，2015年全国农村外出务工人数为16 884万人，比2014年增加0.3%；2016年全国农村外出务工人数为16 934万人，比2015年增加0.3%；2017年外出农民工17 185万人，比2016年增加1.5%。随着外出务工的农民越来越多，并且外出务工的农民一般都是青壮年劳动力，农村剩余劳动力越来越少，农村劳动力老龄化严重。而转入户也需要劳动力耕种土地，很多种田大户转入土地后缺少劳动力耕种，影响土地产出率。

二、缺乏社会保障机制

目前，农村社会保障制度仍然发展不全面，不能满足农民的生活要求。关于养老保险，养老基础金太少；关于医疗保险，农民可以报销疾病种类范围小。随着农地流转的加快，新型职业农民出现，但是没有相应的失业保险制度等等。农民还是没有受到与城镇居民相同的待遇。而土地不仅可以给农民带来收入，还给农民生活带来保障的功能，农民害怕没有土地便没有了生活保障。因此社会保障机制的不健全使农地流转的进程变慢。

三、农民不愿流转土地

虽然国家近年来在土地流转方面出台了很多政策，但是部分村干部没有对其进行宣传和引导，导致了农民缺乏正确的土地流转的意识，不了解土地流转的相关政策与法律。不知道土地流转的仅是使用权，误以为土地流转出去便丧失了承包权。再加上土地一直是农民赖以生存的资本，因此不愿意将土地流转出去。虽然土地转出可以获得租金收入，但是在本地除了耕地其他就业机会很少、不稳定，农民如果将土地流转出去后无法顺利从事非农就业，仅仅租金无法满足正常生活需求，农民自然不愿意将土地流转出去。

四、监管力度不够

第一，由于监管缺失，现阶段对于要流转的大型工商企业来说，一般直接与村委会签订合同。监管部门没有在签订合同之前对企业的诚信、能力，流转后的用途做审核。第二，签订合同的过程中，目前部分地区仍然处于私下口头约定流转的状态，对于签订合同的流转双方，大多数没有正规的流转程序，合同条款简单，没有对很多具体细则拟定条款。这会导致双方易对于没有拟定的细则产生纠纷，损伤经营主体的利益。第三，在签订合同后，没有机构不定期对工商业资本的经营状况、履约状况进行监督检查。在经济效益的比较下，部分流入方不种植粮食作物，农地的非农化、非粮化显现出来，这严重损害了农民的利益。

五、中介服务职能不健全

目前，部分地区缺少为流转双方提供信息发布和合同鉴证等规范服务的中介机构。由于信息流通不通畅，许多农民之所以不流转土地是因为无法找到适合的转入方或者转出方。除此之外，大部分土地流转市场存在流转手续不规范等一系列问题。土地流转市场服务体系不完备、流转市场无序、相关部门职能不明确等问题，会导致无论是土地转入方还是转出方的利益都得不到保障。在实际的土地流转的过程中，大部分还是口头契约，没签订正式合同，这样容易造成许多纠纷隐患。有些签订了书面合同也存在手续不规范、合同条款不全面、内容不具体，这样容易在流转后对于合同中没有明确规定的条款引起纠纷和争议。例如，在安徽省滁州市一位农民因为将土地转给了种粮大户而产生了土地纠纷，原因是种粮大户在流转后将这位农民地里的田埂挖掉了，这不仅影响农民以后的耕种，还不利于分辨自家土地的位置。因此农民发现后要求补偿或者由种粮大户恢复土地原貌，而种粮大户不同意。律师表示，在流转期间内，只要不改变农地用途，种粮大户有权改良土地，此纠纷最好的解决办法是双方协商。此次纠纷的关键原因在于合同中并没有针对性的具体条款，由于双方签订的合同过于简单，只规定了租金和租期，没有对其他事项做出规定，因此在流转之后容易产生纠纷。

由于缺少价格评估的中介平台，很多流转市场中的流转价格不合理。对于外出务工的农户来说，一方面为了防止土地抛荒，有着“流转出去比不转出可以多点收入”的心理；另一方面也是把土地转到亲戚朋友，因为人情定价也比较随意，所以定价只是经过双方商量即可，一般也只是口头契约，没有正式流转的合同。目前，农村土地流转市场缺少专门的定价服务，在不同的土地经营活动中，缺少对未来增值的评估服务。由于信息不对称，农民对土地定价缺乏准确的估计，并且大部分仍是私下进行土地流转，签订的合同不规范，农民不知道转入方今后的经营方向，资源流通价格缺乏动态调整协议，因此一般都以传统粮食生产的价格定价。这种情况不仅伤害农民利益，也容易引起土地纠纷。对于签订长期合同的农户来说，由于没有考虑到未来物价上涨，在签订合同时没有规定未来租金因物价上涨而增加的条款，农民获得的租金比实际应得的收入少，不利于农民增收。

六、盲目追求土地大规模流转

首先，盲目地追求土地快速、大规模流转，会容易吸引想投机取巧或者缺少经验的经营主体，这样不利于土地流转的长远、稳定发展，若经营主体经营不善，也会威胁到农民的利益。第二，土地流转的规模越大，经营的成本越高，管理难度越大，因此失败的风险越高，因此经营主体不要盲目追求土地流转规模。第三，大规模流转土地会使许多转出户面临失业，很多农民只会种地，其他工作能力较差，由于条件限制，即使有其他工作能力也很少人会外出务工，虽然转入户需要劳动力，但对劳动需求也是有限的，所以贸然大规模流转会使很多农民长期面临失业问题。

七、农产品滞销问题

土地流转吸引了许多经营主体，也形成了许多种粮大户。但是农产品滞销问题使许多种粮大户种得多亏得多。亏损不仅对转入方的利益有害，转入方的利益不能保证的话也有损转出户的利益。根据搜狐网的整理，从 2016 年到 2018 年 3 月下旬，我国发生了 233 起农产品滞销事件，共涵盖 27 个省（直辖市、自治区）。并且这两年，农产品滞销事件逐年增长。2017 年出现了 135 条农产品滞销类舆情，比 2016 年增长 107.7%。2018 年年初到 3 月下旬发生了 34 条农产品滞销类舆情，同比增长 78.9%。从种类方面看，主要集中在水果、蔬菜、杂粮、粮食、坚果和农副产品六类，其中蔬菜水果的滞销类舆情 225 起，占比 96.6%；从具体种类来看，滞销种类超过 80 种。由此看来，农产品滞销是不可小视的问题。

农产品滞销让种植户损失惨重。例如，在内蒙古土豆大量滞销，价格已跌至近 10 年来的最低水平，许多农民以每公斤 0.3 元左右的价格将土豆卖给了当地的玉米加工厂。除了土豆滞销外，经过三年的价格上涨，大蒜价格今年大幅下跌。在云南省，第一年大蒜的售价高达每公斤 8.5 元，第二年最低价格仅为每公斤 0.8 元。去年独蒜最高的价格是每公斤 16 元，今年只有每公斤 6 元。据统计，丽江、大理和怒江等地有超过 10 万吨的大蒜滞销量。"丰产不丰收"，一次滞销会让农民一年的辛苦全部白付出。

造成农产品滞销的原因有很多。第一，农民们盲目跟风是很重要的原因。当可以从一种农产品中赚到钱时，大家就盲目跟风，结果是这个农产品供过于求；当一种农产品赔钱时，每个人都会减少甚至停止种植。结果，农产品供不应求，价格上涨。第二个，信息不畅通也会导致农产品难以售出。由于信息不畅通，农民没有办法同步了解市场需求信息，只能通过自己或者周围人的经验判断种植什么，这样很容易造成农产品供大于求，从而发生贱谷伤农的事情。除此之外，还会因为信息不畅，在销售产品的时候不能及时找到买家，从而错过了销售的最佳时机。第三，当遇到突发的自然灾害时，也会影响农作物的销售。如果遇到暖冬天气，由于热量充足，蔬菜水果就会早熟，提前流通于市场中。当遇到长时间雨雪天气，会导致对蔬果的光照不足，蔬果成熟期推迟，因此蔬果成熟期的提前或者推迟会导致多地同品种上市、农产品滞销。除此之外，如果突发灾害导致对交通的阻碍会导致农产品无法运输、客商也无法进入，也会阻碍农民销售产品，从而导致农产品滞销。第四，农产品销售形式的落后和销售渠道的不完善也是造成农产品滞销的重要因素。当前，地方政府一直在鼓励农民生产并且一直在重复生产，忽视了销售方式和销售渠道的重要性，目前我们缺少农产品流通的专业市场。农产品流通系统还有待完善，由于流通环节过多，所以农产品流通两端延迟增加。第五，由于农产品加工、冷藏储存能力的欠缺，在农产品上市的时候，由于没有有效的冷储和加工，导致不能及时运出的农产品腐烂在田里或者仓库里。

第二节 农地流转促进农民增收：对策建议

一、加大宣传、鼓励土地流转力度

增加对土地流转法律法规和政策的宣传和学习，将关于土地流转的政策制作成册子，向家庭宣传，指引农民产生正确的土地流转意识。新闻媒体要将土地流转的典型案例、土地流转的政策和法律法规进行宣传，从而打消农民的担忧，增加农民参与土地流转的积极性，并创建健康有序的流转环境。要采用多种办法来鼓励农民以多种方式转让土地，支持流转方式创新。以坚持农民自愿流转为基础，在完善转包、出租、互换、转让股份合作等土地流转方式的基础上，探索稳定有效的流转方式。鼓励新型农业经营主体采取与农民股份合作的方式参与土地流转，即引导农户向企业、合作联社、合作社、家庭农场等经营主体入股自己土地的承包经营权，推广“保证收入＋分红”的收益模式。让农民成为当代农业发展的受益者、参与者。因此可以化被动流转土地为主动流转。

二、加强农业风险保障能力

加强农业保险政策体系建设，开发多层次、不同保障水平、可选择的保险。要优化政策性农业保险的经营机制以及发展模式。其中，农业保险要弥补农业因自然灾害而产生的亏损，增加农民在灾害中恢复生产的能力。开发价格指数保险、天气指数保险和贷款保证保险。开发小麦、玉米、水稻三种主要粮食的收入保险和完全成本保险，并宣传引导农民积极购买。增加金融支持，增加“保险＋期货”试点，积极开发“订单农业＋保险＋期货（权）”试点。其次，应推进农业巨灾风险转移分担机制。农业损失不仅不确定较高、而且风险较大。如果有重大灾害，保险公司无法依靠自身的保险经营来规避这些风险。因此应该开发各级政府与保险公司一起应对巨灾风险的机制与办法。除此之外，应该建立完善的农业再保险体系，万一发生大灾，对于超出一定损失的超赔部分，保险公司还能通过购买再保险或者共保等方式来分散风险。

三、完善土地流转中介机构

为了解决土地流转的信息不对称问题，地方政府应该搭建农村土地流转的信息平台，这样有助于流转信息的透明化和公开化，有助于保护农民获得在土地流转中应该获得的收益。土地流转信息平台主要用于发布土地流转信息，帮助农民充分了解土地流转市场。平台可以强化土地流转的转入方和转出方之间的沟通，由于沟通的便利性提高了，也可以加强双方对土地流转的满意度，减少土地流转的纠纷。同时健全土地流转价格评估机构。第一，要保障公平合理的土地流转定价机制。政府应该通过价格指数、协商、收益现值等方式来合理地对土地流转定价。第二，要对土地流转的引导价格进行定期公开，依据不同的流转主体、社会及自然因素等制定土地流转的引导价格。第三，要注意动态调节土地流转的价格。要注意随着经济发展水平、物价水平等因素的变化，调节土地流转的价格。第四，政府相关部门应该对中介机构不定期检查，以防中介机构与流转主体勾结，保证中介机构的诚信守法，公正公开。

四、完善监管机制

第一，要贯彻落实监管工作。土地行政管理部门、农业管理部门要相互协调、配合，落实好事前监管、事后监督的工作，要落实农村土地流转合同制和备案制，严格审查规模经营主体资格、深入落实经营项目审查制度。加大对社会资本和工商业企业规模流转土地实行“风险保障金”和“预付金”等准入制度的监管制度，在土地流转过程中保障农民的利益。第二，在土地流转的过程中，潜存了许多风险。基层政府应该对土地流转项目进行风险评估，尤其是大型土地流转项目，要组织专业人士进行实地考察、请专家进行科学论证，因此防范未来的风险。第三，要推进责任追究制度。为了防止在土地流转过程中出现权力滥用等行为，要进行行政问责制度。若有违法犯罪行为，则移送司法机关。第四，建立事后定期监察制度。政府部门应该定期对土地转后情况进行监督，有利于土地的有效利用。定期对是否按照合同履约进行检查，保障农民的权益。

五、促进规模流转

有些地区，由于第二、第三产业不发达，人多地少，所以年轻的劳动力大多都外出务工。留守在家庭的非青壮年农民一边耕地一边带孙子孙女。这种现状导致了土地流转大多发生在邻居、亲戚之间，特点是以口头协议为主要的契约方式，这种口头协议形式灵活、交易费用较低。这种当地的流转方式，虽然没有大规模土地流转规模经营效率高，但把子女交给在农村的父母抚养解决了外出务工的后顾之忧，解放了农村年轻的劳动力，由于年龄较大，老年人也无法找到其他更好的工作，随着农业机械化的提高，种地的劳动强度降低，家中的老年人可以胜任种地。这样既保障了家庭总收入中的非农收入，又保障了年龄大的劳动力的经济收入。这种流转现状在农村不仅起到经济作用，更多的是起到“稳定剂”的社会作用。因此，贸然追求规模化的土地流转，将打破这些地区原有的平衡。在这样的地区进行大规模土地流转，会加重农民的负担。因为家庭人均土地面积较少，即使转出去土地获得的租金也是有限的。并且土地流转以后，平时吃的粮食、蔬菜不能从自家的土地中获得，因此生活成本增加了许多。同时，由于大规模土地流转，会使农村很多农民失业，对于年龄较大的农民接受新鲜事物能力比较差，外出务工的可能性较低，村庄本身也没有就业机会，极容易形成失业的农民“走又走不出去，留又留不下来”的两难局面。这不利于农村长远发展。因此，实行土地流转的政策也要因地制宜，如果原有的土地流转状态可以解决当地的实际问题，给农民带来正向的效益并且稳定，就不要破坏。在实行大规模土地流转之前，要解决上述问题，要在保障好农民的利益的前提下推动土地流转。

从另一方面来讲，流转土地的规模过大，会增加经营主体的风险。首先，规模越大则用到的农业机械也会增加，机械成本非常高。规模越大流转费用也越高。同时对于种植、营销、管理和运输等需要的劳动力多，因此经营成本增加很多。其次，规模越大，漏洞也容易增加，因此对管理的要求也增加了许多。最重要的是，万一遇到天灾，或者市场环境不好，产品卖不上好价格，由于投入如此多的成本，对于规模经营的主体的亏损是巨大的。

六、解决农产品销售问题

为了解决农产品销售的问题，一方面，要建立农产品销售的公共服务平台，推进邮政、供销以及各类企业在乡村建立服务网点，完善关于农产品产销的稳定的衔接机制，加大对农村电子商务发展的基础设施建设，支持并且鼓励市场主体发展关于互联网的新型农业产业模式，并推进互联网进入农村的示范，使农民接受网络营销，推进消费者与农产品生产基地的直接对接，这样可以减少农产品的流通环节、流通时间，充分利用网络平台增加对农产品的宣传。另一方面，由于贮藏能力欠缺，农产品的烘干、保鲜、储藏等初级加工环节的方法原始，设施简陋，所以每年农产品会大量损失。为了解决农产品滞销问题，应该加强农产品的深加工，建设新型烘干设施、新型贮藏设施。如建设新型保鲜库、新型贮藏冷库，这样可以延长农产品的贮存时间。除了建立相应关于初级加工的基础设施，也可以在乡镇创建农产品深加工的企业，来加工农产品，使农产品更加耐运输和耐储存。还有一个解决农产品销售问题的方法是加强农产品的品牌效应。因为我国农产品同质化严重，也会导致农产品销售困难，因此要根据区域特点，开发具有区域竞争力的农产品，并通过品牌开发提升农产品的附加值和知名度，这样可以改善我国农产品同质化严重的问题，从而增加农民收入。各个地区应该推进农业品牌战略的实施，努力开发和培育特色农产品。同时可以通过乡村旅游的方式做好农产品的营销。

七、完善农村社会保障服务

增加农村的社会保障服务可以减弱农民对土地的依赖性，可以促进农村土地流转。应该推进农村保险事业的发展，发挥保险在完善农村社会保障体系的作用，为农民提供人身保障、财产保障。要完善统一的大病保险制度和城乡居民基本医疗保险制度，加强城乡居民医保全国异地就医联网直接结算。完善最低生活保障制度，不断提升补助水平和保障标准。健全农村受灾群众的救助制度，要促进以助残、救孤、扶老、赈灾、济困的慈善事业与社会福利的发展。要推进农村残疾预防工作，推进适合农村残疾人事业的发展。完善农村妇女、老人、残疾人以及留守儿童的关爱服务体系。要完善城乡居民基本养老保险制度，创建农村多层次的养老保障体系。发展农村的老龄服务，使更多的农村老年人受到与社会经济发展水平相适应的社会福利服务。也要做好农地流转农民的社会保障，要做到先保后征，让农地流转的农民有基本保障的生活。

八、促进农村创新创业

为了扩大农村就业量，鼓励支持农村创新创业。坚持市场为导向，改善农村创新创业环境，合理引导工商业资本流向农村。培养以企业主导的农业产业技术创新战略联盟，鼓励返乡创业人员在相关产业链上创业。鼓励农民返乡创业、就地创业，增加资源支持农民创业。加强实施科技特派员制度，引导科技、资本、信息、管理要素向农村转移。同时要健全创新创业的服务功能，开展政策、法律、资金、商标、知识产权、金融等服务。鼓励有条件的县政府建立可以为返乡创业提供便利的“绿色通道”。此外，应该对创新创业进行激励。推进支持“双创”的财政政策用于返乡创业人员。为了增加创业的返乡人员，应适当放宽水电用地标准，稳步实施税费减免的政策。同时，也要振兴传统工艺，培养手工作坊、家庭工厂、乡村车间，来提供更多的就业岗位。

九、推进农村劳动力转移

完善城乡的公共就业服务体系，对农民进行职业职能培训，推进农民工多渠道进行就业转移并提升就业质量。完善户籍制度改革，促进能够在城镇有稳定住所、稳定就业并且愿意在城镇生活的农民在城镇落户，并且可以享有平等的城镇公共服务。

十、培养新型职业农民

全面建立职业农民制度，完善配套的政治体系，从而壮大新型职业农民的群体。施行新型职业农民培育工程。要优化教育培训资源，既要完善农业职业学校的办学条件，又要发展现代农业的远程教育。同时，鼓励新型职业农民以弹性学制的方式参加中高等职业教育。对培训机制进行创新，鼓励龙头企业、农民专业合作社、专业技术协会等主体承担培训，增加对农业企业经营管理人员、农民合作社带头人、家庭农场经营者、专业大户、返乡农民工、农业社会化服务人员的培训力度。将青年农民加入到实用人才培训计划，从而实现农村提升技能培训的全覆盖。

十一、推进土地流转要坚持因地制宜的原则

土地流转的指导方向要坚持分类实施，因地制宜流转。由于各个地区的自然条件不一样，城市郊区、平川区与山区农村经济发展不一致，即使是村与村之间、甚至是在同村农户与农户之间的差异也比较大，推动土地流转需要因地制

宜、因村不同、因户而异，不能“一刀切”，不许强迫农民进行土地流转，不可以侵犯农民的合法权益。在平坦的、土质较好的、适合大机械耕作的平川的区域，可以进行大规模的土地流转，要充分利用龙头企业、产业大户、公司经营的作用，采用土地使用权入股或者土地租赁的方式，使农民变成股东、业主，进行较大规模的土地适度规模经营，带动农民增收。而在耕作不方便、土地分散的丘陵山区、撂荒地，应该进行小规模的土地流转，同时要大规模进行土地置换重组，变多块为一块，变小块为大块，实行农业合作社、承包大户和家庭农场经营为主。

十二、对土地流转提供资金支持

一方面，应该健全土地流转资金筹措体系。政府应该增加对农村金融发展产业的政策支持，放宽对农村金融机构准入的准则与约束，增加融资渠道，引导更多的社会资金通过贷款和信托等渠道流向农村。另一方面，金融主管部门应该加强支农性金融财产的创新。在农地流转以及农业生产的经营过程中，都可能需要支农金融产业的支持。因此，金融机构的主管部门应该创新信贷模式、增加支农性金融产品的创新来支持土地流转行为。同时完善小额信贷业务，在支农信贷审批的过程中放宽对借款人历史信用水平的限制，加强支农性小额信贷业务的模块化、流程化以及信息化处理的能力，增加对农户信用评定的过审率。金融机构还应该加强农业合作社、农产品基地为农户提供信贷保障，鼓励农产品基地和农业合作社构建平台，建立联保机构，以联保的方式帮助农户获得农业发展所需的信贷支持，因此打造农户、农业合作社和金融机构风险共担、利益共享的利益共同体，一起推进农业生产效率的提高。

参考文献

[1] 蔡昉，王德文．经济增长成分变化与农民收入源泉 [J]．管理世界，2005 (5)：77-83.

[2] 蔡继明．中国土地制度改革论要 [J]．东南学术，2007 (3)：12-18.

[3] 曹瑞芬，张安录．中部地区农地流转经济效益分析——基于湖北省27个村313户农户的调查 [J]．中国土地科学，2015，29 (9)：66-72.

[4] 曾福生．推进土地流转发展农业适度规模经营的对策 [J]．湖南社会科学，2015 (3)：154-156.

[5] 曾雅婷，吕亚荣，刘文勇．农地流转提升了粮食生产技术效率吗——来自农户的视角 [J]．农业技术经济，2018 (3)：41-55.

[6] 陈伯君，邓立新，余梦秋，杜兴端．成都农村土地产权制度改革与农民增收关系的实证分析 [J]．探索，2009 (3)：93-98.

[7] 陈超美．科学网-CiteSpace：聚类-第二页-文献分析与管理 [EB/OL]．http：//bbs. sciencenet. cn/thread-3102298-2-1. html.

[8] 陈飞，翟伟娟．农户行为视角下农地流转诱因及其福利效应研究 [J]．经济研究，2015，50 (10)：163-177.

[9] 陈海磊，史清华，顾海英．农户土地流转是有效率的吗？——以山西为例 [J]．中国农村经济，2014 (7)：61-71.

[10] 陈会广，单丁洁．农民职业分化、收入分化与农村土地制度选择——来自苏鲁辽津四省市的实地调查 [J]．经济学家，2010 (4)：85-92.

[11] 陈利，朱喜钢．基于空间计量的经济集聚对农民收入的影响效应——以云南省为例 [J]．农业技术经济，2015 (10)：81-91.

[12] 陈强．高级计量经济学及Stata应用 [M]．北京：高等教育出版社，2013.

[13] 陈训波，武康平，贺炎林．农地流转对农户生产率的影响——基于DEA方法的实证分析 [J]．农业技术经济，2011 (8)：65-71.

[14] 陈园园，安详生，凌日萍．土地流转对农民生产效率的影响分析——以晋西北地区为例［J］．干旱区资源与环境，2015，29（3）：45－49.

[15] 陈悦，陈超美，胡志刚等．引文空间分析原理与应用：CiteSpace 实用指南［M］．北京，科学出版社，2014.9.

[16] 陈悦，陈超美，刘则渊，胡志刚，王贤文．CiteSpace 知识图谱的方法论功能［J］．科学学研究，2015，33（2）：242－253.

[17] 程令国，张晔，刘志彪．农地确权促进了中国农村土地的流转吗？［J］．管理世界，2016（1）：88－98.

[18] 崔会．农村土地承包经营权流转对农民实际收入的影响分析［J］．特区经济，2013（6）：93－95.

[19] 崔文仉，杨泽身，刘玉光．稳定土地承包关系　建立调节流转机制——关于稳定和完善凉山州农村土地承包办法的思考和建议［J］．农村经济，1992（3）：5－7.

[20] 崔迎迎，陆新文．安徽省农业生产效率及影响因素研究——基于三阶段 DEA－Tobit 模型的实证分析［J］．青岛农业大学学报（社会科学版），2017（4）.

[21] 丁忠民，玉国华，王定祥．土地租赁、金融可得性与农民收入增长——基于 CHFS 的经验［J］．农业技术经济，2017（4）：63－75.

[22] 董全瑞，韩凤朝．影响农民收入的相关因素分析［J］．经济学家，2006（3）：35－40.

[23] 杜江，张伟科，范锦玲．农村金融发展对农民收入影响的双重特征分析——基于面板门槛模型和空间计量模型的实证研究［J］．华中农业大学学报（社会科学版），2017（6）：35－43，149.

[24] 冯振东，惠宁．农户家庭收入的着力点与方式选择：陕西证据［J］．改革，2010（8）：76－82.

[25] 付江涛，纪月清，胡浩．新一轮承包地确权登记颁证是否促进了农户的土地流转——来自江苏省 3 县（市、区）的经验证据［J］．南京农业大学学报（社会科学版），2016，16（1）：105－113，165.

[26] 傅鸿源，段力誌，祝亚辉．完善农地流转中农民增收长效机制研究——以重庆（江津）现代农业园为例［J］．经济纵横，2010（12）：61－64.

[27] 高洪洋，黄城．议价能力、流转增值和农民增收——基于农村土地经营权流转的议价博弈［J］．农村经济，2016（3）：89－94.

[28] 高双，高景璐．我国农村劳动力外出务工的动力分析［J］．人口学刊，2012（3）：92－97.

[29] 高欣，张安录，杨欣，李超．湖南省5市农地流转对农户增收及收入分配的影响［J］．中国土地科学，2016，30（9）：48－56.

[30] 高倚云．农民增收与农村土地制度创新［J］．农村经济，2005（11）：82－84.

[31] 郜亮亮，黄季焜．不同类型流转农地与农户投资的关系分析［J］．中国农村经济，2011（4）：9－17.

[32] 戈大专，龙花楼，张英男，等．中国县域粮食产量与农业劳动力变化的格局及其耦合关系［J］．地理学报，2017，72（6）：1063－1077.

[33] 郭丙生．六盘水农村“三变”改革现实意义［N］．六盘水日报，2016－08－27（3）.

[34] 郭军华，倪明，李帮义．基于三阶段DEA模型的农业生产效率研究［J］．数量经济技术经济研究，2010（12）：27－38.

[35] 郭君平，曲颂，夏英，吕开宇．农村土地流转的收入分配效应［J］．中国人口·资源与环境，2018，28（5）：160－169.

[36] 韩啸，张安录，朱巧娴，万珂．土地流转与农民收入增长、农户最优经营规模研究——以湖北、江西山地丘陵区为例［J］．农业现代化研究，2015，36（3）：368－373.

[37] 何江华．基于土地流转的农民增收调查研究——以四川省达州市为例［J］．改革与战略，2015，31（6）：121－124，134.

[38] 何磊，吴雪．土地利用结构演变与农民增收的关系研究［J］．农业经济，2013（5）：71－72.

[39] 何秀荣．关于我国农业经营规模的思考［J］．农业经济问题，2016，37（9）：4－15.

[40] 贺振华．农户外出、土地流转与土地配置效率［J］．复旦学报（社会科学版），2006（4）：95－103.

[41] 洪名勇，龚丽娟．培育新的需求主体 促进农地流转［J］．农业经济，2016（2）：18－20.

[42] 洪名勇，潘东阳，吴昭洋，何玉凤．农村减贫效率及其空间差异研究——基于DEA－ESDA模型的分析［J］．中国农业资源与区划，2017，38（11）：179－184，197.

[43] 洪名勇，吴昭洋，何玉凤，王珊．我国粮食生产力的空间差距分解及影响因素分析——基于单要素生产力视角 [J]．农业现代化研究，2017，38 (4)：561－570.

[44] 洪名勇，张焕柄．我国扶贫政策实施的时间连续性及空间差异性研究——基于党报报道数量的分析 [J]．西北师大学报（社会科学版），2017，54 (6)：20－27.

[45] 洪名勇．贵州农村土地承包经营权流转研究 [M]．北京：中国经济出版社，2013：88－90.

[46] 洪名勇．论马克思的土地产权理论 [J]．经济学家，1998 (1)：28－33.

[47] 洪银兴．关于市场决定资源配置和更好发挥政府作用的理论说明 [J]．经济理论与经济管理，2014，(10)：5－13.

[48] 侯剑华，胡志刚．CiteSpace 软件应用研究的回顾与展望 [J]．现代情报，2013，33 (4)：99－103.

[49] 胡瑞卿．农地制度变迁模式的比较与选择 [J]．农业经济问题，2002 (3)：24－27.

[50] 黄忠怀，邱佳敏．政府干预土地集中流转：条件、策略与风险 [J]．中国农村观察，2016 (2)：34－44，95.

[51] 霍影．战略性新兴产业集群与区域经济空间耦合发展效率测度方法研究 [J]．统计与信息论坛，2012，27 (10)：78－83.

[52] 贾春梅，葛扬．农地股份合作制的农民增收效应研究——基于 1992—2009 年佛山四市（区）的实证分析 [J]．南京师大学报（社会科学版），2012 (1)：58－65.

[53] 贾康，孙洁．农村公共产品与服务提供机制的研究 [J]．管理世界，2006 (12)：60－66.

[54] 贾蕊，陆迁．不同灌溉技术条件下信贷约束对农户生产效率的影响——以甘肃张掖为例 [J]．资源科学，2017，39 (4)：756－765.

[55] 江淑斌，苏群．农地流转“租金分层”现象及其根源 [J]．农业经济问题，2013，34 (4)：42－48，110－111.

[56] 江永红，于婷婷．土地流转下的建筑业发展与农民增收悖论 [J]．福建论坛（人文社会科学版），2016 (5)：31－38.

[57] 姜松，王钊．土地流转、适度规模经营与农民增收——基于重庆市数

据实证［J］. 软科学，2012，26（9）：75－79.

［58］姜松，王钊．土地流转、适度规模经营与农民增收——基于重庆市数据实证［J］. 软科学，2012，26（9）：75－79.

［59］康江江，宁越敏，魏也华，等．中国集中连片特困地区农民收入的时空演变及影响因素［J］. 中国人口·资源与环境，2017，27（11）：86－94.

［60］匡远配，杨佳利．基于农地流转视角的中国农业技术效率分析［J］. 南京农业大学学报（社会科学版），2018（2）.

［61］李晨曦，吴克宁，吴靖瑶，胡琴，宋恒飞，刘浩然．中国土地整治研究热点与发展趋势——基于 CiteSpace 的知识图谱分析［J］. 中国农业资源与区划，2017，38（11）：46－53.

［62］李大胜，李琴．农业技术进步对农户收入差距的影响机理及实证研究［J］. 农业技术经济，2007（3）：23－27.

［63］李丹，夏秋，周宏．风险偏好、经营收益与农户土地托管行为——基于江西水稻种植的经验数据［J］. 江西社会科学，2018，38（1）：56－65.

［64］李放，赵光．现阶段农村养老保险制度能有效提高农民土地流转意愿吗——来自江苏沭阳县 30 镇 49 村的初步证据［J］. 南京农业大学学报（社会科学版），2012，12（4）：44－50.

［65］李飞，曾福生．基于空间杜宾模型的农业基础设施空间溢出效应［J］. 经济地理，2016，36（6）：142－147.

［66］李功奎，钟甫宁．农地细碎化、劳动力利用与农民收入——基于江苏省经济欠发达地区的实证研究［J］. 中国农村经济，2006（4）：42－48.

［67］李谷成，冯中朝，范丽霞．小农户真的更加具有效率吗？来自湖北省的经验证据［J］. 经济学（季刊），2010，9（1）：99－128.

［68］李杰．CiteSpace 中文版指南．http：//cluster. ischool. drexel. edu/～cchen/citespace/manual/CiteSpaceChinese. pdf. 2015.

［69］李玲．农村土地规模经营对农民增收的影响及对策分析［J］. 理论导刊，2009（5）：47－49.

［70］李庆海，李锐，王兆华．农户土地租赁行为及其福利效果［J］. 经济学（季刊），2012，11（1）：269－288.

［71］李然，冯中朝．环境效应和随机误差的农户家庭经营技术效率分析——基于三阶段 DEA 模型和我国农户的微观数据［J］. 财经研究，2009，35（9）：92－102.

[72] 李实．中国农村劳动力流动与收入增长和分配 [J]．中国社会科学，1999 (2)：16 - 33.

[73] 李宪印，陈万明．农户人力资本投资与非农收入关系的实证研究 [J]．农业经济问题，2009，30 (5)：94 - 99.

[74] 李中．农村土地流转与农民收入——基于湖南邵阳市跟踪调研数据的研究 [J]．经济地理，2013，33 (5)：144 - 149.

[75] 李子联．江苏省土地整理与农民增收实证研究 [J]．经济地理，2012，32 (11)：120 - 125.

[76] 林伯强．中国的政府公共支出与减贫政策 [J]．经济研究，2005 (1)：27 - 37.

[77] 林光平，龙志和，吴梅．我国地区经济收敛的空间计量实证分析：1978 ~ 2002 年 [J]．经济学（季刊），2005，4 (S1)：67 - 82.

[78] 林乐芬，王军．转型和发展中国家农地产权改革及其市场效应评述 [J]．经济学动态，2010 (12)：121 - 125.

[79] 林文声，秦明，苏毅清，王志刚．新一轮农地确权何以影响农地流转——来自中国健康与养老追踪调查的证据 [J]．中国农村经济，2017 (7)：29 - 43.

[80] 刘畅，师学义，高奇．农户农用地流转意愿影响因素的实证分析 [J]．中国人口·资源与环境，2015，25 (S1)：78 - 81.

[81] 刘浩，张毅，郑文升．城市土地集约利用与区域城市化的时空耦合协调发展评价——以环渤海地区城市为例 [J]．地理研究，2011，30 (10)：1805 - 1817.

[82] 刘鸿渊．农地集体流转的农民收入增长效应研究——以政府主导下的农地流转模式为例 [J]．农村经济，2010 (7)：57 - 61.

[83] 刘灵辉．农地自由流转下家庭农场土地适度规模化研究 [J]．西北农林科技大学学报（社会科学版），2015，15 (2)：153 - 160.

[84] 刘魏．非农就业对城郊农民收入的影响研究 [J]．西南大学学报（社会科学版），2016，42 (5)：61 - 73，190.

[85] 刘艳，韩红．农民收入与农地使用权流转的相关性分析 [J]．财经问题研究，2008 (4)：12 - 17.

[86] 刘艳华，李明，辉敏敏．信贷配给与地区农民收入——基于 SAR 模型和 SEM 模型的实证分析 [J]．农业技术经济，2015 (6)：27 - 35.

[87] 刘艳华，郑平. 农业信贷配给对农民消费间接效应的双重特征——基于面板门限模型和空间面板模型的实证分析 [J]. 金融经济学研究，2016，31 (3)：38－50.

[88] 刘玉，潘瑜春，唐林楠. 京津冀地区县域农业发展与农民收入的时空耦合特征 [J]. 经济地理，2017，37 (2)：141－147.

[89] 刘远风. 农户土地流转的收入效应分析 [J]. 西北农林科技大学学报 (社会科学版)，2016，16 (3)：17－25，39.

[90] 柳建平. 中国农村土地制度及改革研究——基于当前土地功能变化视角的分析 [J]. 经济体制改革，2012 (1)：75－79.

[91] 卢启程，李怡佳. 农户收入增长影响因素及其关系研究——来自云南省的调查数据 [J]. 经济问题探索，2007 (12)：107－110.

[92] 卢盛荣，李文溥，易明子. 农民增收：地权稳定抑或土地流转？——基于对漳浦县农地细碎化和农业投入的产出弹性分析 [J]. 东南学术，2012 (2)：86－94.

[93] 鲁莎莎，刘彦随. 农地流转中规模经营的适宜度分析——以山东利津县为例 [J]. 地理科学进展，2011，30 (5)：600－606.

[94] 鲁玉秀. 基于农民增收的土地供给侧改革探讨 [J]. 农业经济，2016 (9)：83－85.

[95] 罗必良，李尚蒲. 农地流转的交易费用：威廉姆森分析范式及广东的证据 [J]. 农业经济问题，2010 (12)：30－40.

[96] 罗凌，崔云霞. 再造与重构：贵州六盘水“三变”改革研究 [J]. 农村经济，2016，(12)：117－122.

[97] 罗明忠，杨永贵，林文泽. 农地流转中的非农就业因素分析——基于化州市播扬镇的实证检验 [J]. 产经评论，2013，4 (3)：102－109.

[98] 骆永民，樊丽明. 中国农村人力资本增收效应的空间特征 [J]. 管理世界，2014 (9)：58－76.

[99] 骆永民，樊丽明. 土地：农民增收的保障还是阻碍？[J]. 经济研究，2015，50 (8)：146－161.

[100] 吕翾. 促进农民增收目标下两岸农地产权保障制度比较探析 [J]. 湖南科技大学学报 (社会科学版)，2013，16 (3)：62－66.

[101] 马克思，恩格斯. 马克思恩格斯全集 (第25卷) [M]. 北京：人民出版社，1973：714－720.

［102］冒佩华，徐骥．农地制度、土地经营权流转与农民收入增长［J］．管理世界，2015（5）：63－74，88.

［103］明亮．土地流转背景下的农村劳动力就业状况调查——以川西平原W区H村土地流转实践为例［J］．农村经济，2018（1）：123－128.

［104］彭代彦，吴扬杰．农地集中与农民增收关系的实证检验［J］．中国农村经济，2009（4）：17－22.

［105］彭克强．中国粮食生产收益及其影响因素的协整分析——以1984～2007年稻谷、小麦、玉米为例［J］．中国农村经济，2009（6）：13－26.

［106］彭文慧．社会资本、劳动力流动与农民收入区域差异［J］．当代经济研究，2014（1）：84－88.

［107］戚焦耳，郭贯成，陈永生．农地流转对农业生产效率的影响研究——基于DEA－Tobit模型的分析［J］．资源科学，2015，37（9）：1816－1824.

［108］钱龙，洪名勇．非农就业、土地流转与农业生产效率变化——基于CFPS的实证分析［J］．中国农村经济，2016（12）：2－16.

［109］钱文荣．农地市场化流转中的政府功能探析——基于浙江省海宁、奉化两市农户行为的实证研究［J］．浙江大学学报（人文社会科学版），2003（5）：155－161.

［110］钱忠好，冀县卿．中国农地流转现状及其政策改进——基于江苏、广西、湖北、黑龙江四省（区）调查数据的分析［J］．管理世界，2016（2）：71－81.

［111］钱忠好，王兴稳．农地流转何以促进农户收入增加——基于苏、桂、鄂、黑四省（区）农户调查数据的实证分析［J］．中国农村经济，2016（10）：39－50.

［112］钱忠好．农村土地承包经营权产权残缺与市场流转困境：理论与政策分析［J］．管理世界，2002（6）：35－45，154－155.

［113］屈小博．不同规模农户生产技术效率差异及其影响因素分析——基于超越对数随机前沿生产函数与农户微观数据［J］．南京农业大学学报（社会科学版），2009，9（3）：27－35.

［114］曲福田．土地经济学［M］．北京：中国农业出版社，2011：167－169.

［115］邵夏珍．“增人不增地、减人不减地”试验与农村转型：黔省500农户样本［J］．改革，2014（12）：70－81.

[116] 沈体雁，冯等田，孙铁山. 空间计量经济学 [M]. 北京：北京大学出版社，2010：32 - 33.

[117] 石霞，张燕喜. 我国农村土地制度改革思路的评析与思考 [J]. 中共中央党校学报，2003 (1)：83 - 88.

[118] 苏荣芳，苏荣玉. 农村“三变”改革助推精准扶贫 [J]. 农村科学实验，2017，(3)：49 - 58.

[119] 唐焱，张玲燕. 农地保障功能被替代程度地区差异及对农户农地转出意愿的影响——基于江苏省农户的调查 [J]. 农业现代化研究，2015，36 (6)：1013 - 1019.

[120] 田传浩，贾生华. 农地制度、地权稳定性与农地使用权市场发育理论与来自苏浙鲁的经验 [J]. 经济研究，2004，1：112 - 119.

[121] 田传浩，陈宏辉，贾生华. 农地市场对耕地零碎化的影响——理论与来自苏浙鲁的经验 [J]. 经济学 (季刊)，2005 (2)：769 - 784.

[122] 田传浩，贾生华. 农地市场对土地使用权配置影响的实证研究——基于苏、浙、鲁 1083 个农户的调查 [J]. 中国农村经济，2003 (10)：24 - 30.

[123] 田孟，贺雪峰. 中国的农地细碎化及其治理之道 [J]. 江西财经大学学报，2015 (2)：88 - 96.

[124] 万广华，周章跃，陆迁. 中国农村收入不平等：运用农户数据的回归分解 [J]. 中国农村经济，2005 (5)：4 - 11.

[125] 王春超. 农村土地流转、劳动力资源配置与农民收入增长：基于中国 17 省份农户调查的实证研究 [J]. 农业技术经济，2011 (1)：93 - 101.

[126] 王琦. 实现土地增值农民增收的有效途径——对农村土地合理流转的探索 [J]. 前进，2002 (7)：31 - 32.

[127] 王倩，余劲. 农地流转背景下粮食生产效率分析 [J]. 现代经济探讨，2015 (11)：78 - 82.

[128] 王倩，余劲. 农地流转背景下地块规模对农户种粮投入影响分析 [J]. 中国人口·资源与环境，2017，27 (5)：129 - 137.

[129] 王象永，王延海，张智. 山东省土地流转对农民收入影响调查 [J]. 调研世界，2015，(9)：30 - 32.

[130] 王兴稳，钟甫宁. 土地细碎化与农用地流转市场 [J]. 中国农村观察，2008 (4)：29 - 34，80.

[131] 王云，马丽，刘毅. 城镇化研究进展与趋势——基于 CiteSpace 和

HistCite 的图谱量化分析 [J]. 地理科学进展, 2018, 37 (2): 239 - 254.

[132] 温铁军. 农民社会保障与土地制度改革 [J]. 学习月刊, 2006 (19): 20 - 22.

[133] 文兰娇, 陈晓丽, 文高辉, 等. 农地经营方式、经营效率与农民收入关系研究——江西省的实证分析 [J]. 土地经济研究, 2014 (2).

[134] 吴晓华. 改革农地制度 增加农民收入 [J]. 改革, 2002 (2): 119 - 124.

[135] 伍骏骞, 阮建青, 徐广彤. 经济集聚、经济距离与农民增收: 直接影响与空间溢出效应 [J]. 经济学 (季刊), 2017, 16 (1): 297 - 320.

[136] 伍开群. 制度变迁: 从家庭承包到家庭农场 [J]. 当代经济研究, 2014, (1): 37 - 44, 96.

[137] 夏玉莲, 曾福生. 中国农地制度变迁的经济绩效分析 [J]. 技术经济, 2014, 33 (8): 86 - 92.

[138] 夏玉莲, 匡远配, 曾福生. 农地流转、区域差异与效率协调 [J]. 经济学家, 2016 (3): 87 - 95.

[139] 谢霓泓. 当前农地制度对农民收入影响的分析与思考 [J]. 西南农业大学学报 (社会科学版), 2006 (2): 20 - 24.

[140] 邢鹂, 樊胜根, 罗小朋, 等. 中国西部地区农村内部不平等状况研究——基于贵州住户调查数据的分析 [J]. 经济学 (季刊), 2009, 8 (1): 325 - 346.

[141] 徐玉婷, 黄贤金, 陈志刚, 钟太洋, 孙晋坤, 徐国良. 农地转入规模扩大有助于农民农业增收吗? ——基于中国中部5省农户调查的实证研究 [J]. 自然资源学报, 2016, 31 (10): 1624 - 1636.

[142] 许恒周, 郭玉燕. 农民非农收入与农村土地流转关系的协整分析——以江苏省南京市为例 [J]. 中国人口·资源与环境, 2011, 21 (6): 61 - 66.

[143] 许庆, 刘进, 钱有飞. 劳动力流动、农地确权与农地流转 [J]. 农业技术经济, 2017 (5): 4 - 16.

[144] 许庆, 田士超, 徐志刚, 邵挺. 农地制度、土地细碎化与农民收入不平等 [J]. 经济研究, 2008 (2): 83 - 92, 105.

[145] 许庆, 尹荣梁, 章辉. 规模经济、规模报酬与农业适度规模经营——基于我国粮食生产的实证研究 [J]. 经济研究, 2011, 46 (3): 59 - 71, 94.

[146] 许庆, 章元. 土地调整、地权稳定性与农民长期投资激励 [J]. 经

济研究，2005（10）：59－69.

[147] 薛凤蕊，乔光华，苏日娜．土地流转对农民收益的效果评价——基于DID模型分析［J］．中国农村观察，2011（2）：36－42，86.

[148] 薛亮，杨永坤．家庭农场发展实践及其对策探讨［J］．农业经济问题，2015，36（2）：4－8，110.

[149] 杨继生，司书耀．政策环境变迁与农村居民收入和消费意愿的动态变化［J］．中国农村经济，2011（7）：42－53.

[150] 杨晶．农民增收与城镇化互动机制研究［J］．农业经济，2014（5）：81－82.

[151] 杨渝红，欧名豪．土地经营规模、农村剩余劳动力转移与农民收入关系研究—基于省际面板数据的检验［J］．资源科学，2009，31（2）：310－316.

[152] 杨子，马贤磊，诸培新，马东．土地流转与农民收入变化研究［J］．中国人口·资源与环境，2017，27（5）：111－120.

[153] 姚成胜，李嘉桐，万珍．农地转出、农民收入与家庭金融资产选择行为［J］．经济社会体制比较，2016（6）：125－133.

[154] 姚洪心，王喜意．劳动力流动、教育水平、扶贫政策与农村收入差距——一个基于multinomial logit模型的微观实证研究［J］．管理世界，2009（9）：80－90.

[155] 姚洋．非农就业结构与土地租赁市场的发育［J］．中国农村观察，1999（2）：18－23，39.

[156] 姚洋．集体决策下的诱导性制度变迁——中国农村地权稳定性演化的实证分析［J］．中国农村观察，2000（2）：11－19，80.

[157] 姚洋．效率，抑或政治需要——评《农村土地承包法》［J］．南风窗，2002（18）：40－41.

[158] 姚洋．中国农地制度：一个分析框架［J］．中国社会科学，2000（2）：54－65，206.

[159] 叶剑平，蒋妍，丰雷．中国农村土地流转市场的调查研究——基于2005年17省调查的分析和建议［J］．中国农村观察，2006（4）：48－55.

[160] 游和远，吴次芳，鲍海君．农地流转、非农就业与农地转出户福利——来自黔浙鲁农户的证据［J］．农业经济问题，2013，34（3）：16－25，110.

[161] 游和远，吴次芳．农地流转、禀赋依赖与农村劳动力转移［J］．管

理世界，2010（3）：65－75.

［162］於忠祥．农业地租：调节农民收入和农地利用的经济杠杆［J］．中国土地科学，1996（3）：30－32.

［163］余小英，王成璋．农村土地流转制度变迁与农民收入的关系分析［J］．湖北农业科学，2014，53（22）：5597－5601，5613.

［164］俞海，黄季焜，Scott Rozelle，Loren Brandt，张林秀．地权稳定性、土地流转与农地资源持续利用［J］．经济研究，2003（9）：82－91，95.

［165］俞文博．新时期农地流转对农业生产率的影响——基于江苏省调研数据的实证分析［J］．广东农业科学，2016，43（4）：180－185.

［166］约瑟夫·费尔德，李政军．科斯定理1－2－3［J］．经济社会体制比较，2002（5）：72－79.

［167］张凡，孙淑云．集体成员权视角下的农地产权构造［J］．农村经济，2012（11）：28－32.

［168］张贵先，胡宝娣．城乡差距、农民非农就业与农民增收——基于中国的理论分析与实证检验［J］．财经问题研究，2006（1）：80－85.

［169］张红宇．中国农民与农村经济发展［M］．贵州：贵州人民出版社，1994.

［170］张红宇．论当前农地制度创新［J］．经济与管理研究，2005（8）：6－10.

［171］张红宇．中国农地调整与使用权流转：几点评论［J］．管理世界，2002（5）：76－87.

［172］张建，诸培新，王敏．政府干预农地流转：农户收入及资源配置效率［J］．中国人口·资源与环境，2016，26（6）：75－83.

［173］张建，诸培新．不同农地流转模式对农业生产效率的影响分析——以江苏省四县为例［J］．资源科学，2017，39（4）：629－640.

［174］张娟，张笑寒．农村土地承包经营权登记对土地流转的影响［J］．财经科学，2005（1）：188－194.

［175］张兰，冯淑怡，陆华良，曲福田．农地不同流转去向对转出户收入的影响——来自江苏省的证据［J］．中国农村观察，2017（5）：116－129.

［176］张兰，冯淑怡，曲福田．农地流转区域差异及其成因分析——以江苏省为例［J］．中国土地科学，2014，28（5）：73－80.

［177］张林秀，罗仁福，刘承芳，Scott Rozelle. 中国农村社区公共物品投资

的决定因素分析［J］．经济研究，2005（11）：76－86.

［178］张晓山．创新农业基本经营制度 发展现代农业［J］．经济纵横，2007（2）：3－8.

［179］张学浪，赖风．新时期农村土地流转与农民增收——基于恩施市L办事处的实证分析［J］．农村经济，2014（4）：41－45.

［180］张毅，Toyi CLAUDIA，刘维奇．基于半参数随机成本前沿方法的道路运输企业成本无效率研究——以山西公路客运企业为例［J］．数理统计与管理，2018，37（1）：36－50.

［181］张宇青，周应恒，易中懿．农村金融发展、农业经济增长与农民增收——基于空间计量模型的实证分析［J］．农业技术经济，2013（11）：50－56.

［182］张忠明，钱文荣．农民土地规模经营意愿影响因素实证研究——基于长江中下游区域的调查分析［J］．中国土地科学，2008（3）：61－67，40.

［183］赵鲲，刘磊．关于完善农村土地承包经营制度发展农业适度规模经营的认识与思考［J］．中国农村经济，2016（4）：12－16，69.

［184］赵忠璇．从农民增收的角度谈土地制度的缺陷及对策［J］．贵州财经学院学报，2010（1）：93－96.

［185］浙江大学农业现代化与农村发展研究中心、浙江省农业厅联合调查组．农村土地流转：新情况、新思考——浙江农村土地流转制度的调查［J］．中国农村经济，2001（10）：11－18.

［186］郑建华，罗从清．农村土地使用权流转与农民增收［J］．农村经济，2004（5）：15－17.

［187］郑宇梅，刘昕彤，李昕欣，李黎．加快经济欠发达地区农村土地流转步伐 促进农民增收——以河北青县周官屯农村土地流转为例［J］．农业经济，2011（10）：36－38.

［188］钟甫宁，何军．增加农民收入的关键：扩大非农就业机会［J］．农业经济问题，2007（1）：62－70，112.

［189］周天勇．土地制度的供求冲突与其改革的框架性安排［J］．管理世界，2003（10）：40－49，156.

［190］朱红恒．农业生产、非农就业对农村居民收入影响的实证分析［J］．农业技术经济，2008（5）：18－22.

［191］朱建军，郭霞，常向阳．农地流转对土地生产率影响的对比分析［J］．农业技术经济，2011（4）：78－84.

[192] 朱建军，胡继连．农地流转对我国农民收入分配的影响研究——基于中国健康与养老追踪调查数据 [J]．南京农业大学学报（社会科学版），2015，15 (3)：75 -83，124.

[193] 朱启臻，胡方萌．新型职业农民生成环境的几个问题 [J]．中国农村经济，2016 (10)：61 -69.

[194] 诸培新，张建，张志林．农地流转对农户收入影响研究——对政府主导与农户主导型农地流转的比较分析 [J]．中国土地科学，2015，29 (11)：70 -77.

[195] 邹秀清．农民收入多元化与农地产权偏好：约束与动态选择——理论框架与来自赣、苏、桂三省 578 份农户问卷调查的经验 [J]．经济问题，2007 (10)：74 -77.

[196] Ali D. A. , Dercon S. , Gautam M. Property rights in a very poor country: tenure insecurity and investment in Ethiopia [J]. Agricultural Economics, 2011, 42 (1): 75 -86.

[197] Andindilile. Beyond nativism: Translingualism and Ngũgĩ's engagement with anglophonism [J]. Perspectives, 2014, 22 (2).

[198] B. Chitra, R. S. Ramaswamy, V. Suba, Giovanni Corsetti. Toxicity Evaluation of Pũrṇa Cantirotaya Centũram, a Siddha Medicine in Wistar Rats [J]. International Scholarly Research Notices, 2015.

[199] Besley, T. Property rights and investment incentives: theory and evidence from Ghana, Journal of Political Economy, 1995, 103 (5): 903 -937.

[200] Bogaerts T. , Willimason LP, Fendel E. M. The roles of land administration in the accession of central European Union [J]. Land Use Policy, 2002, 19 (1): 29 -46.

[201] Caliendo M. , Kopeining S. Some practical guidance for the implementation of propensity score matching [J]. Journal of Economic Surveys, 2008, 22 (1): 31 -72.

[202] Charles Keith. Vietnamese colonial republican: The political vision of Vũ Trọng Phụng [J]. The Journal of Asian Studies, 2015, 74 (1).

[203] B. Chitra, R. S. Ramaswamy, V. Suba Toxicity evaluation of Pũrṇa cantirotaya centũam, a siddha medicine in wistar rats [J]. International scholarly research notices, 2015.

［204］ Deininger K. , Ali D. A. , Alemu T. Impacts of land certification on tenure security, investment, and land market participation: evidence from ethiopia ［J］. Land Economics, 2011, 87 (2): 312 -334.

［205］ Deininger K. , Jin S. The potential of land rental markets in the process of economic development: evidence from China ［J］. Journal of Development Economics, 2005, 78 (1): 241 -270.

［206］ Elhorst J. P. Spatial econometrics: from cross - sectional data to spatial panels ［M］. London: Springer, 2014: 72 -77.

［207］ Feder G. , Nishio A. The benefits of land registration and titling: economic and social perspectives ［J］. Land Use Policy, 1998, 15 (1): 25 -43.

［208］ Feder, G. and Deininger, K. The evolution of World Bank's land rolicy ［D］, "中国农地制度与农业绩效国际研讨会" 论文, 1998.

［209］ Feng S. Land rental, off - farm employment and technical efficiency of farm households in Jiangxi province, China ［J］. NJAS - Wageningen Journal of Life Sciences, 2008, 55 (4): 363 -378.

［210］ Fu Chen, Man Yu, Fengwu Zhu, Chunzhu Shen, etc. Rethinking rural transformation caused by comprehensive land consolidation: insight from program of whole village restructuring in Jiangsu province, China ［J］. Sustainability, 2018, 10 (6).

［211］ Haji J. Production efficiency of smallholders' vegetable - dominated mixed farming system in eastern Ethiopia: a non - parametric approach ［J］. Social Science Electronic Publishing, 2007, 16 (1): 1 -27.

［212］ Hualou Long, Jian Zou, Jessica Pykett. Analysis of rural transformation development in China since the turn of the new millennium ［J］. Applied Geography, 2011, 31 (3): 1094 -1105.

［213］ Hualou Long, Yurui Li, Yansui Liu, Michael Woods, Jian Zou. Accelerated restructuring in rural China fueled by 'increasing vs decreasing balance' land - use policy for dealing with hollowed villagespp ［J］. Land Use Policy, 2012, 29 (1): 11 -22.

［214］ Huang J. , Gao L. , Rozelle S. The effect of off - farm employment on the decisions of households to rent out and rent in cultivated land in China ［J］. China Agricultural Economic Review, 2012, 4 (1): 5 -17.

[215] Illingworth V. The penguin dictionary of physics [M]. Beijing: Foreign Languages Press, 1996: 92 - 93.

[216] Jacobo Grajales. State involvement, land grabbing and counter - insurgency in Colombia [J]. Development and Change, 2013, 44 (2): 211 - 232.

[217] Jacoby H. G., Li G., Rozelle S. Hazards of expropriation: tenure insecurity and investment in rural China [J]. American Economic Review, 2002, 92 (5): 1420 - 1447.

[218] Jin S. Q., Jayne TS. Land rental markets in Kenya: implications for efficiency, equity, household income and poverty [J]. Land Economics, 2013, 89 (2): 246 - 271.

[219] Jin S. Q., Deininger K. Land rental markets in the process of rural structural transformation: productivity and equity impacts from China [J]. Journal of Comparative Economics, 2009, 37 (4): 629 - 646.

[220] Joshua M. D., Eleonora M., et al. Price repression in the Slovak agricultural market [J]. Land Use Policy, 2004, 21 (1): 59 - 69.

[221] Katrina Mullan, Pauline Grosjean, Andreas Kontoleon. Land tenure arrangements and rural - urban migration in China [J]. World Development, 2011, 39 (1): 123 - 133.

[222] Khan AR. The determinants of household income in rural China [M]. UK: Palgrave Macmillan UK, 1993: 95 - 115.

[222] Kung J. K. Off - farm labor markets and the emergence of land rental markets in rural China [J]. Journal of Comparative Economics, 2002, 30 (2): 395 - 414.

[224] Lewis W. A. Economic development with unlimited supply of labour [J]. The Manchester School, 1954, 22: 139 - 191.

[225] Luh Y. H., Chang C. C. Efficency change and productivity growth in east asian agriculture [J]. Access & Download Statistics, 2004.

[226] Macours K., Janvry A. D., Sadoulet E. Insecurity of property rights and social matching in the tenancy market [J]. European Economic Review, 2010, 54 (7): 880 - 899.

[227] Manjunatha A. V., Anik A. R., Speelman S., et al. Impact of land fragmentation, farm size, land ownership and crop diversity on profit and efficiency of irri-

gated farms in India [J]. Land Use Policy, 2013, 31 (31): 397 -405.

[228] Matthias Baumann, Tobias Kuemmerle, Marine Elbakidze, etc. Patterns and drivers of post - socialist farmland abandonment in Western Ukraine [J]. Land Use Policy, 2011, 28 (3): 552 -562.

[229] Monica Popescu. Aesthetic solidarities: Ngũgĩ wa Thiong'o and the Cold War [J]. Journal of Postcolonial Writing, 2014, 50 (4).

[230] Moran P. A. P. A test for the serial independence of residuals [J]. Biometrika, 1950, 37 (2): 178 -187.

[231] Ngũgĩ wa Thiong'o. Rũrĩmĩ nakaramu: ithoga harĩ athamaki a Abirika [J]. Journal of African Cultural Studies, 2013, 25 (2).

[232] Pauline E. Peters. Conflicts over land and threats to customary tenure in Africa [J]. African Affairs, 2013, 112 (449): 543 -562.

[233] Ranis G. , Fei J. C. H. A theory of economic development. [J]. American Economic Review, 1961, 51 (4): 533 -565.

[234] Reardon T. Using evidence of household income diversification to inform study of the rural nonfarm labor market in Africa [J]. World Development, 1997, 25 (5): 735 -747.

[235] Rosenbaum P. , Rubin D. The central role of the propensity score in observational studies for causal effects [J]. Biometrika, 1983, 70: 41 -55.

[236] Saturnino M. Borras Jr, Cristóbal Kay, The Hague, Sergio Gómez. Land grabbing and global capitalist accumulation: key features in Latin America [J]. Canadian Journal of Development Studies, 2012, 33 (4): 402 -416.

[237] Shuyi Feng, Nico Heerink, Ruerd Ruben. Land rental market.

[238] Susan Kiragu. Conceptualising children as sexual beings: pre - colonial sexuality education among the Gĩkũyũ of Kenya [J]. Sex Education, 2013, 13 (5).

[239] Tan S. , Heerink N. , Kruseman G. , et al. Do fragmented landholdings have higher production costs? Evidence from rice farmers in Northeastern Jiangxi province, P. R. China [J]. China Economic Review, 2008, 19 (3): 347 -358.

[240] Terry V. D. Scenarios of central European land fragmentation [J]. Land Use Policy, 2003, 20 (2): 149 -155.

[241] Tobler W. R. A computer movie simulating urban growth in the detroit region. Economic geography, 1970, 46: 234 -240.

[242] Tsui K. Y. Decomposition of China's regional inequalities [J]. Journal of Comparative Economics, 1993, 17 (3): 600 -627.

[243] Wan, G. H. and Cheng, E. J. Effects of land fragmentation and returns to scale in the Chinese farming sector [J]. Applied Economics, 2001, 33 (2): 183 -194.

[244] Wouterse, F. Migration and technical efficiency in cereal production: evidence from Burkina Faso [J]. Agricultural Economics, 2010, 41 (5): 385 -395.

[245] Wu Z. P., Liu M. Q., Davis J. Land consolidation and productivity in Chinese household crop production [J]. China Economic Review, 2005, 16 (1): 28 -49.

[246] Yami M., Snyder K. A. After All, Land belongs to the State: examining the benefits of land registration for smallholders in Ethiopia [J]. Land Degradation & Development, 2016, 27 (3): 465 -478.

[247] Yémalo C. Amoussou. Linguistic features of internally - focalised discourse in Ngũgĩ wa Thiong'o's Matigari [J]. Mediterranean Journal of Social Sciences, 2017, 8 (1).

[248] Zhang L. X., Huang J. K., Rozelle S., et al. Land policy and land use in China [J]. 1997.

[249] Zhang Q. F. Retreat from equality or advance toward efficiency? Land markets and inequality in rural Zhejiang [J]. The China Quarterly, 2008, 195 (1): 535 -557.

[250] Zhaoxu Liu, Liming Liu. Characteristics and driving factors of rural livelihood transition in the east coastal region of China: a case study of suburban Shanghai [J]. Journal of Rural Studies, 2016, 43: 145 -158.

后　　记

农地流转和农民增收是长期以来农业经济领域研究的前沿课题，但农地流转与农民增收之间是否存在关系？两者之间如何具有一定的逻辑关系，那么这种关系是什么？查阅有关文献，虽然有一些研究，但没有进行深入、全面和系统的研究。因此，本书力图在厘清农地流转与农民增收之间逻辑的基础上，通过大量统计资料、调查数据就农地流转对农民增收的影响进行多视角、全方位的探讨。在我们看来，农地流转是供求双方之间的一种市场行为。对于农地供给方即转出方而言，农地流转之后虽然失去了种植、经营土地的收入，但可以得到租金收入、可以外出务工获得工资性收入。在一些地方，如贵州进行资源变资产、资金变股金、农民变股东即“三变”改革的地方，农民还可以获得资产性收入。对于转入农户来讲，转入农地不仅扩大了自己的生产、经营规模，可以通过规模效应获得收入，而且还可以配置资源，获得效率改进性收益。同时，一些农户在转入土地的同时，调整了家庭生产经营结构，对于这些农户而言，他们还可以获得结构性效应带来的收益。如果转入方是经营比较好的新型经营主体，由于新型经营主体的示范等作用，其经营具有空间外溢性。这样，对周围的农户来讲还可以由此获得新型经营主体经营农地带来的空间性收益。

参与调查的研究生有吴昭洋、王珊、唐贤浩、何玉凤、王霞、赵培炎、谢楚楚、杨晓璇、赵杭玉、杨单单、王嘉琪、潘东阳、张焕柄、唐幸子、蔡艳、高笑歌等，参与本书撰写的研究生有何玉凤、赵杭玉、杨单单和王嘉琪。其中的一些内容分别在2018年中国农业技术经济研究会学术年会、2018年中国土地科学论坛上进行交流和发言。其中洪名勇与何玉凤在2018年中国土地科学论坛上的论文《农地流转与农民收入——基于时空耦合与空间计量的实证分析》获论坛二等奖。在调查过程中，得到调查地区有关政府部门尤其是村委会和村党支部的大力协助和支持，可以说，没有他们的关心、帮助和支持，调查是不可能完成的。在研究过程中，全国文化名家暨“四个一批”人才资助项目、省社科基金、贵州大学哲学社会科学研究院、管理学院及中国西部发展能力研究中心、中国农村土地制度研究中心为本课题的顺利完成提供了良好的研究条件。可以说，本书是大家集体劳动的共同成果，同时也是学校农林经济管理学科建设的成果之一。本书虽然是一本集体完成的成果，但书中存在的缺点和错误应由我自己承担。

洪名勇

2018 年 12 月于贵阳花溪